南昌大学法学文库

# 罗马法中的信托制度研究

史志磊 著

法律出版社
LAW PRESS·CHINA

谨以此书献给恩师徐国栋教授

# 总序

改革开放以来，随着我国法学教育和法学研究的迅速发展，我国法学理论研究一路高歌猛进，各种法学著述汗牛充栋、琳琅满目。出版各种系列丛书，已成为各大法律院校展示科研成果和研究实力的一种方式。“南昌大学法学文库”的出版也有这种目的。

南昌大学法学教育肇始于新中国成立前的国立中正大学法律系。抗日战争爆发时，国民政府深感经纬万端，亟待忠贞弘毅之士，推行博厚笃实之教育理念，于1940年在江西泰和杏岭建立国立中正大学，享誉海内外的植物学家和教育家胡先骕先生为首任校长。创立之初，即设文法学院、工学院、农学院，1947年文法学院分为文学院和法学院，1948年增设法律系。彼时，适值蔡枢衡先生回家乡永修探亲，被赣鄱父老、学术达士强烈挽留，终留南昌，主持中正大学法律系，任教授，兼任系主任。1949年南昌解放时，国立中正大学停办（我国台湾地区于1989年在嘉义恢复中正大学）。1980年江西大学设立法律系，法学之薪火得以在豫章故郡续燃。江西大学法律系在成立之初便云集了一大批优秀的教师，例如，刘焕文、胡正谒、丁文华、刘仕才、谢庆演、胡继群、卓凡等。许多现今知名的学者和专家也曾于20世纪80年代在江西大学法律系工作过，例如，著名民法学家徐国栋教授、山西省高级人民法院邱水平院长、原清华大学副校长谢维和教授。1993年江西大学与江西工业大学合并组建南昌大学，江西大学法律系亦改称为南昌大学法律系。经过老一辈法学家蔡枢衡、刘焕文、胡正谒等先贤筚路蓝缕、披荆斩棘和几代南昌大学法律人的奋斗，尤其是江西大学法律系成立以来的近40年，南昌大学法学院广聚人才、苦练内功，形成了梯队合理、结构优化的科研教学团队，取得了长足进步，学科优势地位日渐凸显。

“南昌大学法学文库”正是在上述背景下应运而生。文库设立初衷在于展示本校法学最新研究成果，弘扬严谨笃学、厚实勤勉的学术传统。入选文库的论著，既包括毕业于本院社会治理与法治系统工程专业的博士学位论文，也包括新进教师的博士学位论文及学院其他教师的新近力作。内容涵盖法学领域各个二级学科、法学与其他学科的交叉学科。期待经过若干年的连续出版，文库在保证质量的基础上，形成规模效应，为法学理论研究的持续繁荣锦上添花。

“南昌大学法学文库”由南昌大学法学院的教授组成编委会，甄别论著质量，筛选具有出版价值的优秀论著，法学院具体负责出版事宜。通过严格审查把关，力争出版一系列具有学术见地、学术创新的高水平著作。同时也对后学者施以激励，延续本学科优良的学术传统。

本文库的出版，有赖于法律出版社的积极筹划与倾力帮衬。长期以来，法律出版社对南昌大学法学学科给予了大力支持，今日文库出版，亦为双方戮力同心、协同发展合作关系的见证。借此机会，向法律出版社表示由衷的谢忱！

“庙廊之才，非一木之枝”，我们希望各位学界同人批评指正，共同扶持青年后学。

杨峰

2017 年 12 月 31 日于南昌大学前湖校区

# 缩略语表

| | |
|---|---|
| D. | 优士丁尼《学说汇纂》 |
| C. | 优士丁尼《法典》 |
| Gai. | 盖尤斯《法学阶梯》 |
| Gai Ep. | 盖尤斯《法学阶梯摘要》 |
| Vat. | 《梵蒂冈残篇》 |
| C. TH. | 《狄奥多西法典》 |
| Cons. | 《某些早期法学家的见解》 |
| Coll. | 《摩西法与罗马法合论》 |
| Brev. | 《西哥特罗马法》 |
| T. H. | 埃尔科拉诺小板 |
| Paul. Sent. | 《保罗论点集》 |
| TPSulp. | 苏尔毕求斯庞培档案 |
| Cic. de off. | 西塞罗《论义务》 |
| Cic. ad fam. | 西塞罗《友信集》 |
| Cic. top. | 西塞罗《地方论》 |
| Cic. pro Caec. | 西塞罗《为切奇纳辩护》 |
| Cic. de nat. deor. | 西塞罗《论神性》 |
| Cic. pro Rosc. com. | 西塞罗《为喜剧演员罗修斯辩护》 |
| Cic. pro Flacc. | 西塞罗《为弗拉库斯辩护》 |
| Cic. proquinct. | 西塞罗《为昆克修斯辩护》 |
| Boet. In Top. | 波埃修斯《西塞罗〈地方论〉评注》 |
| Isid. ,Etymol. | 圣依西多禄《词源》 |

| | |
|---|---|
| Plaut. Epidic. | 普劳图斯《埃皮提库斯》 |
| Plaut. Aul. | 普劳图斯《一坛金子》 |
| Plaut. Trinumm. | 普劳图斯《三块钱一天》 |
| Ambros. de Tobia. | 圣安波罗修斯《论特比亚》 |
| Sidonius Apollinaris Epist. | 阿波黎纳里斯《书信集》 |

# 目录

# 引言

德国伟大的法学家奥托·冯·基尔克(Otto von Gierke)在谈到英国法时称"我不理解你们法中的信托",[1]这句话被英国伟大的法学家F. W. 梅特兰多次引用,并且得出"信托概念是英国人在法学领域取得的最伟大、最杰出的成就"这一著名论断,[2]信托是英美法独特的制度安排。我国一些学者也接受了这一观点,言信托必称英美。[3] 有学者认为,出现这种态势的原因在于罗马法中仅仅存在一种信托的观念,在法律结构上与普通法系的信托有根本的区别。[4] 然而,法国于2007年2月19日公布生效的《关于建立信托制度的法律》[5]决定正式确立信托制度时,法国立法者明确表示,法国要引入的信托不

---

[1] Richard Helmholz, Reinhard Zimmermann, "Views of Trust and Treuhand: an Introduction", in Richard Helmholz, Reinhard Zimmermann, eds., *Itinera Fiduciae: Trust and Treuhand in Historical Perspective*, Berlin, Duncker &Humblot, 1998, p. 27.

[2] F. W. Maitland, *Selected Essays*, Cambridge, Cambridge University Press, 1936, p. 129.

[3] 值得注意的是,胡大展教授主张最初的信托发生在古代罗马法,仅限于遗产信托,是信托制度的萌芽状态,最终在英美法中发展成熟。参见胡大展:《论信托法的源流》,载《法学家》2001年第4期。

[4] 张天民:《失去衡平的信托——信托观念的扩张与中国〈信托法〉的机遇和挑战》,中信出版社2004年版,第93页。

[5] 法文全称是Loi instituant la fiducie(n°2007-211 du 19 février 2007)。关于法国法中fiducie,我国学者尹田教授将其译为"托管",以示与英美法中trust的区别,参见尹田:《法国物权法》,法律出版社2009年版,第335~345页。持同样观点的还有《法国民法典》的译者罗结珍教授,参见《法国民法典》,罗结珍译,北京大学出版社2010年版,第472页。笔者认为,虽然英美法trust为人类贡献了高效的财产运作方式,但其独特的制度结构与大陆法系既有制度存有抵牾,因而就当今世界而言,特别是继受法国家,基本上是从功能的视角理解信托的,此外,审视英美法信托的起源和历史发展进程,与罗马法传统存在千丝万缕的联系,所以从历史 功能的视角将fiducie翻译为信托并无不妥。法国立法者在打造信托制度

是英美法信托，而是被改造的罗马法信托，并且，从来没有给予过英美法信托一份眷恋。[1]被改造的对象即是罗马法传统中的 fiducia（信托）。[2]这极大地激起了学者们研究 fiducia 的兴趣，笔者也属于其中的一员，这不仅源于对罗马法的兴趣，还源于对同样作为大陆法系国家的我国在借鉴英美法信托过程中表现出的困难的关注。

## 一、研究范围的限定

除第四章讨论罗马法中的信托在后世法中的命运外，本书拟从研究对象和时间两个维度对本书的研究范围进行限定。

### （一）从对象的角度进行限定

在现代语言中，fiducia 的基本含义是“信任”，是哲学、经济学、伦理学、经济学、社会学、心理学等众多学科关注的重要问题之一，并日益成为显学。[3]在罗马法中，信托是一个被法学类原始文献和非法学类原始文献广泛涉猎的制度，这间接证明了该制度得到罗马人的广泛使用。近代以来，逐渐形成了两种研究罗马法中信托的范式。

第一种范式严格遵循盖尤斯在其《法学阶梯》中的论述，特别是 Gai. 2，

---

的过程中，依据的是 1984 年海牙国际私法会议通过的《关于信托的准据法与承认信托的公约》（以下简称《海牙信托法公约》）第 2 条所定义的信托，而该定义排除了大陆法系国家不可接受的英美法信托中的特有要素，关于该定义的分析参见本书第四章第二节的分析，因此，《海牙信托法公约》补强了将 fiducie 称为信托的证据。需要注意的是，在魁北克的立法中，将 fiducie 与 trust 等同。也就是说，在魁北克的法律语言中 fiducie 就意味着 trust，fiducie 肩负的历史背景因素并没有被考虑。参见［意］罗道尔夫·萨科：《比较法导论》，费安玲等译，商务印书馆 2014 年版，第 39 页、第 53 页。

〔1〕 参见李世刚：《论〈法国民法典〉对罗马法信托概念的引入》，载《中国社会科学》2009 年第 4 期。

〔2〕 在法国信托法的视角下将罗马法中的 fiducia 翻译为信托并无不妥，亦符合我国罗马法学界对该词的传统译法。

〔3〕 值得注意的是，在这一层面上，可以与英语中的 trust 互译。

60,将研究的视野仅限于信托担保(fiducia cum creditore)[1]和与朋友信托(fiducia cum amico),他们的共同特征是,一方当事人(信托人)将信托物的所有权通过要式买卖或拟诉弃权的方式移转于对方当事人(受信托人),后者享有的所有权受到当事人达成的协议约束。该范式由萨维尼和普赫塔确立,并被其他潘得克吞学派学者遵循,譬如威希特(Wächter)、米伦布鲁赫(Mühlenbruch)、爱德华·伯金(Eduard Böcking)、绍伊费尔特(Seuffert)、凯勒(Keller)、阿恩德茨(Karl Ludwig Arndts)、布林兹(Brinz)、里格尔斯贝格(Regelsberger)、温特(Wendt)、邓伯格(Dernburg)、温德沙伊德以及韦特尔(Wetter)。[2] 这一范式对现代学者还具有较大影响力,尤其是里格尔斯贝格在考察信托担保后得出的绝对所有权转移理论,即认为在信托担保中,所有权等权利通过信托行为完全移转于受信托人,但受信托人受到"不能在信托目的之外利用标的物"的债权性约束,[3]当事人为追求担保债务履行的经济目的而采用了不必要的超越于该目的的法律形式——完全移转所有权。意大利学者也深受其影响。[4]

第二种范式的滥觞甚至可以追溯至盖尤斯《法学阶梯》被发现之前,[5]它的特征是强调信托的多用途性,不局限于信托担保和与朋友信托,在家庭法和继承法领域也存在具体的信托构造。[6] 毫无疑问,这一范式肇始于孔拉蒂

---

〔1〕 我国学者一般将 fiducia cum creditore 翻译为"信托质权"或"信托质",然而根据清代陈昌治刻本《说文解字》第六卷记载,"质"在汉语中的含义为"以物相赘",同时对"赘"的解释为"以物质钱。从敖贝。敖者,犹放;贝,当复取之也",意思就是一方先把物移转于对方以借取钱财,偿还钱财后再把移转的物取走。此外,在我国《物权法》中,"质权"特指出质人将质物的占有移转于质权人而设立的担保物权形态。而罗马法中的 fiducia cum creditore 并不意味着标的物占有的移转,因此,上述译法并不妥当。另外,我国罗马法学者黄风教授将该制度译为"与债权人信托",虽然这一译法符合 fiducia cum creditore 的文法构造,但并不能体现该制度的功能。笔者为突出该制度的功能,将其译为"信托担保"。

〔2〕 Federica Bertoldi, "Alcune Osservazioni sulla Fiducia nella Letteratura Romanistica", in Maurizio Lupoi(a cura di), *Le Situazioni Affidanti*, Torino, G. Giappichelli Editore, 2006, pp. 104 – 109.

〔3〕 参见王闯:《让与担保法律制度研究》,法律出版社 2000 年版,第 80 页。

〔4〕 Luigi Cariota-Ferrata, *I Negozi Fiduciari. Trasferimento Cessione e Girata a Scopo di Mandato e di Garanzia. Processo Fiduciario*, Padova, CEDAM, 1933, p. 25.

〔5〕 关于盖尤斯《法学阶梯》的发现,参见徐国栋:《盖尤斯、其〈法学阶梯〉、优士丁尼〈法学阶梯〉》,载《河北法学》2010 年第 6 期。

〔6〕 Federica Bertoldi, *Il Negozio Fiduciario nel Dritto Romano Classico*, Modena, Mucchi Editore, 2012, p. 11.

(Francisco Carolo Conradi,1701－1748),他于1732年和1733年出版了《论信托简约的履行》(De Pacto Fiduciae Exercitatio)一书的上卷和下卷,分别讨论了信托简约在脱离父权、信托监护、奴隶解放、家产要式买卖、铜秤式遗嘱、遗产信托、信托担保以及与朋友信托中的履行问题。[1] 波蒂埃(Pothier)的论述也处于该范式之下,他的论述涉及信托继承人、信托监护人以及信托简约中的受信托人。[2] 需要说明的是,第三种类型的信托实际上就是盖尤斯所讲的信托担保。[3] 受这一范式影响的学者讨论信托制度时所使用的原始文献,主要来自《学说汇纂》、《乌尔比安论著要目》(Tituli ex corpore Ulpiani)、[4]《保罗论点集》(Pauli Sententiae)[5]以及文学性原始文献(le fonti letterarie),盖尤斯《法学阶梯》的发现以及盖尤斯打造的关于信托类型的两分法对他们并无太大影响。

在此背景下,后世研究者面临着路径选择问题。就较近的研究成果而言,第二种范式风靡一世。1999年诺德拉文(Bert Noordraven)出版了其研究罗马法信托的专著(Die Fiduzia Im Romischen Recht),作者在书中持信托广义论的观点,他认为存在不同形式的信托,它们具有相同的结构。罗马法中的信托起源于家父的如下行为:因为某种原因不得不离开家很长一段时间,于是将其财产移转给一位朋友以保护其财产,同时约定,他回来后该朋友再将财产返还给他,而他的朋友是否返还财产取决于其信义(fides),家父“相信其朋友会将财

---

[1] Francisco Carolo Conradi, *De Pacto Fiduciae Exercitatio*(Ⅰ). Helmstadii, Typis Pauli Dieterici Schnorrii, Acad. Typogr, 1732; Francisco Carolo Conradi. *De Pacto Fiduciae Exercitatio*(Ⅱ), Helmstadii, Typis Pauli Dieterici Schnorrii, Acad. Typogr, 1733.

[2] Pothier, *Pandectae Justinianeae in Novum Ordinem Digestae, cum Legibus Codicis et Novellis, quae Ius Pandectarum Confirmant, Explicant aut Abrogant*(Ⅳ), Paris, 1819, p. 662. 值得注意的是,波蒂埃可能受到了中世纪共同法时代fiducia的影响,关于这一制度参见本书第四章第一节的论述。

[3] Federica Bertoldi, “Alcune Osservazioni sulla Fiducia nella Letteratura Romanistica”, in Maurizio Lupoi(a cura di), *Le Situazioni Affidanti*, Torino, G. Giappichelli Editore, 2006, p. 102.

[4] 这是一部在后古典时期以乌尔比安的名字流传的著作。

[5] 这部著作不是直接由保罗撰写的,但它主要是从保罗的著作中汲取材料,是在公元3世纪末由西部后古典时期的编纂者汇编的(进行了广泛的再加工),后来对它不断地进行修改和补充,尤其被西哥特的编纂者们加以添加和简化;在东部,它也受到一些添加,收录在优士丁尼法律汇编中的有关文献又受到拜占庭学者们的添加。参见[意]朱塞佩·格罗索:《罗马法史》,黄风译,中国政法大学出版社2009年版,第302页。

产返还给他”在信托运作中扮演着重要的角色,这实际上就是盖尤斯所讲的与朋友信托。然后,信托开始发展和扩张,产生了信托担保、奴隶解放信托、死因赠与信托,并且家庭法领域的脱离父权、收养和信托买卖婚也是信托的具体运用形式;基于结构的相似性,秤铜式遗嘱也被作者认为是信托在继承法领域的一种应用形式;此外,损害投偿制度中也有信托发挥作用的空间。[1] 诺德拉文的广义信托论似乎走过了头,对罗马法的原始文献进行了过度解读,譬如,对脱离父权的解读就存在问题。

盖尤斯在其《法学阶梯》中完整地记述了脱离父权的过程:

Gai. 1,132.[2] 此外,子女通过脱离父权而不再处于尊亲属的支配权下。但是,为了摆脱尊亲属的支配权,儿子需要经过三次要式买卖,其他卑亲属,无论男性还是女性,则只需经过一次。实际上《十二表法》只是针对儿子谈到三次要式买卖,它写道:“如果父亲出卖儿子三次,儿子则脱离父亲而自由。”具体的过程是这样的:父亲将儿子卖给他人;后者采用诉请解放的方式将其解放;此后儿子又重新回到父权之下;父亲再次将儿子卖给同一人或者其他人(但通常是卖给同一人),后者同样采用诉请解放的方式将其解放;随后儿子又回到父权之下;父亲第三次将儿子卖给同一人或者其他人(通常是卖给同一人),这次的要式买卖使儿子摆脱父权,尽管他还没有被解放,甚至仍然属于他人的财产。[此处缺5行]

通过盖尤斯的报道,我们了解到儿子脱离父权的规定来自《十二表法》,需要经过3次要式买卖及随后的诉请解放,而其他卑亲属只需1次,脱离父权的效力在于使家子脱离家庭并从他权人变为自权人。分析脱离父权的过程可知:父亲通过要式买卖将儿子卖给他人,前者的儿子处在后者的权力之下,由后者以诉请的方式将前者儿子解放。当然,后者是否诉请解放前者的儿子属于他的自由,因为前者的儿子处在他的权力之下。因此,前者的儿子能否解放

---

〔1〕 Federica Bertoldi, *Il Negozio Fiduciario nel Dritto Romano Classico*, Modena, Mucchi Editore, 2012, p. 17. B. W. Frier, “The Roman Law of Trusts”, *The Classical Review*, *New Series* 1, 2005, p. 283.

〔2〕 [古罗马]盖尤斯:《法学阶梯》,黄风译,中国政法大学出版社2008年版,第36页。本书所引盖尤斯《法学阶梯》中的片段除特别说明外,均出自该译本,下文不再注明。

取决于后者的信义,盖尤斯在 Gai Ep. 1,6,3 中将后者称为信托家父(pater fiduciarius)。单从一次出卖来看,符合信托的结构和要求,但一次出卖(信托运作过程)仅是整个脱离父权制度的一个组成部分,本身并不具有独立的价值,这与作为制度的信托相抵触。此外,如果第三人不将出卖人的儿子诉请解放,出卖人能否提起信托之诉进行对抗?所谓信托之诉,是信托获得法律保护后法律授予信托人提起的维护自己权益的诉讼。

Coll. 2,3,1。通过将自由人损害投偿,受害人获得遭受损害的数额,损害得到补偿后,需要将因损害投偿而处于其权力下的人在裁判官面前解放;但信托诉讼不能被提起。[1]

这是帕比尼安在其《定义集》第 2 卷中的一段话,被《摩西法与罗马法合论》(Collatio Legum Mosaicarum et Romanarum)收录,其涉及信托在损害投偿制度中的应用。所谓损害投偿,是指在早期罗马社会中,在家子或奴隶对他人造成侵害的情况下,家父或主人应该承担相应的损害赔偿责任,他们可以通过将实施侵害行为的家子或奴隶移交给被害人或其所属共同体,以他们的劳动补偿受害人,以此方式避免遭受报复并且摆脱赔偿责任。在本段中,家父将作为自由人的家子损害投偿以摆脱赔偿责任,同时约定受害人必须在其损害得到补偿后将家子解放。问题是,如果受害人到时不解放家子,家父能否提起信托之诉强迫受害人履行义务?帕比尼安的回答是否定的。也就是说,自由人不能作为信托的客体。有利的证据还出现在《保罗论点集》中,作为自由人的家子不得被出质或作为信托担保的客体,因为人的自由不得被估价(Paul. Sent. 5,1,1)。但奴隶作为信托的客体并不被禁止。既然如此,把脱离父权作为信托的一种应用形式是没有道理的,同样的论证也适合于收养、信托买卖婚(coemptio fiduciae causa)、信托监护(fiduciaria tutela)。

不可否认,信托不具有目的的统一性,可以具有不同的功能,以实现当事人之间不同的利益安排,这是信托与其他法律制度的区别。譬如,买卖的目的

[1] Paulus Krueger, Theodorus Mommsen, Guilelmus Studemund, eds., *Collectio Librorum Iuris Anteiustiniani(Tomus Tertius)*, Berolini, Apud Weidmannos, 1890, p. 143. 本书所引《摩西法与罗马法合论》均出自该书,下文不再注明。

是确定的，买受人的目的在于获得标的物的所有权，出卖人的目的在于获得一定数量的价金，而信托只是一种工具和机制，但也并不是说所有的当事人意欲产生暂时效力的移转行为都被承认为信托。尤其需要注意的是，尽管部分后世学者基于 fiducia（信托）和 fideicommissum（遗产信托）结构上的相似性而将二者都纳入罗马法传统信托的范畴，甚至作同一化处理。[1] 但罗马人一般并不认为 fideicommissum 是 fiducia 的一种应用方式，证据是生活在 1 世纪下半叶的法学家马尔库斯·瓦莱流斯·普洛布斯（Marcus. Valerius Probus）在 *De Litteris Singularibus in Iure Civili*《论市民法中特定字母的含义》中对"F. C."的解释，"De litt. sing. , 5, 13: F. C. fraudare creditors vel fiducia causa vel fidei commissum"。[2] 这句话的意思是，F. C. 指的是通过 fiducia 或 fideicommissum 诈欺债权人，也就是说普洛布斯将 fiducia 和 fideicommissum 并列起来作为两种不同的制度，若 fideicommissum 是 fiducia 的一种应用方式，普洛布斯就没有必要提及遗产信托。本书所讨论的罗马法中信托仅指 fiducia，而不包含遗产信托。

此外，罗马法中关于信托的原始文献具有碎片性和不连贯性，没有系统的关于信托的作品流传于后世，原始文献的缺乏也为研究者提供了建构信托的理论空间。在为数不多的流传下来的记载信托的古代作品中，盖尤斯的《法学阶梯》是比较完备的著作，尽管他是在讨论时效取得时附带谈到信托的，但盖尤斯的论述应该得到基本的尊重。也就是说，盖尤斯关于信托类型的二分法应该是讨论信托制度的基石。然而，据此还不足以对罗马法中的信托进行全面深刻的研究，因为盖尤斯二分法中的与朋友信托显然是对一些类似制度的概括，不具有单一的实体性，因此，还应该研究其他原始文献（特别是碑铭文献）中记载的信托的应用形式。这是笔者在本书中所持的基本态度，也是本书在研究对象上的限定。

事实上，20 世纪以来的意大利学者基本上都对信托持狭义的立场，卡罗·隆戈（Carlo Longo）在其《罗马法教程·信托》一书中除了大篇幅讨论信托担

---

[1] 传统上讨论英美法中 trust 的罗马法渊源时，探讨的 trust 与 fideicommissum（遗产信托）两者的关联，英国学者约翰斯顿（David Johnston）1988 年出版了一本题为 *the Roman Law of Trust* 的专著讨论的亦是罗马法中的遗产信托。有意思的是，英美国家的学者在研究罗马法中的 fiducia 时要么直接使用拉丁词指称之，要么将其译为 trust。

[2] Paulus Krueger, Theodorus Mommsen, Guilelmus Studemund, eds. , *Collectio Librorum Iuris Anteiustiniani* (*Tomus Alter*), Berolini, Apud Weidmannos, 1878, p. 145.

保外，还讨论了与朋友信托（寄托和使用借贷）、信托在赠与关系中的应用以及奴隶解放信托。[1] 贝托尔迪（Federica Bertoldi）关于信托外延的认识与隆戈相同，但她将寄托、使用借贷、信托在赠与关系中的应用以及奴隶解放信托都列入与朋友信托的范畴。[2] 贝洛奇（Bellocci）甚至主张奴隶解放信托不属于信托的范畴。[3]

### （二）从时间的角度进行限定

理论上一般认为信托在罗马早期法中已经存在，但遗憾的是，作为一切公法和私法源头的《十二表法》并没有将其提升至法律的层面，最早出现的信托是盖尤斯所讲的与朋友信托（Gai. 2,60。与能够比较安全地保管我们物品的朋友建立的），如同一切资料匮乏的事物的早期史建构一样，这也是一个充满争议的领域。共和后期信托出现在普劳图斯和西塞罗的作品中，信托进入信史阶段，因此，共和后期是对信托进行可靠学术研究的时间起点。进入古典时期，在裁判官和法学家的呵护下信托达到了生命历程的巅峰，各方面都比较成熟和完善，当事人可以有效地运用信托实现彼此之间的利益安排。遗憾的是，由于其独特的制度结构，信托在后古典时期迅速衰落，该时期涉及信托的文献资料非常稀少，并且它们指向的都是信托担保。

《梵蒂冈残篇》（Fragmenta Vaticana）中保留了两个涉及信托担保的敕令，分别是255年瓦勒良（Valerianus）和加里恩努斯（Gallienus）皇帝颁布的敕令[4]以及369年瓦伦丁尼安一世（Valentinianus Ⅰ）和瓦伦斯（Valens）皇帝颁

---

〔1〕 Carlo Longo, *Corso di Diritto Romano, la Fiducia*, Milano, Giuffrè Editore, 1933, p. 167.

〔2〕 Federica Bertoldi, "La Fiducia cum Amico", in Leo Peppe (a cura di), *Fides, Fiducia, Fidelitas: Studi di Storia del Dritto e di Semantica Storica*, Padova, CEDAM, 2008, pp. 47 – 91.

〔3〕 Nicla Bellocci, *LA Struttura della Fiducia*, Ⅱ, *Riflessioni Intorno alla Forma del Negozio dall' epoca Arcaica all' epoca Classica del Dritto Romano*, Napoli, Casa Editrice Dott. Eugenio Jovene, 1983, pp. 83 – 90.

〔4〕 Vat. 18... secundum ius in faci... res inquietari, sed **actione fiduciae**... Cfr. Alexander August von Buchholtz, *Juris Civilis Antejustinianei Vaticana Fragmenta*, Regimonti Borussorum, Apud Fratres Borntraeger, 1828, p. 20. 下文所引《梵蒂冈残篇》的片段均出自该书，不再注明。

布的敕令。[1] 此外,《狄奥多西法典》收录的 395 年 4 月 21 日阿卡丢斯(Arcadius)和胡诺留斯(Honorius)皇帝发给市长官安德罗马可(Andromacho)的敕令也谈到了信托担保。[2] 这表明至少在公元 4 世纪末期信托担保还适用于整个罗马帝国的疆域。自 5 世纪起,信托担保在帝国的东部和西部遭受了不同的命运,没有证据证明信托担保还在帝国东部的法律实践中被使用,因此,实际上是东罗马帝国的立法者的优士丁尼在其法典编纂过程中,删除了在其统治下的帝国中已经不存在的信托。[3] 在帝国西部的法学作品中还有零星的有关信托担保的文献资料保存下来,譬如,《某些早期法学家的见解》(Consultatio Veteris Cuiusdam Iurisconsulti)、[4]《摩西法与罗马法合论》、[5]《梵蒂冈残篇》,[6]在拉韦纳出土的一份 5 世纪的纸莎草文献中谈到信托担保,[7]生活于 4 世纪下半叶的圣安波罗修斯(Saint Ambrosius)在其《论特比亚》(De Tobia)一书中保留了信托担保的相关信息。[8] 此外;生活于 5 世纪

---

[1] Vat. 37 videlicet acta non donum quam... **fiduciam** sibi esse servatam... obnoxia conparator acced... num proinde posthac saltim... fraudesque talia dissemina... centur nullus aditus fictis... dolis relinquatur ingenui... ad provincialium preces dudum est constitutum...

[2] C. TH.,15,14,9... pignoris adque **fiduciae** obligatio perseveret... Cfr. "Imperatoris Theodosii Codex(liber quintus decimus)",http://droitromain. upmf-grenoble. fr/,November 18,2014.

[3] Carlo Longo,*Corso di Diritto Romano*,*la Fiducia*,Milano,Giuffrè Editore,1933,p. 165.

[4] Cons. 6, 8 Liber Ⅱ Sent. Pauli Titulus Ex empto et vendito: heredibus debitoris adversus creditorem,qui pignora vel **fiducias** distraxit,nulla actio datur,nisi a testatore inchoata ad eos transmissa sit. "Consultatio Veteris Cuisdam Iurisconsulti",http://ancientrome. ru/ius/library/consult/consult. htm,November 18,2014.

[5] Coll. 2,3,1... sed **fiduciae iudicio** non tenetur. Coll. 10,2,2... sic enim et in **fiduciae iudicium** et...

[6] 除了上文提到的两个片段外,还有 Vat. 94... ex **causa fiduciae** ablatus est... Vat. 252... quod ne **fiduciae** daretur... Vat. 334a... **fiduciae actionem** ...

[7] "de fundo Partilatico quem Tranquillus in remp... gori quondam sub certa depectione fiduciae nexu obligaverat...",Gaetano Marini,*I Papiri diplomatici*:*raccolti ed illustrati*,Roma,1805,p. 108.

[8] Ambros. de Tobia 12,40 nummus datur,faenus appellatur:sors dicitur,caput vocatur:aes alienum scribitur,multorum hoc capitum inmane prodigium numerosam exactionem efficit:syngrapham nuncupat,chirogrophum nominat,hypothecas flagitat:pignus usurpat,**fiducias** vocat:obligationem adserit, usuras praedicat, centesimas laudat. Ambros, "de Tobia", http://www. documentacatholicaomnia. eu /02m/0339 - 039 7,_Ambrosius,_De_Tobia_Liber_Unus,_MLT. pdf,November 19,2014.

下半叶的阿波黎纳里斯(Sidonius Apollinaris)在461年至其朋友图尔努斯(Turnus)的一封信中也谈到了信托担保。[1]《西哥特罗马法》[2]摘录的《保罗论点集》保留了大量的涉及信托担保的片段,且编纂者对部分片段进行了解释。[3] 问题是后古典时期,特别是蛮族人统治下的罗马法作品中谈到的信托担保与古典时期的信托担保在教义学上是否具有同一性?尽管在此问题上存在争议,但新近的研究表明此时的信托担保并不意味着一定要将信托物的所有权移转于债权人。[4] 也就是说,两个时期的信托担保名同实异。

因此,在时间的维度上本书仅研究古典时期及古典时期以前罗马法中的信托。

## 二、研究方法

### (一)关于方法论的基本立场

任何对过去的研究都难免遭遇"功用"的审问,特别是强调实践性并以法律规范的表达和适用为主要任务的法学领域。拉伦茨的回答是,法规范具有"历史性的时间结构",它可以在久暂不同的时代中继续保存,它同时处在一种不断适应——由人类所影响的历史时代之——改变的程序中。[5] 对法的过往的研究服务于人们了解法的当下状况。然而,在以福柯为代表的后现代史

---

[1] Sidonius Apollinaris Epist. 4, 24, 1... pecuniam pater tuus Turpio, vir tribunicius, mutuam pridem, si recordaris, a Maximo Palatino postulavit, impetravitque; nil quidem loco **fiduciae** pignorisque, vel argenti sequestrans vel pbligans praediorum... "Sidonius Apollinaris Epist", http://www. documentacatholicaomnia. eu /02m/0430 - 0489, _ Sidonius _ Apollinaris _ Episcopus,_Epistolae,_MLT. pdf, November 19, 2014.

[2] 又称《阿拉里克罗马法辑要》(Breviarium Alaricianum)。

[3] Brev. Paul. Sent. 1, 9, 8; Brev. Interpretatio a Paul. Sent. 1, 9, 8; Brev. Paul. Sent. 2, 4/titulus/; Brev. Paul. Sent. 2, 12, 4 /5/ 6/7/8; Brev. Paul. Sent. 2, 13, 1/2; Brev. Interpretatio a Paul. Sent. 2, 13, 1/2; Brev. Paul. Sent. 3, 8, 15; Brev. Paul. Sent. 3, 9, 53; Brev. Paul. Sent. 5, 1, 1; Brev. Interpretatio a Paul. Sent. 5, 7, 5; Brev. Paul. Sent. 5, 28, 4. Cfr. Gustavus Haenel, *Lex Romana Visigothorum*, Lipaiae, Sumptibus et Typis B. G. Teubneri, 1849.

[4] Magdolna Sič, "Fiducia and Pignus in Sources of Post-classical Roman Law: Synonyms or Terms Utilized for Different Kinds of Pledges? (Part Ⅱ)", *Proceedings of Novi Sad Faculty of Law* 3, 2008, p. 170.

[5] 参见[德]卡尔·拉伦茨:《法学方法论》,陈爱娥译,商务印书馆2004年版,第73页。

学者看来,历史并不如抽象的宏大叙事所主张的那样具有线性变化发展模式,理性和进步观念是特定社会话语和非话语实践建构的,在不同的时期会有不同的意义,不能抽象地说存在由低到高的进步,相反,应当在不断变化的间断性中去分析历史,更多地谈论断裂、缺陷、缺口。[1] 不同历史背景下使用的同一术语并不意味着具有相同的意义。在普通民众更为一般的回答中,直接提及的往往是作为人类法律经验宝库所具有的"鉴往知来"的作用,的确,当这样一种借鉴是以人类历史上最丰富的法律实践经验为对象时,它的借鉴意义是不言而喻的。但从理论的严格性出发,借鉴前人经验的逻辑基础是古今的相似性乃至同一性,而这恰恰是非历史的,诚如古希腊哲人赫拉克利特所云,人不能两次踏入同一条河流,在表面相似的历史情境下往往同时存在种种不可再现的差异。关于经验,伽达默尔精辟地指出,它是"某种属于人类历史本质的东西"。真正意义上的经验总是具有全新"第一次"的性质,由于经验的不可重复性,我们很难照搬经验。真正的经验实质上乃是对"人类有限性"和"历史性"的经验,一个真正有经验的人的标志是他对新经验的开放态度。[2] 因此,对历史经验进行批判性研究就成为历史研究的一个重要侧面。每个时代都是依据其思想与力量,或者自由、随意、快乐,或者艰难、不幸地展现其存在与生活的,这些因素参与经验的形成并凝结在经验中,批判性研究的目的在于发现这些因素,重构人类的某种存在方式,它的意义首先在于展现人类存在的某种可能性,其次也为辩证地讨论经验的借鉴问题提供前提。

就本书而言,"还原"与"重构"构成文章的灵魂,笔者无意于以"现在主义"(presentism)的路径开启研究,拒绝把现在的概念、模式、制度、利益或感觉强加给过去,强加到其他时代,然后宣称发现这些较早期的概念、制度等具有现在的意义,也拒绝在过去的某一点发现现在的核心,然后揭示从那里到现在的发展必然性。[3] 笔者所关注的是罗马法中信托的殊异性,关注罗马人提出的与信托有关的各种问题的"地方性"特点,关注罗马人解决上述问题的精确性,关注罗马人所用的各种法律技术的合理性。事实上,罗马法是将法之内容

---

〔1〕 参见余章宝:《传统历史话语的颠覆——福柯〈知识考古学〉的后现代历史观》,载《厦门大学学报》(哲学社会科学版)2001 年第 2 期。

〔2〕 参见[德]汉斯-格奥尔格·伽达默尔:《诠释学Ⅰ:真理与方法》,洪汉鼎译,商务印书馆 2016 年版,第 503~505 页。

〔3〕 参见智河:《福柯系谱学探微》,载《国外社会科学》1997 年第 1 期。

与社会结构、伦理模式和宗教因素都混为一体的。也就是说,对罗马法中法学要素的审视要放在这些古罗马文化要素的背景下展开才是可取的。[1] 在本书"罗马法中信托在后世法中的命运"部分,笔者无意于进行建构,探讨罗马法对后世法的意义,而仅陈述事实。况且,后世法在利用罗马法中的信托这一制度资源时,所处的法制环境和面临的任务都与罗马法有根本的不同,解决问题的方式和方法亦有差异。

接下来,"还原"与"重构"是否具有可能性就是必须要面对的问题,也就是关于罗马法中信托的历史认识是否可能的问题。在哲学上,认识的可能性问题覆盖认识论的所有方面,诸如认识的主体、客体以及认识的客观性等,然而本书的目的不在于此。再者,笔者亦无意介入近代以来关于历史认识客观性和主观性的争论。[2] 历史认识作为一种认识活动的结果,是人类利用认识工具对历史现象进行信息加工后所呈现的一种精神产物,不可避免地兼有主客观两重因素,关键是寻求一种与历史学本身的客观性严格匹配的主观性,进而在此之上寻求更高层次的主体性,毕竟历史的服务对象是人,而不是历史本身。笔者在这里讨论的"还原"与"重构"指的是采取"旁观者"的立场,抛弃后世罗马法研究者——特别是潘得克吞学者——在罗马法信托研究中确立的理论范式,直接依据原始文献展开研究,摒弃"历史是位任人打扮的小姑娘"的态度,避免曲解和过度阐释。在此,笔者的"主观性"是将罗马法中的信托作为一个展示如下观念的个案,即不同的法律与特定时空的文明相对,并不存在一种可以适用于所有文明的普世性的法律制度和法律规则,但它们的基本要求是相同的,那就是通过对事物的强制性安排来增进文明,实现对自然最大限度的控制,也包括对人性的控制。[3] 为将"主观性"合理地控制在上述范围内,避免以"还原"之名行"建构"之实,笔者在行文过程中小心翼翼,如履薄冰。

---

[1] 参见[意]里卡尔多·卡尔迪利:《"善良之人"与"诚实信用"》,翟远见译,载《苏州大学学报》(法学版)2014 年第 1 期。

[2] 在历史学界,以兰克为代表的一批西方史学家以"科学理性"来审视过去,批判史料,"如实直书",撰述"客观"的历史。但随着认知科学的发展,西方有不少思想家对启蒙运动以来所倡导的"科学理性"的普遍性表示怀疑,20 世纪 60 年代以来形成的后现代史学在历史认识客观性问题上展开了颠覆性批判。譬如,海登·怀特认为历史在本质上是一种语言的阐释,它不能不带有一切语言构成物所共有的虚构性,历史认识完全是一个主观性的过程。

[3] 参见[美]罗斯科·庞德:《法律史解释》,邓正来译,商务印书馆 2013 年版,第 192 页。

### （二）具体研究方法

1. 文本分析法（esegesi）

所谓文本分析，就是为理解文本的含义而对文本进行批判性解释，具体分为对文本进行语史学分析、文本分析、一般逻辑分析、法律逻辑分析、历史分析、体系分析以及解释—比较分析。[1] 对本书而言，比较重要的有法律逻辑分析和体系分析：前者意味着找出文本与应存在于原则阐释及其实际运用之间或者文本（或同时代同类型的文本）所包含的诸原则之间的特定逻辑一致性的对应关系，譬如，如果有讨论质押（pignus）的文本中出现了时效收回（usureceptio），那么这一文本实际上讨论的是信托担保，因为时效收回是信托中的一个特殊制度安排；后者意味着找出文本与包含此等文本的作品的体系之间的对应关系，事实上，勒内尔（Otto Lenel）正是使用这种方法在《学说汇纂》中发现了某些片段实际上谈论的是信托。

就本书而言，在文本分析过程中要特别注意添加（interpolazioni）这一问题。优士丁尼在法典编纂过程中不仅要求编纂者尊重收录文本的早时面貌，还授权编纂者为了所有人的利益在必要时进行增补、删节和修改，即所谓的添加。添加只有在罗马法进入历史研究阶段，把罗马法作为历史事实加以评价时才引起人们的关注。事实上，添加不仅存在于优士丁尼的法典编纂中，也存在于后古典时期的其他法典编纂活动中，这就使重现古典时期的罗马法的工作变得异常的困难。[2] 在本书写作过程中，笔者将综合运用文本分析的各种子方法对从某一法学家著作中摘取的片段进行考察，灵活运用各种各样的标准，使它们相互结合、相互协调，并符合具体的需要。

2. 历史方法

从某种意义上讲，法律可以被视为更广大和深刻的人类历史实践的一部分，因此，对法律的考察必须考虑实践和变化的维度。信托制度在罗马法中存续了600多年，横跨共和时期和帝政时期，经历了罗马从一个农业经济占统治地位的小城邦转变为一个商业性要素得到显著增强的横跨亚非欧的大帝国。

---

〔1〕 参见徐国栋：《中外罗马法教学比较中的罗马法史课程》，载徐国栋：《罗马法与现代意识形态》，北京大学出版社2008年版，第404页。

〔2〕 参见［意］朱塞佩·格罗索：《罗马法史》，黄风译，中国政法大学出版社2009年版，第344页。

人口的流动、文化的交流、经济的发展促使罗马人的实践活动呈现不同的历史时代特征,人们对信托的理解和认知也相应地具有阶段性特色。因此,若对复杂的信托制度进行平面化处理,将显得十分牵强,并且也是毫无意义的。笔者强调的历史方法并不意味着在文章写作过程中应用考古学、编年史学、年代学等史学学术分析方法,而是强调一种历史意识。对历史方法的强调并不意味着忽视对规范的分析,只是在规范的考察中注入历史性关照。

此外,历史方法的运用还意味着本书注重对信托的历史进行实证考察,避免随意性,一切结论的得出均建立在真实的史料基础上。

# 第一章 信托的基本问题

## 第一节 信托的有关原始文献

信托作为一项法律制度，在优士丁尼进行大规模的法典编纂时已经消亡，有关该制度的历史文献也因此具有碎片性和模糊性。《学说汇纂》表面上没有以信托为论述对象的片段，在没有被收入《学说汇纂》的法学著作和其他类型的原始文献中也没有关于该制度的专门论述，这种资料上的匮乏给研究信托提出了智力上的挑战。因此，在展开研究之前，有必要把涉及信托的原始文献进行列举，以此可阐明本研究的历史基础，并可使读者获得有关信托的感性认识。

### 一、文学性原始文献

目前，可以获得的最早涉及信托的原始文献是文学性原始文献，第一位讨论信托的是古罗马的喜剧作家普劳图斯，可以确定他卒于公元前 184 年。也就是说，他向我们提供的是公元前 2 世纪有关信托的信息。在他的一些喜剧作品中有时候仅仅使用 fiducia 一词，有时候将其与 fides 一起使用。

我们先考察第一种类型的文献。

| | |
|---|---|
| Plaut. Epidic. ,696 – 701.[1] | 普劳图斯:《埃皮提库斯》,第 696 ~ 701 行。 |
| *Per*. Qua **fiducia** ausu's primum quae emptast nudiustertius, filiam meam dicere esse? | *Per*. 首先,相信什么使你敢告诉我前天买的那位女孩是我女儿? |
| *Ep*. Libuit:ea **fiducia** . | *Ep*. 我乐意,所以相信。 |
| *Per*. Ain tu? libuit? | *Per*. 你说什么?你乐意? |
| *Ep*. Aio vel da pignus, ni east filia. | *Ep*. 是的,就她不是你女儿开赌吧。 |
| *Per*. Quam negat novisse mater? | *Per*. 如果她母亲拒绝承认她呢? |
| *Ep*. Ni ergo matris filia est, in meum nummum, in tuum talentum pignus da. | *Ep*. 那么,请你下注一塔兰特[2]——我的赌注是一个硬币[3]——赌她不是她母亲的女儿。 |

这是摘自普劳图斯的喜剧作品《埃皮提库斯》中的一段话。该剧的情节是:一位名叫斯特拉提波克莱(Stratippocle)的雅典青年在出征底比斯之前,要求他的奴隶埃皮蒂库斯(Epidicus)购买他爱恋的名为阿科罗波里斯提德(Acropolistide)的里拉[4]女演奏者(女奴),但埃皮蒂库斯没有钱,所以就想说服斯特拉提波克莱的家父贝里法内(Perifane)购买阿科罗波里斯提德,方法是使贝里法内相信阿科罗波里斯提德是其与名为菲利帕(Filippa)的女人以前所生的女儿。上文的对话就发生在奴隶的欺骗手段被发现之后。事实上,在这一段对话中,fiducia 并不是在法律和技术的意义上使用的,我们知道普劳图斯经常在文字上制造喜剧效果,此处也不例外。可能的解释是,当时的罗马人对作为法律制度的信托已经非常熟悉,普劳图斯并不在人们通常所理解的意义

[1] Plautus, *Plautus*, *II*, *Casina*, *Cistellaria*, *Curculio*, *Epidicus*, *Menaechmi*, Trans. by Paul Nixon, Massachusetts, Harvard University Press, London, William Heinemann LTD, 1988, pp. 354 – 355.

[2] 塔兰特即 talentum,是古代中东和希腊—罗马世界使用的质量单位,合 26.2 公斤,用作货币单位时,指的是 1 塔兰特重的黄金或白银。

[3] Nummum 是希腊硬币,相当于两个德拉克马。

[4] 古希腊的一种七弦竖琴。

上使用 fiducia,而是使用其原始的含义,凭此达到搞笑的效果,否则的话就显得乏味。[1] 也就是说,在本体论上我们不能从这段话中得出任何推论。

同样的用法还出现在喜剧《凶宅》(*Mostellaria*)中,第 37 行:"mei tergi facio haec,non tui,fiducia"。这是城市奴隶特拉纽斯(Tranius)对农场奴隶格卢缪斯(Grumius)指责其挥霍财产的回应,"我花我自己的钱,不是你的忠诚"。

其次,我们考察第二种类型的文献。

Plaut. Aul. ,584 - 586.[2]

EUCL. Edepol,ne tu,aula,multos inimicos habes atque istuc aurum quod tibi concreditum est. nunc hoc mihi factust optimum,ut ted auferam,aula,in Fidei fanum;ibi abstrudam probe. Fides,novisti me et ego te:cave sis tibi,ne tu immutassis nomen,si hoc concreduo. Ibo ad te fretus tua,**Fides,fiducia.**

译文如下:

普劳图斯:《一坛金子》,第 584 ~ 586 行。

欧克利奥:神保护我们,坛子,你有敌人,噢,是的,有很多敌人,你和金子托付给你了!看来,坛子,我能为你做的最好的事情是带你去信义女神庙:我将把你藏在那里,非常合适!信义女神,你了解我,我也了解你:如果我将它托付给你,恳求你不要辜负你的名字。是的,我将去找你,信义女神,我信赖你的忠诚。

喜剧讲述的是一个吝啬鬼从父亲那里继承了一幢房屋并在屋内发现了一坛金子,从此他开始焦虑如何把财宝藏起来,最后他决定将金子放在信义女神庙。

---

[1] Alan Watson,"The Origins of Fiducia",*ZSS(RA)*,1962,p. 329. Nicla Bellocci,*La Struttura del Negozio della Fiducia nell' epoca Repubblicana*, Ⅰ,*Le Nuncupationes*,Napoli,Casa Editrice Dott. Eugenio Jovene,1979,pp. 33 - 34.

[2] Plautus,*Plautus*, *I*,*Amphitruo*,*Asinaria*,*Aulularia*,*Bacchides*,*Captivi*,Trans. by Paul Nixon, Massachusetts,Harvard University Press,London,William Heinemann LTD,1992,pp. 292 - 295.

Fiducia 还出现在《三块钱一天》(Trinummus)中，并且具有强烈的法学意味。

Plaut. Trinumm. ,116 – 122.[1]

Meg. Quid tu adulescentem quem esse corruptum vides, qui tuae mandatus estfides et fiduciae, quin eum restituis, quin ad frugem conrigis? Ei rei operam dare te fuerat aliquanto aequius, si qui probiorem facere posses, non uti in eandem tute accederes infamiam malumque ut eius cum tuo misceres malo.

译文如下：

普劳图斯：《三块钱一天》，第 116 ~ 122 行。

Meg.：那么，你看到的是一位堕落的少年，基于对你的信任，少年被托付给你，你为什么不改造他，为什么不使他成为一个男人呢？这是你的工作，如果你投入精力，你会做得更好，如果你无论如何都不能改善他，也不能使他变得不名誉，也不能将你的堕落行为教给他。

Plaut. Trinumm. ,140 – 144.[2]

Call. Subigis maledictis me tuis, Megaronides, novo modo adeo ut quod meae concreditumst taciturnitati clam, fide et fiduciae, ne enuntiarem quoiquam neu facerem palam, ut mihi necesse sit iam id tibi concredere.

译文如下：

普劳图斯：《三块钱一天》，第 140 ~ 144 行。

---

〔1〕 Plautus, *Plautus*, *V*, *Stickus*, *Trinummus*, *Truculentus*, *Vidularia*, *Fragments*, Trans. by Paul Nixon, Massachusetts, Harvard University Press, London, William Heinemann Ltd. , 1984, pp. 110 – 111.

〔2〕 Plautus, *Plautus*, *V*, *Stickus*, *Trinummus*, *Truculentus*, *Vidularia*, *Fragments*, Trans. by Paul Nixon, Massachusetts, Harvard University Press, London, William Heinemann Ltd. , 1984, pp. 112 – 113.

Call.：梅噶罗尼得斯，你将一些事情突然托付给我的审慎、诚信和诚实的行为是如此地不可抵抗和意外，有一个秘密我从来没有透露给任何人也没有使它泄露，现在我必须告诉你。

喜剧涉及一位正在挥霍家父财产的家子，家父认为这会导致贫困，所以在他去叙利亚之前，将家子、未适婚的女儿以及所有的财产托付给一位朋友。

上述三个文本对分析信托的结构意义重大，详细的分析将在下一节展开。

在普劳图斯之后，另一位讨论信托的作家是西塞罗。西塞罗在《论义务》一书中讨论诚信诉讼时两次谈到信托，分别是该书的第3卷第61段和第70段，在其《论神性》一书中第3卷第74段也谈到信托，在其《地方论》的第42段提到了受信托人的诚信行事义务，在其《友信集》(ad Familiares)第7卷第12节第2段谈到了信托的程式，最后，在其为弗拉库斯的辩护词(Pro Flacco)的第51段谈到了信托担保。值得注意的是，西塞罗并没有对信托进行过专门的论述，都是在论述其他制度的时候附带提到的，但是这可以作为证明信托在西塞罗生活的时代盛行的证据。更为重要的是，西塞罗的这些论述是重构作为信托法律保护方式的信托之诉的主要依据。

古典时期没有发现讨论信托的文学性原始文献，直到后古典时期，生活在公元480年至公元524年间的波埃修斯(拉丁文名为Boethius)撰写的《西塞罗〈地方论〉评注》中，为信托下了一个定义，其中不仅保留了有关信托制度结构的珍贵信息，还谈到了信托的一种应用形式——与朋友信托。中世纪作品中另外一次对信托的记载出现在生活于公元560年至636年的西班牙神学家圣依西多禄(其名字的拉丁文形式为Isidorus Hispalensis)所著的被称为西方世界第一部百科全书的《词源》(Etymologiae或者Origines，也被称为Originum Sive Etymologiarum Libri Viginti)一书第五卷"论法律和时间"(De Legibus et Temporibus)之中，同样是以下定义的方式，但是该作者的定义对象只有信托担保，并不包括与朋友信托。

## 二、碑铭文献

与文学性原始文献的点到为止不同，碑铭文献记载的一般是一次具体的制度运作，具有个案性，但通过对碑铭文献的分析使本书得以从文本上的法进入到具体运行的法，从而可以观察不同文献所处时代的法之运作状况，相较于研究文本上的法,具有更多的真实性。当然,这对因其他原始文献的缺乏致使对信托的研究无法推进而言,也是不得已的选择,因“祸”得福。19 世纪末的考古发现推动了关于信托的第一次研究高潮,20 世纪中期的考古发现使第二次研究高潮所涉及的范围大大扩展。

1. 贝提卡铜板(Formula Baetica)。[1] 贝提卡铜板是指 1867 年在西班牙安达卢西亚自治区的瓜达尔基维尔河口发现的可拆合的双连书写板中的一块铜板,因为此地在罗马帝国时期为贝提卡行省,所以被罗马法研究者冠以此名称。这块铜板制作的具体时间已不可考,但是可以大致确定为公元前 1 世纪或者公元前 2 世纪,后者的可能性较大。这块铜板记载的是信托担保的订立,债务人(信托人)巴伊阿努斯(L. Baianus)为了 1 塞斯特斯以信托的名义,将其位于欧勒比亚(Olbia)村庄维内里恩西斯(Veneriensis)地方的土地通过要式买

---

[1] 贝提卡铜板的原文如下:

Dama L. Titi ser(vus) fundum Baianum, qui est in agro qui Veneriensis vocatur, pago Olbensi, uti optumus maxumusq(ue) esset, HS n(ummo) I et hominem Midam HS n(ummo) I fidi fiduciae causa mancipio accepit ab L. Baiano, libripende antest(ato). Adfines fundo dixit L. Baianius L. Titium et C. Seium et populum et si quos dicere oportet. Pactum conventum factum est inter Damam L. Titi ser(vum) et L. Baian(ium) ⟨uti⟩ quam pecuniam L. ⟨Titius L. ⟩Baian⟨i⟩o dedit dederit, credidit crediderit, expensumve tulit tulerit, sive quid pro eo promisit promiserit, spopondit ⟨spoponderit⟩, fideve qui sua esse iussit iusserit, usque eo is fundus eaque mancipia fiducia⟨e⟩ essent, donec ea omnis pecunia fidesve persoluta L. Titi solute liberataque esset; si pecunia sua quae die L. Titio h(eredi)ve eius data soluta non esset, tum uti eum fundum eaque mancipia, sive quae mancipia ex is⟨vellet⟩ L. Titius h(eres)ve eius vellet, ubi et quo die vellet, pecunia praesenti venderet. Mancipio pluris HS n(ummo) I invitus ne daret, neve satis secundum mancipium daret, neve ut in ea verba, quae in verba satis s(ecundum) m(ancipium) dari solet, repromitteret, neve simplam neve [duplam]...

Cfr. Carolus Georgius Bruns, ed., *Fontes Iuris Romani Antiqui*, *Pars Prior*: *Leges et Negotia*, Tubingae, in Libraria I. C. B. Mohrii (P. Siebeck), 1909, pp. 334 – 335.

卖的方式移转给债权人提求斯(Titius)的奴隶达玛(Dama),移转的还有其奴隶米达斯(Midas)。同时,债务人确保移转的土地上没有其他负担,并且明确了土地的"四至",周围分别是卢求斯·提求斯(Lucius Titius)、卡尤斯·赛尤斯(Caius Seius)以及公地。同时,达玛(Dama)和巴伊阿努斯(L. Baianus)之间达成如下协议:债权人提求斯已经根据要物契约或口头契约或文字契约向巴伊阿努斯(L. Baianus)交付一笔金钱,并且后者以誓约(sponsio)或诚意允诺保证(fidepromissio)或诚意负责保证(fideiussio)的方式保证偿还。被移转的土地和奴隶由受信托人(债权人)保管,直到出借的金钱偿还或者受信托人不必再遵守其信义。如果出借的金钱没有在规定的日期被偿还,提求斯或其继承人可以在他们选定的时间和地点将土地和奴隶整体出卖或者只出卖其中的一部分。学者争论的问题是,贝提卡铜板记载的是一次具体的订立信托担保的过程还是一个订立信托担保的范本,后者似乎更有道理。首先,从铜板的物理形式上看,铜板上带有几颗钉,它们的作用应该是将铜板固定在墙上。其次,中从协议的具体内容上看,它规定了所有的能够产生金钱债权的契约形式和所有的担保形式,[1]合理的解释为,这是在范本中将所有的法律形式都写出来供当事人选择。再次,文本中使用的人名明显是虚构的,卢求斯·提求斯、卡尤斯·赛尤斯以及奴隶的名字达玛和米达斯都是非常普遍的名字,犹如汉语中经常出现的"张三""李四"一般,并且文本将要式买卖司秤和证人的名字放空,也意味着这并不是一次具体的交易过程。[2] 最后,文献在要式买卖部分只谈到一个奴隶,而在协议部分却提到数名奴隶(i mancipia),若文献记载的是一个具体的合同,如此大的疏忽不可避免地会在当事人之间引起争议。由此可以合理地推断标准契约在当时的罗马已经非常盛行,一旦有适用信托担保制度的需求,就可以很方便地诉诸它。遗憾的是,由于只发现了双连书写板中的一块,贝提卡铜板并不能为我们提供其时信托担保的完整信息。

---

〔1〕 Federica Bertoldi, *Il Negozio Fiduciario nel Dritto Romano Classico*, Modena, Mucchi Editore, 2012, p. 62.

〔2〕 Livia Migliardi Zingale, "In Tema di 'Fiducia cum Creditore': i Documenti della Prassi", *Labeo*, 2000, pp. 452 – 453.

2. 庞培要式买卖(Mancipatio Pompeiana)。[1] 这是在 1887 年在庞培出

---

[1] 庞培要式买卖的原文如下：

A. Poppaea Prisci liberta Note iuravit pueros Simplicem
et Petrinum, sive ea mancipia alis nominib[us]
sunt, sua esse seque possidere, neque ea mancipia...
ali ulli obligata esse neque sibi cum ulo com[munia]
esse, eaque mancipia singula sestertis nu[mmis sin-]
gulis Dicidia Margaris emit ob seste[rtios...et]
mancipio accepit de Poppea Prisc[i liberta Note]
tutore auctore A. Caprasio A....
Libripende in singula P. C. ... [an-]
testata est in singula
Poppea Prisci lib[erta Note] ...
uti ea manc[ipia...
...

B. didu...
mit ea ... pro duobu[s...
mnis m[i]hi ere[dive meo...
atusve// nt ... Si ea pecun[ia...
k. Novem ... primis solu[ta non erit...
ea mancip[ia i]dibus D[ecembribus...
Pompeis in foro luce palam...
tibi egi, neve heres mi[hi...
a si mi de dolo malo eave...
tatur.
Si quo minoris e[a] manoipia did venie[rint...
cem d[e] bebun [t]u [r] mih[i h]erediv[e...ea mancipia ada veni[erint...
...ered [ive...
ea pecunia...
Utique ea mancipia sumtu inpu...
id mihi tecum eonvenit u ... [Dícidi-]
a Margaris Poppea [P]risci lib(erta) Note tuto? ... nsa persc.
Supra hec inter [e]as conveneru[nt...
inter se sunt. Ac[t(um)] Pompeis Ⅸ k. [...cos.
L. Iunio Caesennio ... P. Calvi[s]io Rusone.

C. HS. n. oo LD argentum
probum recte dari

土的一些蜡质木板，学者曾经就这些木板所记载的内容是否为信托而争论，但目前学界已就其内容取得一致意见。它的内容不仅涉及信托，具体来说，涉及的是信托担保，因为这些木板上记载的信托担保是通过要式买卖的方式设立的，所以被称为庞培要式买卖。在文献中，普里斯库斯（Priscus）的解放自由人波贝阿·诺泰（Poppea Note）作为金钱消费借贷的借贷人在监护人卡尔皮修斯（D. Carpisius）的协助下将两个奴隶——西姆普勒克斯（Simplex）和贝特里努斯（Petrinus）——通过要式买卖移转给出借人马勒噶里斯（Dicidia Margaris）以担保其借贷的1450塞斯特斯。诺泰发誓保证两个奴隶归其所有，由其占有，没有负担，并且不与他人共有。通过要式买卖诺泰象征性地得到了1塞斯特斯。也就是说，要式买卖是以信托的名义进行的。要式买卖发生在庞培，此时贝图斯（L. Iunius Caesenius Paetus）和鲁索（P. Calvisius Ruso）担任执政官，也就是说发生在公元79年，[1]即与维苏威火山喷发庞培被火山灰覆盖是同一年，并且很可能是九月初一之前的第八天。[2]这些蜡质木板记载的内

---

stipulata est Dicid[ia
Margaris, spopond[it Poppea]
Prisci liberta N[ote
...
(desunt plura)

D. ...
Actum Pornpeis Ⅷ...
L. Iunio Caesennio Paeto
P. Calvisio Rusone cos.
(desunt plura)

E. ...
...m...
re...
Actum Pompeis
In margine tabulae, uti apud nos indices libris inscribuntur:
Firmata(?) foenorum scriptio.

Cfr. Carolus Georgius Bruns, ed., *Fontes Iuris Romani Antiqui, Pars Prior: Leges et Negotia*, Tubingae, in Libraria I. C. B. Mohrii (P. Siebeck), 1909, pp. 332–334.

〔1〕这些木板所隶属的时间，长期以来被认为是公元61年，但是最新的研究发现，其确切的时间应该是公元79年。

〔2〕Federica Bertoldi, *Il Negozio Fiduciario nel Dritto Romano Classico*, Modena, Mucchi Editore, 2012, p. 64.

容如下:马勒噶里斯和诺泰达成协议,移转奴隶的风险和与之有关的费用由诺泰承担,如果诺泰或其继承人于今年九月初一将所借金钱偿还马勒噶里斯或其继承人,后者应将两个奴隶返还给前者,如果前者未偿还债务,则允许后者将奴隶在庞培市场上公开出卖。如果出卖所得价金不足以偿还债务,不足部分仍由借贷人或其继承人负责。如果有剩余,应将余额返还给借贷人或其继承人。

与贝提卡铜板不同,庞培要式买卖记载的是一次具体的交易过程,因为当事人的名字并不是虚构的,司秤和证人的名字也没有放空,执政官的名字也是具体可查的。

3. 其他。庞培及其附近是一处考古的福地,20 世纪在这里又有了涉及信托担保的考古新发现。在 20 世纪 30 年代,在庞培附近的埃尔科拉诺(Ercolano,在罗马时代称为 Herculaneum)发现了一些制作于公元 62 年的蜡质木板,这些蜡质木板被称为埃尔科拉诺小板(le tavolette ercolanesi,这些蜡质木板也被称为 Tabulae Herculanenses, T. H.)。1954 年布里叶瑟·卡拉特利(Pugliese Carratelli)将其内容进行整理并和阿兰乔·鲁伊兹的评注一起发表,此后阿兰乔·鲁伊兹分别在 1958 年和 1964 年发表两篇文章对其评注和解释。但是,最全面和最准确的解释特别是对涉及信托担保的片段的解释,当属那波利大学法学院的朱塞佩·卡莫德卡教授(Giuseppe Camodeca)1993 年发表于《奥斯特拉卡》(Ostraka)杂志的《埃尔科拉诺小板的新版本Ⅱ Ⅰ·金钱债权 T. H. 70 + 71 和 T. H. 74》(per una riedizione delle Tabulae Herculanenses. Ⅱ. Ⅰ. *nomina arcaria* T. H. 70 + 71 e T. H. 74)一文,[1]其中,T. H. 70 + 71 和 T. H. 74 在埃尔科拉诺之板中是涉及信托担保的三个片段。

考古工作对法学研究的支持并没有停止。1959 年在波佐利(Pozzuoli/Puteoli)[2]的郊外萨尔诺(Sarno)河的古人海口处修筑公路时发现了一处别墅的遗址,经考证这幢别墅属于苏尔毕求斯(Sulpicius)家族。在别墅中挖掘出了大量的蜡质木板,这些木板记载了苏尔毕求斯家族公元 1 世纪上半期在此经营银行业的情况。从法律的角度来看,它们不仅涉及实体法律行为,也涉

---

〔1〕 Joseph Georg Wolf, "From the Recent Discovery of Documents in Pompeii: The tabellae of Titinia Antracis and the Suretyship of Epichares", *Roman Legal Tradition*, 2004, pp. 82 – 95. n. 4.

〔2〕 与 Murecine 指的是同一地方。

及有关程序方面。对于信托来说,这里发现的蜡质木板记载的信息主要涉及信托担保中对信托物的拍卖。朱塞佩·卡莫德卡教授在1999年出版的《苏尔毕求斯庞培档案》[1]一书对这些蜡质木板进行了最系统的整理和注释,其中TPSulp.81至TPSulp.93涉及拍卖问题,需要注意的是,这些片段所规定的拍卖程序不仅适用于信托担保也适用于非移转所有权的物保(pignus)。

此外,出土的部分共和时期的立法文件也涉及信托,特别是信托担保,如《埃斯特残片》(Fragmentum Atestinum)[2]、《尤利乌斯自治城法令》(又称《赫拉克勒斯城铜表》,Tabula Heracleensis)[3]等。

## 三、《学说汇纂》之外的法学原始文献

在这种文献中,最重要的非盖尤斯《法学阶梯》莫属。在Gai.2,59和Gai.2,60中,盖尤斯不仅向我们报道了信托的两种类型,还报道了作为信托的配套设计的时效收回以及其在不同信托类型中的适用规则。Gai.2,22告诉我们信托人可以对以信托名义卖给债权人的物品实施先取遗赠,但需要共同继承人以偿还债务的方式赎回该物,从而使这种遗赠的受益人先提取到该物。Gai.3,201认为,债务人可以占有以信托名义并以要式买卖或者拟诉弃权方式转让给债权人的物,并对其实施时效取得,而不构成盗窃。盖尤斯《法学阶梯》同样保留了关于信托之诉的宝贵信息,Gai.4,33告诉我们信托之诉属于"我们据以要求应向我们给付钱款或者某物的那些程式具有自己的效力"的诉讼范畴,无须增加任何虚拟的程式。Gai.4,62告诉我们信托之诉的诚信裁判之性格。通过Gai.4,182,我们知道通过信托之诉可以判处被告破廉耻。

《保罗论点集》是由后古典时期西罗马帝国的编纂者主要从保罗的著作中吸取材料汇编而成的,虽然编纂者进行了再加工,但我们还是可以从中读出很多古典时期关于信托的信息。这部著作中涉及信托的片段在本书引言部分已

---

〔1〕 G. Camodeca, *Tabulae Pompeianae Sulpiciorum (TPSulp). Edizione Critica dell' Archivio Puteolano dei Sulpicii*, Ⅰ－Ⅱ, Roma, Quasar, 1999.

〔2〕 "Fragmentum Atestinum", http://webu2. upmf-grenoble. fr/Haiti/Cours/Ak/Anglica/Atestinum_ johnson. html, July 25, 2011.

〔3〕 "Tabula Heracleensis", http://webu2. upmf-grenoble. fr/Haiti/Cours/Ak/Anglica/heracleensis_johnson. html, July 5, 2011. 该法令的中文译注本,参见范秀琳、张楠:《〈尤利乌斯自治城法令〉译注》,载《古代文明》2007年第4期。

经作了列举,此处不再重复。

信托也出现在其他后古典时期的法律作品中,但已在本书引言部分详述,且与本书的写作无关,故不再着墨于它们。

## 四、《学说汇纂》的沉默之谜

信托没有出现在优士丁尼罗马法中,考虑到在优士丁尼编纂罗马法时,信托已经消亡,这种沉默并不难理解。但这并不意味着摘录古典法学家著作的《学说汇纂》中不包含信托的信息,罗马法研究者经过艰苦的还原工作,最终使被添加的《学说汇纂》中保留的古典法学家的著作露出了真面目,其中为还原工作贡献最大者当属勒内尔,他所做出的贡献的意义不逊于上述碑铭文献的发现。勒内尔在其《市民法还原》(Palingenesia Iuris Civilis)中试图重构收录在《学说汇纂》中的古典作家的作品,在还原古典法学家评注《永久告示》作品的框架结构时,勒内尔发现质押在乌尔比安《告示评注》和保罗《告示评注》中分别被讨论了两次,对乌尔比安来说,分别在第28卷和第30卷,对保罗来说,分别在第29卷和第31卷。无论是乌尔比安还是保罗,质押第一次被讨论是在使用借贷(commodatum)之后,第二次被讨论是在寄托之后,同时,乌尔比安《告示评注》第29卷和保罗《告示评注》第30卷涉及的是与质押完全无关的主题。这一奇特的现象激发了勒内尔的思考,法学家在两个完全不相干的地方讨论同一主题不可理解,除非在某一个地方讨论的不是质押,但与质押在制度目的上是如此相似以至于相关的规则可以通用。此外,在《永久告示》中有关质押的告示被放置在使用借贷的告示之后,因此,乌尔比安《告示评注》第30卷和保罗《告示评注》第31卷中涉及质押的片段应该是经过添加的,并不是作品的原貌,鉴于在古典时期使用非常广泛的信托担保并没有出现在《学说汇纂》中,并且信托担保的目的与质押的目的相同,因此被添加的片段原初谈论的只能是信托担保。[1] 同样的逻辑也适用于尤里安《学说汇纂》第13卷。也就是说,它原初讨论的是寄托和信托,而不是寄托和委任。

---

〔1〕 Arnaldo Biscardi, *Appunti sulle Garanzie Reali in Diritto Romano*, Milano, Cisalpino-Goliardica, 1976, pp. 23 – 24. Federica Bertoldi, "Alcune Osservazioni sulla Fiducia nella Letteratura Romanistica", in Maurizio Lupoi (a cura di), *Le Situazioni Affidanti*, Torino, G. Giappichelli Editore, 2006, pp. 110 – 111.

勒内尔的还原工作为学者研究信托提供了新的途径，也成为添加研究的典范，此后研究信托的学者开始反复考究《学说汇纂》中的片段，以谋求新的发现或者评判既有的研究成果。

### 五、小结

上述原始文献为研究罗马法中，首先是信托提供了基本的客观条件，但罗马人在信托实践中所残留或保存下来的这些文字资料的真实可靠程度是不同的。最真实可靠的当属出土的碑铭文献；其次是盖尤斯《法学阶梯》和西塞罗的相关著述；然后是波埃修斯和圣依西多禄的作品，因为他们生活的年代已经远离罗马人运用信托安排自己生活的时期；最后是普劳图斯和从《学说汇纂》中发现的其他古典作家的作品，因为这些原始文献的真实性依赖学术研究的甄别，有趣的是这部分原始文献却是研究者的主要依赖对象，所以研究者在罗马法中信托的研究上总是充满了争论。通过这些原始文献我们还可以发现信托在法学发达的古典时期是非常盛行的，该制度至少得到了盖尤斯、保罗、乌尔比安、彭波尼、马尔切勒、尤里安等古典时期法学大家的关注和研究。此外，涉及信托的碑铭文献大部分是古典时期的，且都与信托担保有关，特别是庞培苏尔毕求斯档案，这表明信托担保制度在当时银行业务中的适用已相当广泛且成熟。

## 第二节　信托的结构

任何实体都是由一系列的要素构成的，各要素之间的关系构成了该实体的结构，研究结构的目的在于寻求各要素之间的关系秩序，特定的关系秩序构成了该实体的存在特征。信托作为一种法律现象，对其结构进行研究具有非常重要的意义，是信托研究最基本的组成部分，主要考察作为信托的各有机组成部分是如何联系在一起的，各部分之间的关系是什么。研究信托结构要关注每个组成部分的“个性”及其对有机整体的影响，同时还关注信托的结构变迁问题。此外，信托的结构不仅决定着信托的适用范围，还可以解决信托在法律体系中的定位问题。由于罗马人对信托的理解在盖尤斯的时代发生了转折，因此，本节拟分别讨论盖尤斯之前和盖尤斯之后信托的结构。

## 一、盖尤斯之前信托的结构

笔者计划以分析这一时期的与信托结构有关的原始文献为切入点并以历史的顺序展开考察。

### (一)普劳图斯

Plaut. Trinumm. 117. qui tuae mandatus est **fide et fiduciae.**

Plaut. Trinumm. 142. taciturnitati clam, **fide et fiduciae.**

Plaut. Aul. 586. Ibo ad te fretus tua, **Fides, fiducia.**

这三个文本都涉及同一种情形,也就是某物或某人已经或者将要基于信任被托付给第三人。"... fide et fiduciae..."或者相似的表达都是"fide"在前,"fiduciae"在后的固定格式,艾伦·沃森认为这不是巧合和无意义的安排,而是一种法律术语,因为只有如此才能达到喜剧的效果,否则就会让人觉得烦琐和累赘。在《三块钱一天》第一个文本中,梅噶罗尼得斯指责卡利科勒,托付给他的少年已经完全变坏了,为了强调,梅噶罗尼得斯说少年是托付给"tuae... fides et fiduciae",这就非常明确地告诉读者,少年如同财产一样是以信托的名义被移转的,卡利科勒斯违背道德和法律义务没有很好地照顾他,作者想强调的不是作为人称代词的 tuae,而是 fides et fiduciae。这部喜剧作品的第二个文本与作为法律概念的信托之间的联系没有第一个文本紧密,但文本展现的幽默在于以 fide et fiduciae 的方式告知秘密的滑稽性。也就是说,笑点在于将秘密作为有体财产委托给他人。在这两个文本中,如果不承认 fides et fiduciae 是一个法律用语,笑点是不存在的。摘自《一坛金子》的第三个文本更具有启发性,埃乌科流斯正要去将他的财宝藏在他信赖的信义女神庙中,嘴里念叨着"tua, Fides, fiducia",事实上,普劳图斯的幽默并不在于信义女神和值得信赖之间的对立,因为这并不是一个非常有趣的游戏,尤其是以这种方式结束一幕剧。[1] 普劳图斯的意图和能够吸引观众的笑点,形式上在于语词 Fides 以及置于其后的 fiducia,实质上在于谈论不值得信赖的信义女神是毫无意义

---

〔1〕 Alan Watson, "The Origins of Fiducia", *ZSS(RA)*, 1962, pp. 330 - 331.

的，因为值得尊重和信赖是她的品质。[1] 文本中使用的 Fides（呼格）、fide（夺格）和 fiducia（夺格）是标准程式中 fidi et fiduciae（两个语词均为与格）的变形。

笔者发现，在信托的存在期间内，这一结构（fidi et fiduciae）并不能在其他非法学的拉丁文献中找到，对这一缺失只能作出如下解释：非法学作家一般不将 fides 和 fiducia 两词放在一起使用，以免让人们想起作为法律概念的信托，以免造成意外的娱乐效果——只有喜剧作家期待这个效果。[2]

若这一推论为真，普劳图斯的文本的意义还在于暗示了一种目的在于委托他人保管财产和照管孩子的信托类型，遗憾的是，不能从中解读出保管财产是需要移转所有权[3]还是仅需移转占有。事实上，普劳图斯喜剧中的相关文本只有结合贝提卡铜板才能得到很好的解读。

### （二）贝提卡铜板

Formula Baetica, 3 – 4.

HS n(ummo) I et hominem Midam HS n(ummo) I **fidi fiduciae causa mancipio** accepit ab L. Baiano.

在贝提卡铜板中出现了与普劳图斯的喜剧中相同的表达，这证实了上文对后者的分析，也就是说 fidi fiduciae 是信托中的一个固定套语。接下来的问题是，这一表达的意义是什么？自蒙森以来的传统理论认为，这一结构属于重言法，是两个词形不同但意思相同的语词的重复，目的在于体现法律的形式性。[4] 事实上，新近的研究表明 fides 和 fiducia 具有完全不同的含义，意大利佩鲁贾大学的拉丁语言和文学教授祖勒里（Loriano Zurli）认为，fiducia 意味着某人将某物置于他人手中并受其支配，fides 意味着信托人对他人的信任。也

[1] Nicla Bellocci, *La Struttura del Negozio della Fiducia nell' epoca Repubblicana, I, Le Nuncupationes*, Napoli, Casa Editrice Dott. Eugenio Jovene, 1979, p. 36.

[2] Alan Watson, "The Origins of Fiducia", *ZSS(RA)*, 1962, p. 331.

[3] 需要注意的是，罗马法中并无权利的概念，笔者在这里使用"所有权"一词并不意味着罗马法中也存在近现代所有权概念所依凭的意识形态以及法律构造技术，而只是在"归属"和"主宰"的意义上使用这一术语。

[4] Alan Watson, "The Origins of Fiducia", *ZSS(RA)*, 1962, p. 330.

就是说,fides 的原始含义是对他人的信任,[1]对受信托人来说,fides 意味着一种客观的约束,并不是如同路易吉·伦巴尔迪(Luigi Lombardi)所主张的那样意味着权力。[2] 为实现 fiducia 需要借助于要式买卖,也就是需要移转标的物的所有权。

由此产生了另一个充满争议的问题,在信托中是否产生了一种区别于普通要式买卖的独特要式买卖类型?也就是如同保罗·欧尔特曼(Oertmann)和贝尔尼切(Alfred Pernice)所主张的那样,在要式买卖的套语中插入所谓的"以信托名义"(fiducia causa)?所谓要式买卖,是市民法上移转所有权的最古老方式,mancipatio 一词是由 manu(手)和 capere(握取)二词构成,意为以手取之。盖尤斯《法学阶梯》为我们保留了要式买卖的程序:

Gai,1,119.使用不少于 5 人的成年罗马市民作证人,另外有一名具有同样身份的人手持一把铜秤,他被称为司秤,买受人手持铜块说:"我根据罗马法说此物是我的,我用这块铜和这把铜秤将它买下。"然后,他用铜敲秤,将铜块交给出卖人,好似支付价金。

因此,要式买卖是即时结清的交易,任何条件、期限和负担都与其使用的套语相矛盾,买受人获得的所有权是完整的所有权,对标的物享有最一般的实际主宰或潜在主宰,排斥任何限制或外来影响,并且是永久的,[3]这是纯粹的真实要式买卖所具有的特征,这意味着 fidi fiduciae causa 不可能体现在要式买卖的套语中。但在贝提卡铜板中所记载的要式买卖具有特殊性,即债权人只用 1 塞斯特斯与债务人交易土地或奴隶。也就是说,当事人实施的是微价要式买卖(mancipatio nummo nuo),即虚拟的象征性的要式买卖。有学者指出在虚拟要式买卖的情况下,由于不再限于即时结清,法律不允许附加条件、期限

[1] Leo Peppe, "Alcune Considerazioni circa la Fiducia Romana nei Documenti della Prassi", in Leo Peppe(a cura di), *Fides, Fiducia, Fidelitas: Studi di Storia del Dritto e di Semantica Storica*, Padova, CEDAM, 2008, p. 181.

[2] Antonio Carcaterra, *Intorno ai Bonae Fidei Iudicia*, Napoli, Casa Editrice Dott. Eugenio Jovene, 1964, p. 195.

[3] 参见[意]彼德罗·彭梵得:《罗马法教科书》,黄风译,中国政法大学出版社 2005 年版,第 148~149 页。

和负担的限制也就不复存在了。[1] 在这种情况下，是否意味着存在一种以信托名义的要式买卖？答案同样是否定的。我们可以采用反向推理论证，如果存在以信托名义的要式买卖，对要式买卖所附加的条件只能是解除条件。也就是说，当债权人的债权获得清偿后，债权人对信托物的所有权将消灭。但这是与罗马法中关于条件（condicio）的历史事实相矛盾的，优士丁尼以前的罗马法只承认停止条件，不承认解除条件的效力，只有在优士丁尼法中，才承认统一的条件概念，意指能够使法律效力产生或消灭的将来的不确定事实。[2] 另一个相关的问题是，受信托人对信托物享有的法律定位是否构成一种所有权形态？也就是说，罗马法中是否存在"信托所有权"（proprietà fiduciaria）？[3] 本书的回答同样是否定的。

综上所述，fidi fiduciae causa 这一表达结构并不改变要式买卖的本质，那么，在信托中这一表达的意义是什么？首先，fides 的意义在于说明买受人承担义务的依据，但具体义务是什么则无法体现。其次，fiducia 体现的是当事人的意志，也就是将某物置于他人支配之下，具体操作需要借助于要式买卖。也就是说，仅从 fiducia 本身来看，并不意味着移转标的物的所有权，但它所倚重的工具意味着必须完整地移转所有权。

信托设立的记载是如此的精练和简洁，以至于并不能告诉我们设立信托的目的及当事人之间的权利义务关系。与此相对应的是，当事人达成的信托协议内容的详尽细致，不仅涉及当事人设立信托的担保目的、受信托人履行返还信托物义务的条件，还规定在债务未清偿时，受信托人出卖信托物的方式以及相关的后续问题。从这一对比中，可以合理推断，在公元前 2 世纪末至 1 世纪初的信托中，当事人更加重视信托协议，对当事人而言，信托协议在整个制度中的地位高于作为设立行为的要式买卖，虽然从制度逻辑上看，信托协议是附加于要式买卖的。

---

〔1〕 参见周枏：《罗马法原论》（上册），商务印书馆 2009 年版，第 342 页。

〔2〕 Fedetico Del Giudice, *Dizionario Giuridico Romano* ( *V Edizione* ), Napoli, Edizioni Simone, 2010, p. 119.

〔3〕 支持罗马法中存在信托所有权的观点，Cfr. Renzo Lambertini, "Se L' esperienza Giuridica Romana Abbia Conosciuto una 'Proprietà fiduciaria'", in Renzo Lambertini, *Testi e Percorsi di Diritto Romano e Tradizione Romanistica*, Torino, G. Giappichelli Editore, 2010, pp. 93 – 140.

(三)波埃修斯《西塞罗〈地方论〉评注》

Boet. In Top. ,4,10,41.[1]

Fiduciam accepit, cuicumque res aliqua mancipatur, ut eam mancipanti remancipet; velut, si quis tempus dubium timens amico potentiori fundum mancipet, ut ei, cum tempus quod suspectum est praeterierit, reddat. Haec mancipatio fiduciaria nominatur idcirco, quod restituendi fides interponitur.

译文如下:

波埃修斯:《西塞罗〈地方论〉评注》,4,10,41。

无论如何,接受信托意味着将某人以要式买卖移转的物再通过要式买卖返还给他。譬如,如果某人在危难时期将一块土地以要式买卖的方式移转给一位有能力的朋友,一旦作为移转土地缘由的危机过后,返还土地。之所以被称为信托要式买卖是因为返还建立在信义之上。

虽然波埃修斯生活在5世纪末6世纪初,但因为他的作品是对西塞罗《地方论》的评注,目的在于阐明西塞罗《地方论》中所讲的信托是什么,因此,这一片段保留的应该是西塞罗生活时代的有关信托的信息,而不是作者本身生活时代的资讯。波埃修斯从受信托人的角度为信托下定义,受信托人一旦接受信托就意味着受到返还义务的约束,并且返还义务的依据是信义。这证实了在贝提卡铜板中我们对信义的分析,并且从这一文本中我们了解到,受信托人的主要义务是返还义务,这也是信托的本质特征。基于此,德国学者卡罗瓦(Otto Karlowa,1836 - 1904)认为,信托中的返还义务具有抽象性,也就是说,返还义务独立于设立信托的具体目的。但是文本中谈到的例子就不利于这一观点,波埃修斯为了阐明受信托人具体的返还义务,他以与朋友信托为例说明返还义务是与信托设立的目的紧密联系在一起的。这说明信义并不是基于诚信的抽象行为标准,而是与“能够安全地保护我们的物品”(Gai,2,60)之具体

[1] Carolus Georgius Bruns ed., *Fontes Iuris Romani Antiqui*, *Pars Posterior*: *Scriptores*, Tubingae, in Libraria I. C. B. Mohrii(P. Siebeck), 1909, p. 74.

目的相适应的。[1] 也就是说,受信托人的返还义务不仅产生于当事人设立信托的具体目的,还与信义的情景性有关。总之,透过波埃修斯的文本,我们了解到信托建立在以再通过要式买卖返还同一物品为目的的要式买卖上,返还义务以信义为基础。

仔细对比波埃修斯的文本和贝提卡铜板,笔者发现,返还义务在两个文本中的地位是不同的:在前者中返还义务是受信托人唯一的义务;在后者中返还义务被规定在信托协议中,只是受信托人在其债权获得满足后的义务。这与两个文本所描述的信托类型之不同有关,前者描述的是以安全保管我们的物品为目的的与朋友信托,当事人的目的实现后,受信托人的义务当然是返还物品;后者描述的是信托担保,其目的在于保障受信托人债权的实现,若债务人积极按时履行债务,信托目的实现后受信托人当然应该返还财产,若债务人没有或不能按时履行债务,受信托人只能凭借出卖信托物的方式满足其债权,因此,在信托担保中返还义务只是一种可能性,不具有必然性。这种差别是当事人利用信托机制达到不同目的造成的,对信托的结构不构成实质性影响。

(四)庞培要式买卖

Tavolette Pompeiane,5 –8.
eaque mancipia singula sestertis nu[mmis sin-]
gulis Dicidia Margaris emit ob seste[rtios. . . et]
mancipio accepit de Poppea Prisc[i liberta Note]
tutore auctore A. Caprasio A. . . .

与贝提卡铜板相比,庞培要式买卖的文本中没有出现 fidi fiduciae causa,相反,却出现了 emit ob seste[rtios. . . et] mancipio accepit(根据第 34 行,完整的表述应是 emit ob seste[rtios n(ummos) oo LD et] mancipio accepit)这一奇怪结构。也就是说,在文本中就同一标的物(两个奴隶)实施了两次要式买卖,第一次是微价要式买卖,第二次是因债权人马勒噶里斯以 1450 塞斯特斯购买

[1] Nicla Bellocci, *La Struttura della Fiducia*, Ⅱ, *Riflessioni Intorno alla Forma del Negozio dall' epoca Arcaica all' epoca Classica del Dritto Romano*, Napoli, Casa Editrice Dott. Eugenio Jovene, 1983, pp. 45 – 46.

两个奴隶而实施的要式买卖。根据上文的分析,微价要式买卖是设立信托的典型行为,那么第二次要式买卖又有什么意义呢?在罗马法中,emit mancipioque accepit 这一表达意味着通过要式买卖实施的现金买受行为,[1] 而我们的文本则多出了 ob seste[rtios n(ummos) oo LD et]这一部分。首先,这意味着文本中的这一奇怪结构与真正的买受行为有不同的含义,并不能按照正常的买受行为来理解其意义。其次,就多出的这一部分而言,字面含义是指出了买受标的物所支付的价金,显然特别指出价金是为了强调,它真正的功能在于以买受的方式缔结消费借贷,在信托担保中的具体的功能与 fidi fiduciae causa 相似。之所以说相似是因为前者还同时指出了设立信托的目的在于担保消费借贷债务的履行,而在 fidi fiduciae causa 的情形下,设立信托的具体目的是在信托协议中体现出来的。

问题是为什么当事人采用买卖的方式缔结消费借贷?可能的解释是庞培要式买卖所使用的术语并非技术性的。事实上,在这一时期,买受(emptio-emere)和出卖(venditio-vendere)也可以用来指即时取得或为了强调行为的合意性质指称任何支付对价后的移转行为。[2] 也就是说,文本中的 emit 并不指真正的买受行为,也不具有买受的效力,而仅仅具有取得的含义。无论如何,庞培要式买卖将具有缔结消费借贷功能的"买受"行为与微价要式买卖区分开来,前者对后者的设立程式没有影响,同时后者对以消费借贷为目的支付的 1450 塞斯特斯也不具有涵射力。与贝提卡铜板一样,当事人在信托协议中约定返还信托物的条件,以及在债务未清偿的情况下出卖信托物的方式及其后续问题。

最后,庞培要式买卖的文本中为什么没有出现 fidi fiduciae causa 这一结构呢?若阙如,受信托人返还义务的基础又该是什么?比较合理的解释是,fidi fiduciae causa 这一结构体现的是信托未获法律保护时期的特征,也就是说,贝提卡铜板记载的是更古老的信托,到庞培要式买卖的时代,信托已经获得了法律的保护,受信托人返还义务的基础在于法律,而不是对受信托人的信任。关

[1] Stefania Romeo, *L' appartenza e L' alienazione in Diritto Romano*, Milano, Giuffrè Editore, 2010, p. 125.

[2] Nicla Bellocci, *La Struttura della Fiducia, II, Riflessioni Intorno alla Forma del Negozio dall' epoca Arcaica all' epoca Classica del Dritto Romano*, Napoli, Casa Editrice Dott. Eugenio Jovene, 1983, pp. 31 – 32.

于法律对信托的保护问题将在下一节详细展开。

（五）圣依西多禄

虽然圣依西多禄生活在6世纪末7世纪初，但是他在《词源》一书中保存的有关信托的信息一直被学者视为古典时期信托的特征，将其与上述三个文本对比分析，能使我们深化和完善对信托的认识。

Isid. Etymol. ,5,25,23.[1]

**Fiducia** est, cum res aliqua sumendae mutuae pecuniae gratia vel mancipatur vel in iure ceditur.

译文如下：

圣依西多禄：《词源》，5,25,23。

信托是为获得现金消费借贷而以要式买卖或者拟诉弃权的方式转让财产。

圣依西多禄作为词典编纂者为了给信托下一个全面的定义，在设立方式上不仅提到了要式买卖还提到了拟诉弃权，这是我们在上述三个文本中不曾见到的。所谓拟诉弃权，与要式买卖一样，也是罗马人转让市民法所有权的庄严行为，不同的是它不仅适用于要式物（res mancipi），也适用于略式物（res nec mancipi），具体是以这样的方式进行：

Gai,2,24. 在罗马国家的执法官比如裁判官面前，接受物品转让的人手持该物说："我认为这个奴隶根据罗马法是我的。"在他提出要求后，裁判官询问转让物品的人是否提出反要求。如果他说不或者保持沉默，裁判官将物品

[1] Carolus Georgius Bruns ed. , *Fontes Iuris Romani Antiqui*, *Pars Posterior*: *Scriptores*, Tubingae, in Libraria I. C. B. Mohrii(P. Siebeck), 1909, p. 82. 该文本的英译本, See Stephen A. Barney, W. J. LEWIS, J. A. BEACH, Oliver Berghof, Muriel Hall, *The Etymologies of Isidore of Seville*, Cambridge, Cambridge University Press, 2006, p. 122。

判给主张其所有权的人，这叫作法律诉讼。在行省，这也可以在总督面前进行。

以拟诉弃权的方式设立信托的标的物不以要式物为限，也扩及于略式物。拟诉弃权的性质与要式买卖相同，使用的套语不可改变，不得附加任何的条件、期限和负担。也就是说，“以信托名义”也不可能出现在拟诉弃权的交易过程中。

问题是为什么在前述三个文本中没有提及拟诉弃权。庞培要式买卖比较容易解释，因为它记载的是一次具体的信托设立行为，具有个案性，作为信托物的奴隶只能被以要式买卖的方式移转所有权。波埃修斯在《西塞罗〈地方论〉评注》中只提及要式买卖一种方式与著作的论题有关，波埃修斯的目的在于对西塞罗的《地方论》进行评注，解释清楚《地方论》的内容即可。因此，对于西塞罗《地方论》中涉及的信托，波埃修斯的目的在于说明何谓信托，这种说明甚至可以是例示性的，而不在于对信托进行全面的描述。[1] 虽然贝提卡铜板记载的是一个合同范本，但在设立方式中不使用拟诉弃权与当事人的喜好有关，作为一种担保债务履行的方式，债权人更喜欢要式物这种价值较大且不易随着时间的流逝而发生价值损耗的财产，而不喜欢略式物。此外，要式买卖不需要诉诸官员而较拟诉弃权简捷高效，从商人的角度看，文本中不出现拟诉弃权就是可以理解的。

与庞培要式买卖联系起来分析，我们发现这两个文本中都没有出现 fidi fiduciae causa 的字样，在前者使用了一个买受的特殊表达结构表明当事人之间缔结的是消费借贷，作为实施微价要式买卖的原因，在圣依西多禄的文本中，直接使用了现金消费借贷(mutuae pecuniae)的表达代替前者的冗长结构。在罗马法中，若人们实施要式买卖或拟诉弃权以现金消费借贷为原因，一般就

---

〔1〕 Arnaldo Biscardi, *Appunti sulle Garanzie Reali in Diritto Romano*, Milano, Cisalpino-Goliardica, 1976, p. 28.

意味着人们的目的是设立信托担保。[1] 现金消费借贷作为信托担保的原因独立于信托担保。也就是说,信托担保作为一个独立的担保制度区别于其担保的主债权债务关系,同时,这一担保目的在实践中规定着受信托人的返还义务。[2] 虽然圣依西多禄在定义中没有明确提及信托协议,但已经在作为目的的现金消费借贷中隐含地涉及了。

(六)盖尤斯

Gai. 2, 220. ... veluti si quis eam rem legauerit, quam creditori fiduciae causa mancipio dederit...

Gai. 2,59. ... Nam qui rem alicui **fiduciae causa** mancipio dederit vel in iure cesserit...

Gai. 3,201. ... Item debitor rem, quam **fiduciae causae** creditori mancipaverit aut in iure cesserit...

译文如下:

Gai. 2, 220. ……比如,某人遗赠的是曾以信托名义卖给债权人的物品……

Gai. 2,59. ……实际上,如果某人以信托的名义采用要式买卖或者拟诉弃权的方式将物转让给了另一人……

Gai. 3,201. ……债务人可以占有以信托名义并以要式买卖或者拟诉弃权方式转让给债权人的物……

---

〔1〕 另一个例子参见阿斯库纽斯·佩狄亚努斯(Quintus Asconius Pedianus,约公元前 9 年至公元 76 年,罗马历史学家)在《西塞罗五篇演说词的注释》一书中对西塞罗《白袍候选发言》(De toga candida)一文第 2 段所作的注释,其辞曰:quod propter aeris alieni magnitudinem praedia **mancipant** bonaque sua in potestate non habeat。(他[安东尼]负债累累,以至于他将其所有的财产都通过要式买卖转让出去了)。Cfr. Quintus Asconius Pedianus, *Orationum Ciceronis Quinque Enarratio*, Oxonii, E Typographeo Clarendoniano, 1907, p. 84.

〔2〕 Nicla Bellocci, *La Struttura della Fiducia*, *II*, *Riflessioni Intorno alla Forma del Negozio dall' epoca Arcaica all' epoca Classica del Dritto Romano*, Napoli, Casa Editrice Dott. Eugenio Jovene, 1983, p. 50.

在这三个片段中出现了与贝提卡铜板相同的表达：fiduciae causae，这表明盖尤斯此时对信托的理解与前述传统相同，通过要式买卖或拟诉弃权的方式移转信托物的所有权，随后订立信托协议规定履行返还义务的条件并作出其他利益安排。

Gai，2，60. Sed cum **fiducia contrahitur** aut cum creditore pignoris iure aut cum amico，quo tutius nostrae res apud eum essent，si quidem cum amico **contracta sit fiducia**，sane omni modo conpetit usus receptio. . .

译文如下：

Gai，2，60. 然而，信托关系，或者是与担保债权人缔结的，或者是与能够比较安全地保管我们物品的朋友缔结的。如果信托是与朋友缔结的，显然在任何情况下均可以实行时效收回……

富有意味的是，比较分析此前讨论的所有文本，我们发现 fiducia 的用法存在区别，在波埃修斯的文本中，fiducia 指的是信托物（fiduciam accepit），而在贝提卡铜板以及 Gai. 2，59、Gai. 2，220、Gai. 2，201 中，fiducia 指的是人们实施要式买卖的目的。在 Gai. 2，60 中，盖尤斯用 fiducia 指称整个制度，并且盖尤斯使用了被动形式（fiducia contrahitur；contracta sit fiducia），意味着作者是从 fiducia 缔结过程的视角来定义的。无论如何，盖尤斯在这里意识到存在一个不再需要区分移转行为和信托协议的独立制度。也就是说，当事人之间达成的信托协议与移转标的物的行为是联合成一个整体的。从圣依西多禄的文本中我们也可以得出同样的推论。这说明在缓慢的制度演变过程中当事人之间达成的信托协议的重要性在提升，而移转行为的地位在逐步下降，人们越来越意识到当事人之间的协议才是信托的本质要素，但法学理论和实践对信托协议的形式并无要求，[1] 在罗马法中这种缺乏形式（至少是对它不要求特定形

---

〔1〕 Nicla Bellocci，*La Struttura della Fiducia*，Ⅱ，*Riflessioni Intorno alla Forma del Negozio dall' epoca Arcaica all' epoca Classica del Dritto Romano*，Napoli，Casa Editrice Dott. Eugenio Jovene，1983，pp. 67 –68.

式)且不是根据某一债因而达成的协议被称为简约,所以信托当事人达成的协议也被称为信托简约。信托简约经历了从不受法律保护到受到法律保护的变迁过程(信托的保护问题将会在下一节详述),这对信托的结构产生了深刻的影响。

(七)小结

总之,在盖尤斯之前,信托可以被区分为两大要素:一是以移转标的物所有权为表现形式的物权性要素,二是以当事人之间达成的规定当事人权利和义务的信托简约为表现形式的债权性要素。这两大要素呈现一种相对隔离的状态。在物权性要素部分,信托人通过要式买卖或拟诉弃权的方式将标的物的所有权移转于受信托人,这种移转在物权层面上是完全的和绝对的,所谓"以信托名义"并不能对其构成限制,它的功能仅仅在于抽象地体现当事人实施移转行为的目的不同于简单的移转行为。但受信托人对标的物享有的所有权受到当事人达成的信托简约的限制,当事人达成的协议是"以信托名义"的具体体现,与信托协议相比,"以信托名义"在制度运作中并不是必不可少的要素。在信托的初始阶段,物权性要素占据支配地位,体现当事人真实意图的信托简约只是要式买卖或拟诉弃权的配角,随着信托的发展,当事人的真实意图越来越受到尊重,它在信托中的地位也与移转行为发生了对调。

需要注意的是,我们在重构信托时利用的都是公元前 2 世纪之后的原始文献,而如前文所指出的,信托是非常古老的制度,至少在《十二表法》时期已经存在。接下来的问题是,这种重构是否适合于公元前 2 世纪之前的信托?我们有理由作出肯定性的回答。在早期罗马法中可供市民使用的法律工具是非常有限的,在我们重构的信托结构中,使用的是所有权以及作为所有权移转工具的要式买卖和拟诉弃权,而这些法律工具在早期罗马法中就已经存在,且使用这种工具所建构出来的制度与当事人追求的经济目的并不一致。如果信托在公元前 2 世纪之前还有其他的结构安排模式,也只能是比我们所重构的结构更高效的模式,若真存在这样的模式,也必定会流传下来被研究者发现。事实上,这一假设是不成立的。法律工具的有限性和创新的困难也是这一时期的信托为何如此繁琐叠床架屋的原因。事实上,信托是在法律工具与人们社会经济生活需要之间发生冲突的情况下,罗马法学家通过改造有限的工具达到新的目的的背景下产生的。

## 二、盖尤斯之后信托的结构

### (一)信托是一种契约

前文已经指出盖尤斯已经意识到不必将信托割裂为两个相对独立的要素,但这仅仅是信托发展的新起点,并没有回答信托是什么的问题。Gai. 2,60中使用的动词contrahere(contrahitur;contracta)在罗马法学家语言中的含义极其广泛,它不但用来表示缔结以适法行为为发生根据的债权关系,尤其是以契约为基础的债权关系,而且也可以表示缔结婚姻、实施犯罪,甚至是设立意味着约束或束缚的物权。[1] 也就是说,虽然在词源学上,contrahere是contractus(契约)的动词形式,但仅仅通过该词并不能得出盖尤斯将fiducia认定为一种契约的结论。

对信托的认识在帕比尼安、乌尔比安和莫德斯丁手中,得到了进一步的深化。收录在D. 33,10,9,2中的帕比尼安《解答集》第7卷的一个片段认为,受信托人要受到"contractus fidem"的约束。[2] 收录在D. 13,7,24pr. 中的乌尔比安《告示评注》第30卷的一个片段认为,如果信托物在债权人手中被追夺,"et videtur finita esse fiduciae obligatio et a contractu recessum"("基于信托的义务被认为已消灭,并且合同终止")。[3] 收录在D. 15,1,36中乌尔比安《争议集》第2卷中的一个片段认为,信托属于"bonae fidei contractus"(诚信合同)的

---

〔1〕 Biondi, *Contratto e Stipulatio*, Milano, Giuffrè Editore, 1953, p. 199.

〔2〕 D. 33,10,9,2: Supellectili sua omni legata acceptum argentum pignori non continebitur, quia supellectilem suam legavit, utique si non in usu creditoris id argentum voluntate debitoris fuit, sed propositum propter **contractus fidem** ac restituendae rei vinculum. 关于该片段的分析和被添加情况,参见下文第二章第二节的分析。

〔3〕 D. 13,7,24pr. : Eleganter apud me quaesitum est, si impetrasset creditor a caesare, ut pignus possideret idque evictum esset, an habeat contrariam pigneraticiam. **et videtur finita esse pignoris obligatio et a contractu recessum.** immo utilis ex empto accommodata est, quemadmodum si pro soluto ei res data fuerit, ut in quantitatem debiti ei satisfiat vel in quantum eius intersit, et compensationem habere potest creditor, si forte pigneraticia vel ex alia causa cum eo agetur. 根据前文讨论的勒内尔的研究成果,乌尔比安《告示评注》第30卷中讨论质押的片段实际涉及的是信托,具体参见Otto Lenel, Palingenesia Iuris Civilis (Volumen Alterum), Lipsiae, Ex Officina Bernhardi Tauchnitz, 1889, p. 618。

范畴。[1] 最后,收录在 Coll. 10,2,2 中莫德斯丁《论寄托和使用借贷的区别》第2卷的一个片段认为,在信托之诉中被告既要对其故意行为负责也要对其过失行为负责,因为信托"quia utriusque contrahentis utilitas intervenit"(关涉合同每一方当事人的利益)。[2] 虽然检索原始文献,只发现了上述四个片段,但可以肯定地认为上述三位古典后期的法学家都认为信托属于一种契约,进而构成一种债。

虽然将 contractus 称为契约,但它与现代法中的契约有很大的区别。Contractus 的起源较晚,公元前1世纪瓦罗的《论农业》第一次使用它,但不具有法律意义,作为一个术语,几乎不为非法学的著述者所知。在《永久告示》中并没有出现该词,彭波尼和盖尤斯之前的法学家也很少使用它,它的含义并不十分清楚,也不固定,没有统一的含义。[3] 彭波尼在《昆图斯·穆丘斯评注》第4卷中使用了该词,该作品是对谢沃拉著作的评注,因此可以合理地推断早在谢沃拉那里它就被当作属概念使用,在它的涵盖下,可抽象出要物契约、言辞契约和合意契约三种。[4] 仅晚于谢沃拉几十年的普罗库鲁斯学派的奠基人拉贝奥也曾使用该词,并给它下了一个定义,"contractus 是某种涉及双务之债的东西,希腊人称之为 synallagma,例如买卖、租赁和合伙"。[5] 可见,拉贝奥是在非常狭窄的意义上使用 contractus 的,从技术的角度看,该定义强调的无论如何都不是主体的双边性,而是客体的双边性。[6] 一个世纪之后的盖尤

---

[1] D. 15,1,36: In **bonae fidei contractibus** quaestionis est, an de peculio an in solidum pater vel dominus tenerentur: ut est in actione de dote agitatum, si filio dos data sit, an pater dumtaxat de peculio conveniretur. ……关于该片段的添加情况,参见下文第一章第三节的分析。

[2] Coll. 10,2,2: Sed in ceteris quoque partibus iuris ista regula custoditur: sic enim et in fiduciae iudicium et in actionem rei uxoriae dolus et culpa deducitur, **quia utriusque contrahentis utilitas intervenit**. 关于该片段的具体分析,参见下文第一章第三节的分析。

[3] Giuseppe Grosso, *Il Sistema Romano dei Contratti* (*Terza Edizione*), Torino, G. Giappichelli Editore, 1963, p. 31.

[4] D. 46,3,80: 契约以其缔结的相同方式解除。因此,如果我们是通过物订立的契约,该契约通过物来解除……口头缔结时,或通过移转物,或通过言辞解除……类似地,如有买卖或租赁,仅通过合意缔结,也须通过一个相反的合意解除。对这一文本的详细分析,参见徐国栋:《罗马私法要论——文本与分析》,科学出版社2007年版,第193页。

[5] D. 50,16,19.

[6] 参见徐国栋:《罗马私法要论——文本与分析》,科学出版社2007年版,第194页。此外,还有塔拉曼卡教授认为拉贝奥的意图是将契约等同于合意或协议。Cfr. Mario Talamanca, *Istituzioni di Diritto Romano*, Milano, Giuffrè Editore, 1990, pp. 534 – 535.

斯在其《法学阶梯》中对 contractus 进行了二元化的理解。首先,它是一种合法行为(Gai. 3,91)。其次,它是一种被认可为债的交易模型。正如 Gai. 3,89 对合同之债的那个著名区分:产生于合同的债有四种,这样的债的缔结“或者是通过物,或者是通过言辞,或者是通过文字,或者通过合意。”但无论采哪种理解,契约都与协议密不可分,如果契约被理解为行为,协议是其构成要件,如果契约被理解为交易模型,协议是其前提。它们都统一于对“契约之债”的理解之中,能否发生此等债的判断标准是看行为模型是否具备,这意味着行为模型是契约的客观规定性;能否发生债的前提是当事人的行为是否为双边意愿行为,这意味着双边意愿行为是契约的主观规定性。因此,可以说,契约是产生债的协议,协议不是债的成立性要素,但它存在于债的结构中,是债的目的性要素。[1] 对古典后期的信托而言,信托简约是信托之债的主观性要素,是当事人缔结信托目的的体现,通过要式买卖或拟诉弃权移转标的物的所有权是信托简约能够产生债的效力的“模型”,是信托之债的成立性要素,两者密不可分。

### (二)信托是一种要物契约吗?

罗马法中的要物契约是通过给付物而缔结的契约,给付物的同时附加一个安排当事人之间利益的协议,其中当事人的协议是其目的性要素,给付物是其成立性要素。表面看来,要物契约的结构与古典后期信托的结构具有极大的相似性,都是“协议 + 通过物”的结构。所以不少罗马法学家都认为,古典后期的信托应当归入要物契约之中,如意大利的阿兰乔—鲁伊兹、[2] 彭梵得、[3] 安东尼奥·瓜利诺(Antonio Guarino)[4] 和塔拉曼卡,[5] 又如法国的吉

---

〔1〕 参见蒋军洲:《要物合同研究——对其或存或废的思考》,厦门大学法学院 2009 年博士学位论文,第 26 ~ 30 页。

〔2〕 Vincenzo Arangio-Ruiz, *Istituzioni di Dirtto Romano*, Napoli, Casa Editrice Dott. Eugenio Jovene, 1956, p. 307.

〔3〕 [意]彼德罗·彭梵得:《罗马法教科书》,黄风译,中国政法大学出版社 2005 年版,第 277 ~ 278 页。

〔4〕 Antonio Guarino, *Diritto Privato Romano*, Napoli, Casa Editrice Dott. Eugenio Jovene, 1994, p. 871.

〔5〕 Mario Talamanca, *Istituzioni di Diritto Romano*, Milano, Giuffrè Editore, 1990, pp. 552 – 554.

拉德。[1]布尔兑塞(A. Burdese)虽然不明确地说它应归入要物契约，但用词更谨慎地认为信托的结构与要物契约类似，[2]乔万尼·布里叶瑟(Giovanni Pugliese)也持这样的见解。[3] 罗马法原始文献不能为信托属于要物契约提供足够的支撑，需要注意的是，罗马法原始文献中并无 contractus re 这一术语，而是以 obligationes re contractae 呈现的。

盖尤斯在其《法学阶梯》中认为，真正的要物契约只有消费借贷，Gai. 3, 90：债可以通过实物缔结，比如消费借贷。…… 他在接下来的一个片段中转述了萨宾学派的某些法学家的意见，尽管这一意见他并不怎么接受，Gai. 3, 91：如果某个人从实行了错误的给付的人那里接受了不应接受的东西。他也通过实物而负债。…… 也就是说，在《法学阶梯》中盖尤斯记载的要物契约有消费借贷和非债清偿，并不包含信托。同时，盖尤斯在其《金言集》中记载了4种要物契约，分别是消费借贷、使用借贷、寄托和质押，(D. 44,7,1,2 -6)同样没有信托。令人不可思议的是，同一位作者在不同的作品中对要物契约的类型作了不同的记载，考虑到《金言集》是通过优士丁尼《学说汇纂》流传下来的，不能不让人产生《学说汇纂》的编纂者对盖尤斯的《金言集》中的相关片段进行了添加的联想，事实上，研究《学说汇纂》中的添加问题的学者正是添加观点的支持者。但是新近的研究正好相反，认为《金言集》中的相关片段是真实的，没有经过添加。[4] 不管盖尤斯观点转变的原因是什么，对本书而言，重要的是盖尤斯在两部作品中都没有谈到他已知(Gai. 2,59; Gai. 2,60)的信托。其实，盖尤斯之所以在要物契约的项下不谈及信托，与他生活的年代对信托的理解有关，他处在人们对信托的理解从相对独立的两部分到统一整体的过渡中。在信托是不是一种契约的问题还没有解决的情形下，盖尤斯不可能去讨论信托属于哪种契约的问题。

遗憾的是，古典末期的莫德斯丁在其《解答集》第2卷讨论要物契约时，仅

---

[1] Paolo Federico Girard, *Diritto Romano*, Versione Italiana di Carlo Longo, Milano, Società Editrice Libraria, 1909, p. 532.

[2] Alberto Burdese, *Manuale di Diritto Privato Romano*, Quarta Edizione, Torino, UTET, 1993, p. 430.

[3] Giovanni Pugliese, *Istituzioni di Diritto Romano*, Terza Edizione, Torino, G. Giappichelli Editore, 1991, p. 547.

[4] Mario Talamanca, *Istituzioni di Diritto Romano*, Milano, Giuffrè Editore, 1990, p. 540.

为它下了一个定义,“当物本身被转让(intercedit)时,我们因物而负债”(D. 44,7,52,1),[1] 而没有对要物契约的类型进行列举。意大利学者费尔恰(Riccardo Fercia)认为,文本中的物居于当事人的协议和债的中间环节,通过物的转让终结了债的缔结过程,从而使当事人受到法律的拘束。并且,intercedere(intercedit)一词既与移转所有权的成立要素相协调也与移转占有的成立要素相协调,因此,信托可以被纳入要物契约的范畴之内。[2] 不可否认的是,古典后期的信托与要物契约在缔结上具有共同的特征,但二者在以“返还义务”为表征的债的终结方式上存在一定的差别。在应然状态下,受信托人要承担返还义务,但在实践中受信托人是否履行返还义务取决于返还的条件是否成就,信托的本质是当事人意欲通过所有权的暂时移转而达到特定目的的工具,而要物契约是通过物的返还消灭的,在应然和实然层面上都是如此。无论如何,罗马法学家并没有给我们留下信托属于要物契约的证据,因此,较谨慎的观点是古典后期的信托是与要物契约非常类似的制度,笔者也持这一主张。

## 第三节 信托的保护方式

### 一、早期法中关于信托保护方式的争议

#### (一)信托的刑法保护

就早期的信托而言,通过要式买卖或拟诉弃权实施的移转行为的法律效力是毫无疑问的,问题是与当事人的利益安排密切相关的信托简约有无法律效力。也就是说,当一方当事人违反信托简约,对方当事人能否提起诉讼强制

---

[1] 除特别说明外,本书所引《学说汇纂》的文本均是笔者根据蒙森和克鲁格校订的拉丁文版本并参考艾伦·沃森的英文本翻译而来,See Theodor Mommsen(with the Aid of Paul Krueger, Latin Text), Alan Watson (English Translation), eds., *The Digest of Justinian*, Vol. Ⅰ-Ⅳ, Pennsylvania, University of Pennsylvania Press, 1985。

[2] Riccardo Fercia, "*Fiducia Contrahere*" *e* "*Contractus Fiduciae*": *Prospettive di Diritto Romano ed Europeo*, Napoli, Casa Editrice Dott. Eugenio Jovene, 2012, pp. 46 – 47.

违约方履行义务。有学者认为在这一时期信托受到刑法的圆满保护,《十二表法》授予信托人针对受信托人的违背信义行为提起刑事控告的权利,但这一观点纯属想象,因为在《十二表法》中没有规定这一控告权,甚至也没有涉及类似权利的迹象。[1]

## (二)信托是否可以通过《十二表法》第6表第1条获得保护?

哈希凯(D. Huschke)、沃格特(Monty Voigt)、莫伊尔(Moyle)、鲁道夫(Adolfus Fridereicus Rudorff)、保罗·欧尔特曼、贝尔尼切、艾伦·沃森、P. 沃奇(Pasquale Voci)等学者认为,信托可以通过《十二表法》第6表第1条"实施要式现金借贷或要式买卖的,按宣告的言辞具有法律效力"[2](cum nexum mancipiumque faciet, uti lingua nuncupassit, ita ius esto)获得法律的保护,该观点的核心在于信托简约或者至少"以信托名义"可以包含于上述条文中的"宣告的言辞"(nuncupatio)之中。

我们在前一节中已经指出,"以信托名义"不可能出现在要式买卖或拟诉弃权的套语之中,在此我们需要分析"言辞"的含义,是否如同持论者所认为的,"言辞"犹如一个"空白条款",可以包括实施要式买卖的当事人达成的一切协议,在某种程度上可以说是具有形式性和庄严性的要式买卖对当事人意思自由的认可,也就是对"言辞"进行广义的理解。德国法学家耶林最早对这一观点提出反对意见,贝克尔(Ernst Immanuel Bekker)、贝希曼(August Bechmann)、德根科贝(Degenkolb)等德国学者是耶林的追随者。意大利学者彭梵得在其著作中也批评过上述观点,彭梵得主张应当将"言辞"的内容严格限制在罗马合同体系的框架内,对"言辞"的宽泛解释会扰乱整个古典合同体系。[3] 笔者采用不同的进路分析"言辞"的含义,首先分析《十二表法》颁布时"言辞"具有的含义,然后分析古典时期"言辞"的含义。由于在古典时期的法律文献中,只有在讨论秤铜式遗嘱的文本中使用了"nuncupatio"或者它的其他变位形式,因此,本书选取盖尤斯《法学阶梯》中的 Gai. 2,104 一段作为分析

---

[1] Carlo Longo, *Corso di Diritto Romano, la Fiducia*, Milano, Giuffrè Editore, 1933, p. 19.

[2] 参见徐国栋等:《〈十二表法〉新译本》,载《河北法学》2005 年第 11 期。

[3] Pietro Bonfante, *Corso di Diritto Romano*, *V*, *II*, *La Proprietà*, Milano, Giuffrè Editore, 1926, p. 145.

对象考察“言辞”在当时的含义。[1] 在论证之前先对支持广义解释“nuncupatio”的论据进行考察和反驳，论据主要有西塞罗在《论义务》中的片段和盖尤斯在《十二表法评注》中的片段。下面分别进行讨论。

1. 对“言辞”持广义解释论据的反驳

(1) Cic. de off. ,3,16,65[2]

我们的民法关于出售不动产的规定，在出售它们时应说明卖主知道的一切缺陷。根据《十二表法》，要根据宣告的言辞(lingua nuncupata)履行，否认者，处按标的加倍的罚金。[3] 法学家们甚至规定沉默也应受惩罚。他们认为，不管不动产有什么缺陷，如果卖主知道，但是没有一一说出，那么卖主应当承担责任。

在该片段中，西塞罗的论述重点在于讨论了卖主在不动产出售合同中所应承担的义务，卖主应当告知买主不动产存在的一切缺陷，若知而不言将受到法律的惩罚，该结论可以从该片段在书中所处的位置得出。西塞罗在该片段之前的第十二节和第十三节讨论沉默是否应该受到谴责的问题，得出“沉默应该遭谴责”的结论，接着在第十四节和第十五节讨论吹嘘是否应该受谴责的问题，得出了与沉默相同的结论，第十六节继续讨论沉默的问题。如本片段所揭示的，在第十六节的开篇西塞罗就提出了在不动产买卖中卖主的沉默应该受到惩罚，接着援引了马尔库斯·加图审理克劳迪乌斯在隐瞒房屋缺陷的情况下将其出售给普布利乌斯·卡尔普尔尼乌斯·拉那里乌斯这一案件时所确立的“诚信要求买方应该知道卖方知道的缺陷”之原则来证明自己的主张。因此，西塞罗并没有对所援引的《十二表法》条文进行富有技术性的认真细致的

---

[1] Gai. 2,104 中出现的 nuncupatio 一词，黄风在盖尤斯《法学阶梯》中翻译为“公告”，参见[古罗马]盖尤斯：《法学阶梯》，黄风译，中国政法大学出版社 1996 年版，第 114 页。而在彭梵得的《罗马法教科书》中，黄风将其翻译为“附约”，参见[意]彼得罗·彭梵得：《罗马法教科书》，黄风译，中国政法大学出版社 2005 年版，第 352 页。本书采用第一种译法。

[2] 参见[古罗马]西塞罗：《论义务》，王焕生译，中国政法大学出版社 1999 年版，第 303 页，译文有改动。

[3] 《十二表法》条文的译文。参见徐国栋等：《〈十二表法〉新译本》，载《河北法学》2005 年第 11 期。

分析，且他可能根本无意于此。那么，西塞罗在此援引该条文的意义何在？笔者认为，这是作者在修辞学上的考量，制造一种对比的状态，刺激读者的心灵，同时也不排除作者故意炫耀本民族悠久历史文化的嫌疑。既然在本片段中西塞罗并没有对宣告的"言辞"的内容作出解释和分析，那么本片段作为支持广义解释"宣告的言辞"的内容的论据就显得证明力不足。

(2)D. 2,14,48

很明显的是，在交付物时达成的任何简约都具有法律效力。

由于在《十二表法》的时代不存在交付(traditio)这一移转物的所有权的方式，所以，该文本的原初应为"很明显的是，在物的要式买卖中达成的任何简约都具有法律效力"。不应该对盖尤斯讨论实施要式买卖时达成的简约的效力问题感到惊讶，因为在盖尤斯生活的年代，实施要式买卖时当事人可以达成简约以满足他们不同的需求。

"很明显的是，在物的要式买卖中达成的任何简约都具有法律效力"，这句话的拉丁文形式为"in mancipationibus rerum, quodcumque pactum sit, id valere manifestissimum est"。由于 in 作为介词既可以表示地点(在……之中)也可以表示时间(在……之时)，对 in 的理解不同，对整句话的理解也将存在巨大的差别。若 in 在本句中表示地点，那么简约就构成要式买卖的一个组成部分，简约就可能对要式买卖的目的构成制约和限制。若 in 在本句中表示时间，即盖尤斯此处谈论的简约是在实施要式买卖的过程中达成的，那么简约将呈现一种与要式买卖完全不同的具有自主性的附属行为的特征，要式买卖也不受到简约的限制。主张对"言辞"进行宽泛解释的理论对 in 的理解是表示地点的，也就是本句中的简约相当于《十二表法》第 6 表第 1 条中的"言辞"。

优士丁尼《学说汇纂》的编纂者们把盖尤斯在《十二表法评注》中的"在实施要式买卖时达成的任何简约都具有法律效力"抽取出来，放在"简约"题下作为当时赋予简约法律效力的依据，并没有向我们交代这句话在盖尤斯著作中的背景。盖尤斯在说明简约的效力时，使用了非常肯定的绝对的口气，"id valere manifestissimum est"(很明显的是)可以看出盖尤斯对简约的存在和效力是不存在疑问的，在当时的法律活动中也确实如此，在程式诉讼时期的诚信审判中，简约具有相当大的效力，既定之简约影响诚信审判。因此，盖尤斯关注的问题应当是简约的结构、当事人意志的重要性、对当事人“心素”的评价等。[1] 此外,在盖尤斯生活的年代,简约的概念与古代已经有了明显的区别,此时的简约已经在“协议、不具有形式的合意”的一般意义上使用。[2] 而“言辞”一般涉及的是保证卖主对土地享有所有权或者声明在出售的土地上存在用益权或者地役权等,并且“言辞”都是单方性的。[3] 因此,将“言辞”与盖尤斯谈论的简约等同起来是很难的,二者甚至是根本不同的概念。

2.“言辞”正确含义的证成

(1)“言辞”在《十二表法》中的含义

要式买卖的形式和套语。

Gai. 1,119. 正如我们前面所说的,要式买卖是一种虚拟买卖,这是罗马市民特有的法。它按照下列程序进行:使用不少于五人的成年罗马市民作证人,另外有一名具有同样身份的人手持一把铜秤,他被称为司秤。买主手持铜块说:“我根据罗马法说此人是我的,我用这块铜和这把铜秤将他买下。”然后他用铜敲秤,并将铜块交给卖主,好似支付价金。

通过盖尤斯描述的要式买卖的程序,它分为两个组成部分:一部分为买主在不少于5人的成年罗马市民作证人和一名具有同样身份的人作为司秤的情况下,将一定数量的铜过秤并交给卖主,以换取一定的利益,这被称为秤铜式行为(gesta per et aes libram);另一部分为买主的宣告“我根据罗马法说此人是我的,我用这块铜和这把铜秤将他买下”,买主的宣告是套语,是固定的、不可更改的、庄严的,否则不产生法律效力。由于秤铜式行为不仅可以用于要式买卖,还可以用于要式现金借贷和债务清偿,秤铜式行为的不同功能是通过套语体现出来的,也就是在不同的法律制度中采用不同的套语,但这些套语都是固定的。笔者认为,《十二表法》第6表第1条中的“言辞”就是采用铜秤式行为

[1] Nicla Bellocci, *La Struttura del Negozio della Fiducia nell' epoca Repubblicana*, I, *Le Nuncupationes*, Napoli, Casa Editrice Dott. Eugenio Jovene, 1979, p. 111.

[2] Giuseppe Grosso, *Il Sistema Romano dei Contratti*, Terza Edizione, Torino, G. Giappichelli Editore, 1963, pp. 170ss.

[3] Nicla Bellocci, *La Struttura del Negozio della Fiducia nell' epoca Repubblicana*, I, *Le Nuncupationes*, Napoli, Casa Editrice Dott. Eugenio Jovene, 1979, p. 112.

时一方当事人所宣告的套语,具有固定性和庄严性。理由如下。

第一,《十二表法》颁布时期的社会政治和经济背景。尽管学术界对平民的起源存有争议,但毫无疑问,共和初期的时代特征是贵族与平民的二元性。平民阶层有自己的组织、宗教和庙宇,但是掌握城邦权力的是贵族阶层,并承担保护平民的职能。在这种二元结构中,平民为争取与贵族的平等权而开展长期而艰苦的斗争,平民为维护自己的权力而展开斗争的极端形式就是宣布分裂,也就是使统一破裂,而克服分裂的手段就是协议,这种斗争推动着城邦宪制的发展。公元前494年,作为债务人的平民因不满作为债权人的贵族的严苛做法而发生的平民撤离到圣山(Monte Sacro)的运动。这场运动以设立平民保民官而告终,也就是平民拥有自己的神圣的保民官,后者有权帮助平民抵抗执政官的权力。《十二表法》的制定正是贵族与平民斗争的结果,是平民用来限制贵族专权的工具。因为将贵族阶层掌握的法律以文字的形式表述出来并将其公示,作为共同遵守的法律,是对恣意解释法律的抑制,这也是成文法的功能之一。因此,平民阶层不可能同意在《十二表法》中设置一个"空白条款",它的内容留给掌握司法权力的贵族阶层去解释。从经济上来看,当时罗马处于农业经济在主导地位的时期,土地和耕作土地的牲畜是当时最重要的经济资源,在经济活动中处于核心地位,因此,才有了要式物与略式物的区分。土地和牲畜等支撑当时经济命脉的资源属于要式物,在转让的形式方面受到法律的严格限制,采用要式买卖或者拟诉弃权的方式转让。为维护要式物资源的归属的确定性和充分利用这些重要的经济资源,以这些资源作为调整对象的法律规范也同样需要具有确定性。

第二,"cum nexum mancipiumque faciet, uti lingua nuncupassit, ita ius esto",显然这句话可以分为三个部分,分别是"cum nexum mancipiumque faciet"、"uti lingua nuncupassit"和"ita ius esto",如果第一部分"cum mancipium faciet"可以囊括要式买卖程式中的两个部分,那么第二部分"uti lingua nuncupassit"当然就是指各种在要式买卖时达成的协议。所以,弄清"cum mancipium faciet"的含义就显得尤为重要。在本句中"cum"是介词,表示"在……时候","mancipium"是单数宾格形式,在此处作宾语,"faciet"是动词"facere"的简单将来时的第三人称单数,在此处表示"做、实施"的含义,"实施"的对象就是"mancipium"。所以问题的焦点在于对"mancipium"一词的理解。瓦罗(Varro)在其《论拉丁语》(De Lingua Latina)一书中指出

"mancipium"一词源于"quod manu capitur",[1]即"用手抓住的东西"。然而,撇开瓦罗给出的定义,学者认为,该词在罗马法文献中的含义是模糊的,非唯一的,但还是可以找出诸学者观点之间的相通之处,也就是"mancipium"不仅指用手抓住的客体,还指抓客体的行为,在要式买卖中,抓的行为往往具有相通的形式,这种形式逐渐被固定,且转变为一种仪式,即秤铜式,构成要式买卖一个不可缺少的组成部分,并且保持了它的原初的称呼"mancipium"。[2] 但是,在要式买卖演变为一种抽象的法律行为后,具体的仪式行为与要式买卖法律行为之间的区分消失了,本来属于一个构成部分的仪式行为的名称用来指称整个法律行为。"mancipium"在《十二表法》中的这种解释还可以得到在本句中跟它处于相同语法地位的"nexum"来佐证,"nexum"是动词"nectere"的动名词形式,在本句中作为名词使用。"nectere"的意思是"捆绑、束缚",因此,"nexum"原初的含义是"捆绑"行为,而不是指"捆绑"的对象,并且在法律层面上,"捆绑"行为是具有庄重形式的行为,通过"捆绑"行为在债务人和债权人之间建立债的关系。只是到了后来,"nexum"才用来指称通过"捆绑"行为在当事人之间形成的关系。因此,在《十二表法》时期,基于要式买卖行为的要求,"言辞"宣告的内容只能是"我根据罗马法说此人是我的,我用这块铜和这把铜秤将他买下"。在《十二表法》时期,若当事人对移转所有权的要式买卖发生争议,可以提起对物的誓金法律诉讼(legis action sacramenti in rem)解决争议,该诉讼中使用的套语也可以证明上述观点。

Gai. 4,16. ……"我声明这个人根据罗马法名正言顺地归我所有。因此,我把木棒放在你身上",与此同时,他把木棒放在那个人身上;对方当事人也说同样的话并做同样的动作。……人们使用小木棒代替木棒,作为正当所有权的象征,因为他们认为从敌人那里夺取的东西尤其应该是自己的,因而在百人法院的审判中出示木棒。

---

[1] M. Terenti Varronis, *De Lingua Latina*, Liber Ⅵ, http://www.thelatinlibrary.com/Varro.l16.html, August 8, 2011.

[2] Nicla Bellocci, *La Struttura del Negozio della Fiducia nell'epoca Repubblicana*, Ⅰ, *Le Nuncupationes*, Napoli, Casa Editrice Dott. Eugenio Jovene, 1979, p. 74.

在诉讼中,原告通过固定的套语主张自己的权利,他不能主张与套语内容相违背的利益,否则他将受到败诉的惩罚。因而在要式买卖中,他也应当宣告同样的内容,否则将得不到法律的保护。因此,"实施要式现金借贷或要式买卖的,按宣告的言辞具有法律效力"中"宣告的言辞"的内容的范围不得超出主张所有权的范围。

(2)古典时期"公告(言辞)"的含义

Gai.2,104.这种立遗嘱的程序是:同在其他要式买卖活动中一样,立遗嘱的人聘请五位成年的罗马市民作为证人并聘请一位司秤,他先书写遗嘱,然后在形式上将他的家产以要式买卖的方式卖给他人。为此,家产买主使用这样的语句:"你的家产和前款被托付给我并且由我看管,为了使你根据公法可合法地立遗嘱,我用这块铜(有时还加说)和这把秤将其买下"。然后,他以铜敲秤,并且把铜交给遗嘱人充当价金。随后,遗嘱人手持遗嘱这样说道:"我按照这份写好并且蜡封好的文书实行给付、进行委托并且立下遗嘱,我请你们这些罗马人为我作证"。这被称为公告,所谓公告实行上相当于公开地指命,显然,这被看作采用一般语言指出和确认遗嘱人在遗嘱中具体写下的事项。

根据盖尤斯的报道,我们可以看出,在铜秤式遗嘱中"公告"与家产要式买卖之间不再具有如同《十二表法》中那样的紧密关系,"公告"相对于家产要式买卖来说具有了自主性。这当然与要式买卖的变迁有关,在盖尤斯生活的时代,秤铜式行为对于整个要式买卖法律行为来说具有了核心意义,并且它也成为一种移转物的所有权的象征,要式买卖已经成为一种虚拟的买卖,具有了抽象性。秤铜式遗嘱的重心不在家产要式买卖,而在于"公告",家产要式买卖只是为使遗嘱人能够根据公法合法地立遗嘱的工具。从功能的角度来看,铜秤式遗嘱中的"公告"如同一个具有法律效力的口头的或者书面的庄重的程式,甚至是一个包含遗嘱人抽象意志的空白程式(formula vuota),或者本身是一份真正的遗嘱。"公告"表达了遗嘱人实施家产要式买卖的目的,同时,遗嘱人的"公告"不仅对家产要式买卖买受人有约束力,而且也对家产要式买卖中指定的第三人具有法律效力。[1] 从上述片段中盖尤斯的表述来看,“公告”不仅是“声明”,还包括将书写好的遗嘱交与要式买卖家产买受人的行为。

因此,在古典时期,“nuncupatio”(言辞)也具有特定的内容和形式。没有形式要求且内容不固定的信托简约不能与此时的“公告”相等同。信托简约不能通过“nuncupatio”这条“管道”进入要式买卖的结构中,是否还存在其他接纳信托简约的“管道”?信托简约是否可以表现为要式买卖附约(leges mancipii)呢?答案是否定的,因为在要式买卖中要式买卖附约是“言辞”的一部分,不得与要式买卖转让所有权或者他物权的根本特征相违背。[2] 要式买卖附约的内容表现为:出卖人保留出卖标的物的用益权、保证出卖标的物没有役权负担、告知买受人出卖土地的面积、指出出卖标的物的从物一同出卖、告知买受人出卖奴隶或牲畜的品质、价金支付方式等。[3] 以在一定条件下返还信托物和出卖信托物为主要内容的信托简约显然与要式买卖附约的内容不符。

综上所述,要式买卖和拟诉弃权在罗马法中是移转所有权的方式,实施它们的目的在于所有权的移转,而非其他,但在信托中,要式买卖和拟诉弃权虽然也移转了信托物的所有权,但所有权的移转并不是当事人追求的目的,从而构成一种脱法行为,在法律的海面上漂浮的只有所有权的移转行为,隐藏在幕后的经济目的为法律所不知。因此,早期法对信托并不提供保护,受信托人是否返还信托物取决于他的信义。信义是一种古老的罗马观念,也具有浓厚的宗教色彩,如同在普劳图斯的喜剧《一坛金子》中提到的,古罗马有专门的信义女神掌管人们的信义问题,罗马的第二任王努马还专门设立了节日以祭祀信义女神,《十二表法》第8表第21条告诉我们,恩主违背信义诈欺门客的后果是让他作牺牲。从世俗的层面讲,信义在早期罗马的私人关系中发挥首要的作用,表现为一种可受信任的状态,从相互信任的理由中产生出客观的诚信概念,具有规范性。在城邦中,有些关系因执法官的裁量权而进入国家法的范畴,其他关系则继续受体现信义的道德规范和社会规范的调整。对信托来说,虽然在早期法中没有被授予相应的诉权,但当事人受到道德规范的约束,并且

---

[1] Nicla Bellocci, *La Struttura del Negozio della Fiducia nell' epoca Repubblicana, I, Le Nuncupationes*, Napoli, Casa Editrice Dott. Eugenio Jovene, 1979, pp. 129 – 131.

[2] Federico Del Giudice, *Dizionario Giuridico Romano*, V Edizione, Edizioni Simone, 2010, p. 290.

[3] W. H. BUCKLER, *The Origin And History of Contract in Roman Law Down to the End of The Republican Period*, London, C. J. Clay and Sons, 1895, pp. 59 – 62.

这种约束力并不比法律带来的约束力弱，它要求当事人必须"如同诚信的人们之间做事应该诚信无诈欺"（ut inter bonos bene agier oportet et sine fraudatione）。这也就是作为"一切私法和公法源头"的《十二表法》未规定信托的原因之一，事实上，在《十二表法》时期，城邦积极介入私人生活的手段是多样的，并非将一切社会经济关系都转化为法律关系进行调整，在已经得到宗教和习俗（mores）适当保护的信托面前，并无进行法律化的必要。[1]

虽然法律没有直接介入信托关系，但城邦通过监察官的活动部分间接地担当着干预者的角色。监察官的设立肇始于公元前443年，主要职责是造制人口登记表，即为服兵役和税收目的的制作罗马公民的官方名单。人口登记的一个结果是监察官获得了对共同体的风纪监督（cura morum）权，即对人民的整个道德生活的控制权。如果监察官不赞成某个人的行为，他们能够在编制的名单上这个人的姓名旁加上一个表示谴责的标记（nota），标记的后果是，将受责难的人从他所属的那个部落开除，通常是完全将他从所有部落开除，结果是他变成一个下层公民，或者没有表决权但必须缴纳人头税的公民。[2] 对于破坏古代罗马社会风纪的信义违反行为，监察官有充足的理由表示不满，并对其进行谴责，从而间接规制信托当事人特别是受信托人的行为。

## 二、罗马法对信托担保的保护途径

### （一）请求返还之诉（actio condictio）

上文的分析告诉我们，信托不能通过《十二表法》第6表第1条以及相应的誓金法律诉讼获得保护，因为诉讼必须严格按照既定的套语进行，而信托当事人的诉求无法融入其中。然而，这并非意味着整个法律诉讼时期信托都无相应的诉权保护，特别是在信托目的实现后，受信托人拒不返还信托物的情况下。出现转机的关键在于罗马的法律诉讼制度的僵硬性得到了一定程度的缓和，通过调整旧制度使之适应变化了的情况，最重要的变化是引入了请求返还

---

〔1〕 Nicla Bellocci, *LA Struttura della Fiducia*, *II*, *Riflessioni Intorno alla Forma del Negozio dall' epoca Arcaica all' epoca Classica del Dritto Romano*, Napoli, Casa Editrice Dott. Eugenio Jovene, 1983, pp. 153 – 154.

〔2〕 参见［英］H. F. 乔洛维茨、巴里·尼古拉斯：《罗马法研究历史导论》，薛军译，商务印书馆2013年版，第67页。

之诉,以承认在社会经济发展过程中出现的新的请求理由。这种法律诉讼是由《西流斯法》(Lex Silia)和《卡尔布尔纽斯法》(Lex Calpurnia)规定的,《西流斯法》针对的是特定数额的钱款,《卡尔布尔纽斯法》针对的是一切确定的物。[1] 这些法律的年代不明,但通常将它们确定为公元前3世纪。[2] 这个诉讼是抽象的,也就是说,无须在程式中指出"确定"诉求所依据的具体法律原因。相反,它规定诉讼目的,一个人无论出于什么理由,主张确定的钱款或者确定的物未返还的,都可以请求返还之诉提起诉讼。[3] 并且,没有为请求返还之诉设计任何程式,无论要求返还的是一笔钱款还是某一特定的物品,我们都对同一物要求说:"应当返还我们",无须增加任何虚拟的要求返还程式。因此,我们据以要求应向我们返还钱款或者某物的那些程式具有自己的效力。[4] 因此,若受信托人不履行返还义务,信托人可以提起请求返还之诉要求返还。[5] 与信托简约的内容相比,请求返还之诉提供的保护并不全面,这也就有了将信托之诉和信托反诉引入的必要。

### (二)信托之诉

公元前2世纪,罗马发生了翻天覆地的变化。就国内政治而言,平民实际进入统治阶层,在政府各部门中扮演着重要的角色,过去作为债务人的平民,必然会在法律上作出保护债务人的举措。在对外关系方面,它不但直接吞并了迦太基等国的属地,占领了希腊,还间接控制了埃及和叙利亚等国的政治局势,这反过来又对罗马的社会经济文化产生了深刻的影响。对外征服使可耕地面积大量增加,罗马传统的农耕经济发生了相当大的变化。种植园经济成为罗马主要的经济形态,这种经济形态具有显著的市场性特征。财富的积累,

---

〔1〕 Gai. 4,19.

〔2〕 参见[英]H. F. 乔洛维茨、巴里·尼古拉斯:《罗马法研究历史导论》,薛军译,商务印书馆2013年版,第252页。

〔3〕 参见桑德罗·斯奇巴尼为《学说汇纂》(第12卷)中译本所写的序言,[古罗马]优士丁尼:《学说汇纂(第12卷)·请求返还之诉》,翟远见译,中国政法大学出版社2012年版,第4页。[英]H. F. 乔洛维茨、巴里·尼古拉斯:《罗马法研究历史导论》,薛军译,商务印书馆2013年版,第254页。

〔4〕 Gai. 4,33.

〔5〕 Federico Carlo Savigny, *Sistema del Diritto Romano Attuale*, Volume Quinto, Tradotto in Italiano da Vittorio Scialoja, Torino, Unione Tipografico-Editrice, 1893, pp. 578 – 579.

尤其是与希腊和东方世界接触的增多，使罗马人的社会风气和生活习惯也发生了明显的变化。共和前期的那种严谨、朴实和艰苦奋斗的生活方式逐渐消失了，随之而起的是荒诞无稽的消费和疯狂的挥霍，社会道德风气下降，对神的信仰陷于麻痹。作为早期罗马社会经济关系反映的法律诉讼因其僵硬性日益成为阻碍罗马社会进步的障碍，自《艾布求斯法》(Lex Aebutia)始，逐步允许人们通过程式诉讼程序解决争议。在这样的背景下，信托逐渐迈过法律的门槛，虽然没有信托之诉产生的准确时间，但至少在昆图斯·穆丘斯·谢沃拉(公元前 142 年至公元前 80 年)生活的时代已经存在。

在罗马法中，若受信托人不按照信托简约的约定实施某种行为而损害信托人的利益，法律对信托人的保护是授予其信托之诉(actio fiduciae)，若信托人不遵守信托简约的约定而损害受信托人的利益，法律授予受信托人信托反诉(actio fiduciae contraria)，它的产生时间是古典时期，比信托之诉的产生时间更晚，然而两者在诉讼程式上无本质的区别。此外，适用于信托担保的信托之诉只要对其进行稍微的改变就可以适用于与朋友信托，所以下面的分析主要针对的是信托担保中的信托之诉。由于历史并没有为我们留下信托之诉的完整信息，所以关于信托之诉的程式和性质是一个充满激烈争论的领域，本书先概述 19 世纪以来学者关于信托之诉的讨论及其脉络，然后再论证信托之诉的性质并重构其程式。

1. 学说论争

德国学者鲁道夫(Rudorff)和贝特曼·霍尔维格(Bethmann-Hollweg)认为，信托之诉与其他诚信诉讼完全一样，[1] 前者还基于共同的诉讼请求将信托之诉与质押之诉(actio pigneraticia)合并为一种诉讼，二者的唯一区别在于在请求原因(demonstratio)中前者表现为“quod fiduciae dedit”(因信托而转让)，而后者是“quod pignori dedit”(因质押而交付)。[2] 显然，鲁道夫所理解的信托之诉是权利之诉且程式与质押之诉相同。[3] 更激烈的争论出现在勒

[1] Federica Bertoldi, *Il Negozio Fiduciario nel Dritto Romano Classico*, Modena: Mucchi Editore, 2012, p. 31.

[2] Rudorff, *De Iuris Dictione Edictum: Edicti Perpetui Quae Reliqua Sunt*, Lipsiae, Apud S. Hirzelium, 1869, p. 110.

[3] 需要注意的是，正如前文指出的，鲁道夫认为信托可以通过《十二表法》第 6 表第 1 条获得保护，这意味着信托之诉的程式一直都是权利之诉的程式。

内尔之后,勒内尔对生活在阿德里亚努斯皇帝时代的法学家尤里安编纂的《永久告示》(Edictum Perpetuum)进行了还原,他的工作成果以同样的名称作为书名发表,勒内尔的还原成果即其著作《永久告示》分别在1883年、1907年和1927年出版了3个版本,最后一个版本与前两个版本相比关于信托之诉性质的观点发生了变化。

(1)勒内尔的还原成果

第一,作为事实之诉的信托之诉的程式。

奥卢·阿杰里为担保债务而将讼争土地以信托要式买卖的方式转让给努梅里·内基迪,债务已经清偿或者债权以其他的方式获得满足或者债务因努梅里·内基迪的原因而得不到清偿,努梅里·内基迪没有返还讼争土地,也没有如同诚信的人们之间那样做事诚信无诈欺。审判员判处努梅里·内基迪向奥卢·阿杰里支付与讼争土地价值相等的金钱,如果不是事实,则开释。[1]

在程式诉讼中,完整的程式包括"请求原因"、"原告请求"(intentio)、"分配裁判"(adiudicatio)和"判决程式"(condemnatio)四个部分。所谓分配裁判,顾名思义需要法官就某物在当事人之间作出分割,适用于共同继承人分割遗产、合伙人分割共同财产、邻居为调整地界而提起的诉讼等案型,并不适用于信托之诉。信托之诉的上述程式中,开篇说明事实,没有严格的"原告请求","他应该如同诚信的人们之间做事那样诚信而无诈欺"一句类似"原告请求",但这是该程式的核心部分。接下来是授权审判员判罚或者开释的词句。因此,依据该程式提出的诉讼被勒内尔称为事实之诉(actio in factum)。所谓事实之诉,在罗马法中有两种含义:一是指不以某一获承认并符合标准的权利或关系为基础,而是以一种既无自己的类型和名称又未获承认或以任何方式被归入市民法中的新关系为基础而提起的诉讼;二是也被在一种较狭窄的意义

[1] 该程式的拉丁文原文为:"Si paret $A^m$ $A^m$ $N^o$ $N^o$ fundum q. d. a. ob pecuniam debitam fiduciae causa mancipio dedisse eamque pecuniam solutam eove nomine satisfactum esse aut per $N^m$ $N^m$ stetisse quo minus solveretur eumque fundum redditum non esse negotiumve ita actum non esse, ut inter bonos bene agier oportet et sine fraudatione, quanti ea res erit, tantam pecuniam iudex $N^m$ $N^m$ $A^o$ $A^o$ condemnato, si non paret absolvito. "Cfr. Otto Lenel, *Das Edictum Perpetuum*, Leipzig, Verlag von Bernhard Tauchnitz, 1927, p. 292.

上使用,指裁判官不时地根据特殊情形所准可的诉讼,同永久告示中受保障的市民法诉讼和裁判官诉讼相对立。[1] 不管事实之诉这一术语在何种意义上使用,都是裁判官对自己谕令权(imperium)的运用,因此,事实之诉一定是裁判官法上的诉讼,本书中的事实之诉是第一种意义上的事实之诉。

第二,作为权利之诉的信托之诉的程式。

被诉的事实是奥卢·阿杰里以信托要式买卖的方式向其债权人努梅里·内基迪转让他的奴隶斯提古(或者一块土地),努梅里·内基迪应当根据诚信向奥卢·阿杰里给予或做必要之事,审判员为奥卢·阿杰里判罚努梅里·内基迪,如果不是事实,则开释。[2]

勒内尔作如此还原的理由为:其一,根据 Gai. 4,62 的报道,信托属于诚信诉讼的一种;其二,公元前 2 世纪的法学家技术性地将诚信诉讼程式中"原告请求"部分形塑为"诚信所要求的"(oportet ex fide bona)的标准程式。

需要注意的是,法学家们作出这种形塑采用的是归纳的方法,这里同样面临归纳者是否穷尽被归纳对象的问题,如果答案是否定的,上述结论就面临概念不能涵摄所有对象的危险。答案确实是否定的,妻物之诉(actio rei uxoriae)就是一个例外,妻物之诉的程式为:

努梅里·内基迪应当向奥拉·阿婕莉亚返还部分妻物,他应该更加公平地返还。审判员,为奥拉·阿婕莉亚判处努梅里·内基迪,如果不是事实,则开释。[3]

---

[1] 参见[意]彼德罗·彭梵得:《罗马法教科书》,黄风译,中国政法大学出版社 2005 年版,第 69～70。

[2] 该程式的拉丁文原文为:"Quod $A^s A^s N^o N^o$ creditori suo hominem Stichum(vel fundum q. d. a.)fiduciae causa mancipio dedit, quidquid ob eam rem $N^m N^m A^o A^o$ dare facere oportet ex fide bona, eius iudex $N^m N^m A^o A^o$ condemnato, si non paret absolvito." Cfr. Otto Lenel, *Das Edictum Perpetuum*, Leipzig, Verlag von Bernhard Tauchnitz, 1927, p. 292.

[3] 该程式的拉丁文原文为:"Si paret $N^m N^m A^{ae} A^{ae}$ dotem partemve eius redder oportere, quod eius melius aequius erit, eius iudex $N^m N^m A^{ae} A^{ae}$ condemnato, s. n. p. a." Cfr. Otto Lenel, *Das Edictum Perpetuum*, Leipzig, Verlag von Bernhard Tauchnitz, 1927, p. 305.

因此,若没有其他的论据,勒内尔还原的作为权利之诉的信托之诉的程式是危险的。事实上,勒内尔并没有坚持他的观点,20 年后在《永久告示》第三版中就放弃了第二种还原。由于语言的障碍,笔者无法确切得知勒内尔放弃的理由,但作为勒内尔放弃第二种还原的拥护者埃尔伯(Erbe)在其著作中认为,勒内尔还原的权利程式之所以错误是因为程式的技术性原因,即在信托之诉的程式中没有出现诚信诉讼中出现的"依照诚信给付或做必要之事"(dare facere oportet ex fide bona)。[1]

(2)勒内尔之后的学术争论

勒内尔的研究成果发表后在罗马法学界引起了激烈的争论,对此,意大利学者比斯卡尔迪(Arnaldo Biscardi)对参与争论的学者们的观点进行了综述,[2]他将学者们的观点分为两个派别:一派认为,信托之诉先后存在事实之诉和权利之诉两种诉讼程式类型;另一派认为,信托之诉只存在一种诉讼程式。后一派学者又可以分为持信托之诉是事实之诉和持信托之诉是权利之诉两组。

属于第一派的学者虽然在观点上存在些许差别,但都认为信托之诉的历史与使用借贷和寄托诉讼的历史相似,根据 Gai. 4,47 的报道,后两者存在事实之诉和权利之诉两种诉讼程式类型。并且,事实之诉在信托关系的保护史上具有原始性,随着法学家的努力和信托关系的完善,信托关系经历了从裁判官法上的关系到市民法上的关系之性质变迁,裁判官因势创设了权利之诉的程式,且随着权利之诉程式的出现,事实之诉的程式逐渐消亡。持这种观点的学者包括但不限于 1927 年之前的勒内尔、杰奎琳(R. Jacquelin)、Isidore Glard、卡罗·隆戈、彭梵得、艾伦·沃森、比斯卡尔迪、福恩特塞卡(Pablo Fuenteseca)。

如上文所述,属于第二派别中持信托之诉是事实之诉言论的学者首先是 1927 年以后的勒内尔,以及他的支持者埃尔伯。然而,持论者遇到的第一个挑战就是盖尤斯将信托之诉归类于诚信诉讼的范畴。而诚信诉讼都是权利之

---

〔1〕 Arnaldo Biscardi, *Appunti sulle Garanzie Reali in Diritto Romano*, Milano, Cisalpino-Goliardica, 1976, p. 115.

〔2〕 Ibid., pp. 114 – 116.

诉,事实上,持论者有此论断的原因在于对诚信诉讼的标准程式"诚信所要求的"过分信赖。阿兰乔·鲁伊兹认为这种过分信赖是错误的,在罗马法中保护信托关系的唯一程式的权利之诉的程式,而在程式中究竟是"诚信所要求的"还是"他应该如同诚信的人们之间做事那样诚信而无诈欺"并不改变信托之诉的本质。持同样观点的有贝尔尼切、[1]格罗索、卡卡特拉(Antonio Carcaterra)、贝洛奇、诺德拉文、杜南德(Dunand)等。

根据Cic. de off.,3,17,70和Gai. 4,62的报道,信托之诉属于诚信裁断(arbitria bonae fidei)或者诚信诉讼(iudicia bonae fidei)是毫无疑问的,因此,对诚信诉讼的发生史进行一番考察对揭开信托之诉性质的谜团是有益的。

2. 诚信诉讼的发生史与信托之诉的性质

如同考察其他制度的起源一样,诚信诉讼的起源是模糊的。虽然一些原始文献可以将诚信诉讼追溯至一定的历史时期,但若进一步研究它的起源,则充满了不确定性和推测的因素。

毫无疑问,与市民法诉讼相比,诚信诉讼是缺乏法律基础的,Cic. de off.,3,15,61"对于没有明确法规惩罚的罪行已判决惩处,在这些判决中特别补充说明'按诚信'(sine lege iudiciis, in quibus additur ex fide bona)"证明了这一点,但这是否意味着诚信诉讼的法律基础需要诉诸裁判官的谕令权是有疑问的。

罗马早期的社会规范体系呈现"两层楼式"的结构:上面一层表现为法(ius),违反法受到拥有特殊程序的法律诉讼的追究;下面一层表现为信义(fides)或者公平(aequom bonum)。它们处于法律之外,对它们的违反在实践中通过私人裁断(arbitrati privati)来纠正,Cic. de off.,3,17,70佐证了该论断,其辞曰:"大祭司昆图斯·谢沃拉曾说过,那些补充有'诚信'的裁断具有最高的效力,并且认为'诚信'这一词语使用得非常广。它用于监护、合伙、信托、委托、购买、出卖、承包、租赁以及社会生活涉及的其他各个方面"。市民法对信义的接纳通过将私人裁断纳入市民法诉讼而完成。事实上,这是市民法对信义的第二次接纳,第一次发生在《十二表法》时期,第二次发生在公元前3世

---

[1] 需要注意的是,贝尔尼切之所以认为信托之诉享有权利之诉的性质是因为他认为信托在法律诉讼时期就可以通过《十二表法》第6表第1条得到保护,因此,信托之诉不可能是事实之诉。并且,贝尔尼切是阿兰乔·鲁伊兹的前辈,后者不可能影响前者。

纪,市民法诉讼对诚信诉讼的接纳之关键在裁判官的谕令权。需要注意的是,这并不意味着这些诚信诉讼具有了荣誉法诉讼的性质,因为裁判官的权力只限于根据法学家的意见接纳和承认已在市民之间存在的具有市民法性质的诉讼形式。[1] 这个观点也得到了路易吉·伦巴尔迪的支持,他认为诚信诉讼的来源于罗马人之间的建立在信义之上的关系,如监护关系、信托关系、合伙关系和委托关系,[2]这些关系在当事人之间建立可诉诸道德的义务。那么,如果当事人之间发生纠纷,就需要诉诸一个客观的超越双方当事人的标准。同时,他认为,诚信诉讼的程式来源于私人裁断的实践,随着这些程式在实践中被固化且具有了普遍性,裁判官就接纳它们为市民法上的诉讼。[3] 虽然诚信诉讼具有市民法诉讼的性格,但它并不建立在法律上,它立足于根据信义可以要求当时做某种行为的社会观念和罗马法律传统。

Gai. 4,10. 此外,有些诉讼是根据法律的规定形成的,有些诉讼是根据其自身的效力和权力而成立的……

盖尤斯在此把市民法上的诉讼,分为根据法律规定形成的(quae ad legis actionem exprimuntur)和根据自身的效力和权力而成立的(quae sua vi ac potestate constant)两个类型。接下来,Gai. 4,11 – 31 讨论了根据法律形成的诉讼,其中 Gai. 4,30 讨论了根据法律形成的诉讼的衰落,这些诉讼都是拟制的诉讼,因为诉讼的程式要符合相关法定言辞。Gai. 4,33 讨论了不需要拟制的诉讼,即根据自身的效力和权力成立的诉讼,首先是请求返还之诉(leges action per condictionem),其次是盖尤斯指出使用借贷之诉、信托之诉、无因管理之诉和"其他无数诉讼"都具有同样的性质。哈威尔·阿帕里西奥(Javier Aparicio)认为使用借贷之诉、信托之诉和无因管理之诉都为诚信的市民法诉讼,且盖尤斯以"其他无数诉讼"指称的诉讼也是诚信的市民法诉讼,并且他将 Gai. 4,10 中的"效力和权力"(vi ac potestate)与 Cic. de off. ,3,17,70 中的"最

[1] Javier Paricio, "Genesi e Natura dei 'Bonae Fidei Iudicia'", *Rivista di Dritto Romano*(*Atti del Convegno "Processo Civile e Processo Penale nell' esperienza Giuridica del Mondo Antico"*), 2001, p. 210.

[2] Luigi Lombardi, *Dalla "Fides" alla "Bona Fides"*, Milano, Giuffrè Editore, 1961, pp. 174ss.

[3] Idem, p. 191.

高的效力”(summa vis)对应起来。[1] 如此,就解决了诚信诉讼在市民法诉讼中的归属问题,诚信诉讼属于“根据自身的效力和权力而成立的”诉讼范畴。因此,诚信诉讼并不具有荣誉法诉讼的性格,裁判官的谕令权在诚信诉讼的产生史上起的作用只限于“引介”的工具性作用,不起决定性作用。在诉讼程式的“原告请求”部分,是否出现“诚信所要求”的术语与诚信诉讼的性质毫无关系。

因此,作为诚信诉讼之一的信托之诉只能是权利之诉,如前文所述,这并不意味着信托之诉起源于法律诉讼。该诉讼起源于依照诚信的私人裁断,它根植于罗马共同体内的习俗,基础在于信义,它的程式是通过私人裁断逐渐完善的,成熟固定之后,被裁判官接纳为市民法上的诉讼。信托之诉和妻物之诉是最早的两种诚信诉讼类型,它们的程式也保留了原始的特点,因此“诚信所要求”的术语没有出现在它们的程式中。不能因为寄托之诉和使用借贷之诉有事实之诉和权利之诉两种诉讼程式,(Gai. 4,47)而推测在信托之诉中也存在两种程式,因为寄托之诉和使用借贷之诉在成立时间上远远晚于信托之诉。

3. 信托之诉的程式

(1)原告请求部分

Cic. top. ,10,42. 事实上,以这种方式通过多重比较达到所欲目的的是类比:如果监护人、合伙人、受托人和受信托人都有义务诚信行事(fidem praestare),代理人也有这个义务。这种通过多重比较到达所欲目的的做法称为归纳,希腊人名之为 epagoge,苏格拉底在其谈话中极频繁地使用之。

西塞罗在这一文本中讨论类比的地方,对本书而言重要的是西塞罗在文本中认为,受信托人有 fidem praestare(诚信行事)的义务。但是我们并不能确定西塞罗是否是在解释或肯定一条法律规则,也不能完全肯定西塞罗讨论的是受信托人的行为特征,但如果认为 fidem praestare 指的是受信托人违背诚信后信托人对其提出的行为要求就显得合乎逻辑。也就是说,西塞罗是在诉讼

---

[1] Javier Paricio,“Genesi e Natura dei ‘Bonae Fidei Iudicia’”, *Rivista di Dritto Romano*(*Atti del Convegno* “*Processo Civile e Processo Penale nell' esperienza Giuridica del Mondo Antico*”), 2001, p. 212.

的背景下讨论受信托人的义务的,因此在诉讼因受信托人不履行返还义务或其他违背信义的行为而被提起时会涉及动词 praestare。praestare 一词在罗马债法和诉讼法中的意义也说明这一点,按照保罗的意见,罗马法中债的标的可以分为三种,即给(dare)、为(fare)和供(praestare)。所谓"供之债"在早期是指担保前两种债而附加于它们的一种债,在法律诉讼时期,由于拘泥于形式,在损害赔偿等案件中,如果债权人请求的标的为 dare,而债务人则主张为 fare,若裁判官采纳债务人的意见,则债权人即因措辞不当而败诉,为纠正这类不合理情况,特加设 praestare 一项,嗣后原告遇到比较复杂的案件,不能决定其为 dare 或 fare 时,即可用 praestare 起诉。也就是说,在信托之诉的原告请求部分会出现该词,因为信托之诉是诚信诉讼的一种类型,所以在诉讼程式上应该是类似的,根据诚信诉讼的原告请求部分程式,即 quidquid ob eam rem $N^m$ $N^m$ $A^o A^o$ dare fare oportet ex fide bona,信托之诉的原告请求部分是 quidquid ob eam rem $N^m$ $N^m$ $A^o A^o$ praestare oportet。由于在诚信诉讼中需要法官确定双方当事人的权利和义务,因此程式中的原告请求具有不确定性(incerta)特征。

(2)请求原因部分

Cic. de off. ,3,17,70.

Nam quanti verba illa:**uti ne propter te fidemve tuam captus fraudatusve sim!** quam illa aurea:**ut inter bonos bene agier oportet et sine fraudatione!** Sed,qui sint "boni" et quid sit "bene agi," magna quaestio est. Q. quidem Scaevola,pontifex maximus,summam vim esse dicebat in omnibus iis arbitriis,in quibus adderetur ex **fide bona** , fideique bonae nomen existimabat manare latissime, idque versari in tutelis, societatibus, fiduciis, mandatis, rebus emptis, venditis, conductis, locatis, quibus vitae societas contineretur;in iis magni esse iudicis statuere,praesertim cum in plerisque essent iudicia contraria,quid quemque cuique praestare oporteret.[1]

译文如下:

---

[1] Leonardo Ferrero, Nevio Zorzetti (a cura di), *Opere Politiche e Filosofiche di M. Tullio Cicerone*, Volume Primo, Torino, UTET, 1974, pp. 796 – 798.

Cic. de off. ,3,17,70.

请看,下述话语多么有分量:“但愿我不会由于你和我对你的信任而蒙受损失,被诈欺!”下述话语多么珍贵:“如同诚信的人们之间做事诚信无诈欺!”但是,谁是诚信之人?什么是做事诚信?这是主要问题。大祭司昆图斯·穆丘斯·谢沃拉曾经说过,那些补充有“按诚信地”的仲裁判决具有非常重要的意义,并且认为“诚信”这一词语使用得非常广,它用于监护、合伙、信托、委托、购买、出售、承租、出租以及社会生活涉及的其他各个方面。在这些事务中,杰出的法官的义务在于确定——特别是由于在大部分情况下看法常常相反——哪一方应该对另一方负什么责任。[1]

西塞罗指责同时代的人没有掌握真正的法律和公正,然后以强调的语气指出,“但愿我不会由于你和我对你的信任而蒙受损失,被诈欺!”和“如同诚信的人们之间做事诚信无诈欺!”是自然和真理为真正的法律和公正提供的杰出范例。之后,引用谢沃拉的话指出诚信的重要意义,并且可以适用于信托。最后指出在诚信裁断中法官的义务在于确定双方当事人之间的义务。文本中包含三个法律语句或结构,分别是“uti ne propter te fidemve tuam captus fraudatusve sim”、“ut inter bonos bene agier oportet et sine fraudatione”和“ex fide bona”。需要注意的是在“ut inter bonos bene agier oportet et sine fraudatione”中,使用了不定式“agier”而不是应该使用的“agi”反映了罗马共和末期文风,这一时期的正式语言非常地粗糙和草率。[2] 下面分别分析这三个法律语句或结构是否与信托之诉有关。

首先,勒内尔认为,“uti ne propter te fidemve tuam captus fraudatusve sim”一语与一种特殊的关于特有产的信托之诉有关,具体是指在与奴隶实施的信托中,信托人针对奴隶和家父提起的返还信托物及其收益的诉讼,理由在于

---

〔1〕 [古罗马]西塞罗:《西塞罗文集》(政治学卷),王焕生译,中央编译出版社 2010 年版,第 456 页,译文有改动。

〔2〕 Carlo Longo, *Corso di Diritto Romano, la Fiducia*, Milano, Giuffrè Editore, 1933, p. 27.

captus fraudatusve 出现在了上述诉讼程式中,D. 15,1,36:[1] ... et si quid dolo malo domini **captus fraudatusque** actor est... (乌尔比安《争议集》第 2 卷)。[2] 问题是两个文本的巧合之处只在于 capus fraudatusve,而西塞罗文本中的 uti ne propter te fidemve tuam 并没有出现在乌尔比安的文本中。此外,西塞罗的文本使用第一人称表达行为人未来的义务,使它很难被置入诉讼程序的背景中。那么它是否出自信托简约,作为信托人对受信托人行为的要求？这似乎也很难被证成,因为在西塞罗其他众多涉及信托的文本中,这一表达从来没有出现过。[3] 因此,合理的解释是"uti ne propter te fidemve tuam captus fraudatusve sim"与信托无关。

其次,"ut inter bonos bene agier oportet et sine fraudatione"是否包含于信托程式之中？西塞罗在其《友信集》中的一段话给予了肯定性回答,Cic. ad fam.,7,12,2:... ubi porro illa erit **formula fiduciae**: ut inter bonos bene agier oportet? ...[4] 问题是,如此一来就与西塞罗在文本余下部分的立场相矛盾,西塞罗引用谢沃拉的话认为,那些补充有"ex fide bona"的仲裁裁决也适用于信托,勒内尔正是基于后者才还原出了他关于作为权利之诉的信托之诉的程

---

〔1〕 D. 15,1,36. 乌尔比安《争议集》第 2 卷:在诚信契约中,曾提出这样的问题,家父或主人应对全部的数额负责还是仅以特有产的价值为限？同样地,若[嫁资]〈妻物〉被移转给儿子,在[嫁资]〈妻物〉之诉中家父的责任是否仅以特有产为限？我认为诉讼不仅针对特有产,还针对原告因家父的诈欺而蒙受的所有损失;因此只有家父对他获得且不想返还的所有财产价值负责才是公平的。彭波尼认为,在财产被[质押]〈信托〉给奴隶的案件中的观点应该适用于其他的诚信契约,如果某物被[质押]〈信托〉给奴隶,针对特有产及其转化物的诉讼涵盖原告因主人的诈欺而蒙受的所有损失(et si quid dolo malo domini captus fraudatusque actor est)。如果主人拒绝返还任何一件可以返还的物品就被视为实施了诈欺。需要指出的是,《学说汇纂》的原文涉及的是嫁资和质押,但勒内尔认为这一片段经过了添加,实际上谈的是妻物之诉和信托之诉。Cfr. Otto Lenel, *Palingenesia Iuris Civilis*, Volumen Alterum, Lipsiae, Ex Officina Bernhardi Tauchnitz, 1889, p. 392. 文中以[ ]标出的内容是被添加的内容,〈 〉标出的内容是文本被添加前的内容,下文也作同样的处理,不再注明。

〔2〕 Otto Lenel, Das Edictum Perpetuum, Leipzig, Verlag von Bernhard Tauchnitz, 1927, pp. 293 - 295.

〔3〕 Nicla Bellocci, *LA Struttura della Fiducia, II, Riflessioni Intorno alla Forma del Negozio dall' epoca Arcaica all' epoca Classica del Dritto Romano*, Napoli, Casa Editrice Dott. Eugenio Jovene, 1983, pp. 173 - 174.

〔4〕 Giovanna Garbarino, Raffaella Tabacco (a cura di), *Epistole di M. Tullio Cicerone*, Volume Quarto, Torino, UTET, 2008, pp. 354 - 356.

式。正如上文所阐明的，事实上并不是所有的诚信裁断（裁判）的程式都包含“ex fide bona”，妻物之诉和信托之诉就是其例外。那么“ut inter bonos bene agier oportet et sine fraudatione”相较于“ex fide bona”有什么特殊的意义？

Cic. de off.,3,15,61. ……在这些判决中特别补充说明“按诚信”。在其他判决中，**下述语词具有特别的意义**：在仲裁妻子的财产时称“更为诚信、更为公平地”，在进行信托裁决时称“如同诚信的人们之间做事”……[1]

Cic. top.,17,66。因此，在所有其中附加了“依诚信”的套语，**甚至（确实）**附加了“如同诚信的人们之间做事”之套语的诉讼中，尤其是在附加了“更为诚信、更为公平地”之套语的返还妻财的仲裁中，法学家们必须训练有素……[2]

这两个片段，特别是文本中加粗的部分，可以使我们强烈地感觉到在信托之诉中更需要诚信，更强调其价值。

接下来的问题是“ut inter bonos bene agier oportet et sine fraudatione”在程式中的地位是什么。上文已经指出，勒内尔主张把这一语句置入原告请求部分，但诺德拉文主张这是困难的，理由是这一语句中的 agier 与原告请求中的 praestare 相冲突，前者的意义大于后者，因此，这一语句应该被置入请求原因部分，作为确定原告请求的标准。[3] 勒内尔在西塞罗上述语句前增加了“quod id negotium non ita egit”（因为没有那样做），这是勒内尔对收录在 D.18,2,10 中的尤里安《学说汇纂》第 13 卷中的一段话解释的结果，[4]根据前文的分析，尤里安《学说汇纂》第 13 卷实际上讨论的是信托而不是质押。该片段

---

〔1〕［古罗马］西塞罗：《西塞罗文集》（政治学卷），王焕生译，中央编译出版社 2010 年版，第 452 页。

〔2〕［古罗马］西塞罗：《地方论》，徐国栋等译，载《南京大学法律评论》2008 年春秋合卷，译文有改动。

〔3〕Bert Noordraven，“Die Fiducia im Römischen Recht”，*Index*，1990，p. 250. 转引自 Federica Bertoldi，*Il Negozio Fiduciario nel Dritto Romano Classico*，Modena，Mucchi Editore，2012，p. 38。

〔4〕Otto Lenel，*Das Edictum Perpetuum*，Leipzig，Verlag von Bernhard Tauchnitz，1927，pp. 291 – 292.

的内容为：如果债权人出卖[质押]〈信托〉财产并附以择优解除条款，交易不能被认为是诚信的，除非收取了增加的价金。但如果第二位买受人仅仅是为了阻止出卖而没有买受意图，债权人可以安全地将财产卖给第一位买受人。[1] 这一增加是有道理的。[2]

如果原告请求不确定，在请求原因部分还应该写出"qua de re agitur"（争议就是这样的），目的在于指出交付审判的标的，证讼程序和判决都与之相关，在请求原因中需要写明需要法官审理的全部情况。[3] 此外，在请求原因部分还应该说明已经以信托名义移转财产的事实，这是整个诉讼的前提。在请求原因部分的最后一个问题是，作为诚信诉讼的信托之诉的程式是以表原因的quod开头的，而不是si paret（如果查明）。[4]

（3）判决程式部分

关于判决程式，笔者不认为应该如同勒内尔所主张的那样写明应"支付与讼争土地价值相等的金钱"，因为如同原告的请求是不确定的一样，具体的判罚也需要根据法官的自由裁量权确定。

（4）信托之诉的完整程式

根据前文对程式三个部分的分析，对信托之诉的如下重构是合理的。[5]

Quod $A^s$ $A^s$ $N^o$ $N^o$ fundum Capenatem fiduciae causa mancipio dedit et quod id negotium non ita egit ut inter bonos bene agi oportet et sine fraudatione, qua de re agitur, quidquid ob eam rem $N^m$ $N^m$ $A^o$ $A^o$ praestare oportet, eius C. Aquilius iudex $N^m N^m$ condemnatio; si non paret absolvito.

---

〔1〕 这一片断的拉丁原文为："Sed si proponatur a creditore pignus in diem addictum, **non potest videri bona fide negotium agi**, nisi adiectio recipiatur. quid ergo est, si inops emptor et impediendae tantummodo venditionis causa intervenit? potest creditor sine periculo priori emptori addicere."特别需要注意文本中加粗的部分对勒内尔的意义。

〔2〕 对这一问题的讨论，亦可参见[意]里卡尔多·卡尔迪利：《"善良之人"与"诚实信用"》，翟远见译，载《苏州大学学报》（法学版）2014年第1期。

〔3〕 Carlo A. Cannata, *Profilo Istituzionale del Processo Privato Romano*, *II*, *Il Processo Formulare*, Torino, G. Giappichelli Editore, 1982, pp. 90ss.

〔4〕 Mario Talamanca, *Istituzioni di Diritto Romano*, Milano, Giuffrè Editore, 1990, p. 310.

〔5〕 主要参考贝尔托蒂的还原成果，在部分地方做了调整。参见Federica Bertoldi, *Il Negozio Fiduciario nel Dritto Romano Classico*, Modena, Mucchi Editore, 2012, p. 46。

译文如下：

因为奥卢·阿杰里以信托名义通过要式买卖的方式将讼争土地转让给努梅里·内基迪，他没有如同诚信的人们之间那样做事诚信无诈欺，这就是争议，法官C.阿奎流斯应该为了奥卢·阿杰里的利益判处梅里·内基迪做所有应该做的事，如果不是事实，则开释。

4. 信托之诉的后果

显然在信托人胜诉的情况下，信托之诉的后果是受信托人履行返还义务以及满足信托人的其他要求，但对受信托人而言，还会带来破廉耻（infamia）的后果。

Gai. 4,182. 在有些审判中，被判罚人成为破廉耻的，比如：……信托之诉……然而，在裁判官的告示中没有明确指出什么人是破廉耻的；但人们说：那些被禁止为他人提出诉讼的人、被禁止指定诉讼代表的人、被禁止获得代理人的人以及被禁止以诉讼代表或者代理人的名义参与诉讼的人，均是破廉耻的。

破廉耻是导致权利能力削减的原因之一。破廉耻有直接和间接两种：直接破廉耻，是由执政官或监察官根据事实在选举或人口登记时作出决定将破廉耻者不列入选举名单或在人口登记簿上作出标记，当事人对此不得申诉。直接破廉耻具有临时性，执政官或监察官的继任者有权决定前任作出的破廉耻是否有效。间接破廉耻，是指裁判官在判决当事人败诉时所附加的制裁。[1] 因信托之诉而带来的破廉耻属于间接的破廉耻。在古典时期破廉耻并不是一项法律制度，正如盖尤斯所讲的，裁判官并不宣告任何人破廉耻，而是在诉讼过程中剥夺某些人的能力，在社会上这些被剥夺者被认为有不好的

---

〔1〕 参见周枏：《罗马法原论》（上册），商务印书馆2009年版，第126页。Federico Del Giudice, *Dizionario Giuridico Romano*, V Edizione, Edizioni Simone, 2010, p. 247.

名声，甚至被认为是耻辱的。[1]

5. 信托之诉与过错

在信托之诉中，受信托人是只对故意(dolus)负责还是也对过失(culpa)负责是一个充满激烈争论的领域。米泰斯(Ludwig Mitteis，1859－1921)认为受信托人只对故意负责，因为信托之诉带来的后果是破廉耻，只有故意行为才能被宣告破廉耻。罗冬蒂(Rotondi)基本接受了米泰斯的论断，他认为，在塞维鲁王朝之前受信托人只对故意负责，在塞维鲁王朝时期受信托人负责的范围由故意扩展到了过失。但罗冬蒂的观点和论证都遭到了隆戈的严厉批评，后者认为受信托人在任何时期都要对故意和过失负责。[2] 两种观点都得到了一些学者的支持。事实上，在早期的信托之诉中并没有确切的证据证明受信托人负责的范围，西塞罗的相关论述[3]并不能告诉我们一个明确的答案。直到公元1世纪初，事情才逐渐明朗。

D. 44，4，4，8. 乌尔比安：《告示评注》第76卷：同样的问题也被提出，如果我将我的若干珍珠[质押]〈以信托名义通过拟诉弃权的方式转让〉给你，这些珍珠由于你的过失而丢失并且你要求我还钱。内尔瓦和阿提利奇努斯认为存在如下抗辩："如果我和你之间没有就金钱偿还之后返还珍珠达成协议"，但更正确的是适用诈欺抗辩。

这一片段肯定经过了添加，原因是里面谈到了返还协议，对质押来说，这并没有多少意义，所以该片段实际上讨论的是信托担保。片段涉及的问题是这样的：债务人向债权人消费借贷一笔金钱，并将其所有的一些珍珠以信托名义通过拟诉弃权的方式转让给债权人以担保其债权，同时达成协议，若借贷的金钱被偿付，债权人应当返还这些珍珠，但在担保期间这些珍珠因债权人的过失而丢失，债权人向债务人主张偿付借贷的金钱，内尔瓦(Nerva)和阿提利奇努斯(Atilicinus)主张债务人可以"如果我和你之间没有就金钱偿还之后返还

---

[1] Carlo Longo, *Corso di Diritto Romano*, *la Fiducia*, Milano, Giuffrè Editore, 1933, pp. 125－126.

[2] 具体批评意见参见 Carlo Longo, *Corso di Diritto Romano*, *la Fiducia*, Milano, Giuffrè Editore, 1933, pp. 117－127。

[3] Cic. pro Caec., 3, 7; Cic. de nat. deor., 3, 30, 74; Cic. de off., 3, 15, 61; 3, 17, 70; Cic. pro Rosc. com., 6, 17; Cic. top., 10, 42.

珍珠达成协议”进行抗辩，而乌尔比安认为以诈欺进行抗辩更好。片段中提到的内尔瓦和阿提利奇努斯是生活在公元1世纪初的法学家，他们主张可以既定简约的抗辩对抗债权人的过失行为。也就是说，在信托关系中，受信托人要对其过失行为负责。

这一观点也得到了公元2世纪的盖尤斯追随。

D. 13,6,18pr. 盖尤斯：《行省告示评注》第9卷：……无论如何，应当考虑你是否也须对过失负责，正如某物因[质押]〈信托〉或设立嫁资被转让，过失同样被考虑。

在古典时期，信托和设立嫁资经常一起出现，因为二者均属于诚信诉讼中的特殊类型，因此有学者认为，这一文本经过了添加，实际讨论的应该是信托担保而不是质押。[1] 该文本的前半部分讨论的是在使用借贷中使用借贷人的责任承担问题，认为使用借贷人要对借贷物品尽到“像很勤勉的家父对待自己之事务的注意”（qualem quisque deligentissimus pater familias rebus suis adhibet），信托担保中的受信托人是否也要尽到这一注意标准？就目前而言，尚未发现信托担保的原始文献涉及这一问题。从理论的角度看，达到这一标准需要达到最高程度的注意，即使是最轻微过失也构成对这一注意要求的违反。在使用借贷关系中，使用借贷人是唯一的获益人，并且不需要支付任何对价，因此，对使用借贷人科加最高标准的注意义务是合理的。在信托担保中，受信托人虽然是信托物的所有人，但他管理信托物是同时为了双方当事人的利益，具有利益交换的性质，因此，要求受信托人尽到使用借贷人的注意标准并不符合情理。需要注意的是，上述注意标准只是“像对待自己之事务的注意”（diligentia quam in suis）中的一种类型，因为一个人对自己的事务既可表现出疏忽抑或特别疏忽，也可像很勤勉的家父一样严格行事。那么，其他类型的“像对待自己之事务的注意”是否可以适用于受信托人？首先，“像对待自

---

〔1〕 Ernestus Levy, Ernestus Label, *Index Interpolationum*, Tomus Ⅰ, Weimar, Hermann Böhlaus Nachfolger, 1929, p. 215. 然而，勒内尔对该文本的添加问题持否定态度，Cfr. Otto Lenel, *Palingenesia Iuris Civilis*, Volumen Prius, Lipsiae, Ex Officina Bernhardi Tauchnitz, 1889, p. 210。

己之事务的注意”的起源是充满争议的,大部分学者认为该注意标准是在后古典时期或优士丁尼时代才形成的。[1] 若这一观点为真,这一标准跟信托担保之间就存在一个时间差。然而意大利学者桑都西(Gianni Santucci)认为,“像对待自己之事务的注意”是法学家创造出来的用来评判为他人管理财产的人承担责任标准的工具,信托担保中受信托人对信托物的管理完全符合上述结构,因此,这一注意标准也可以适用于信托担保。[2] 其次,在盖尤斯的文本中信托担保和嫁资被置于同样的地位。就后者而言,保罗认为,关于嫁资的事务,丈夫不仅对故意负责也要对过失负责,因为他为了自己的利益而接受嫁资,他必须尽到像对待自己之事务的注意。[3] 因此,受信托人也要尽到“像对待自己之事务的注意”。然而如上文所述,在该标准下,又可以分为不同的注意等级,可以肯定的是受信托人不必尽到很勤勉的家父的注意义务,也就是说,他不必为对最轻微过失行为负责。

即使罗冬蒂也承认在塞维鲁王朝时期,信托之诉规制的对象既包括故意行为也包括过失行为,依据就是莫德斯丁的如下论断。

Coll. 10,2,2. 莫德斯丁:《论寄托和使用借贷的区别》第 2 卷:然而在其他地方这一法律规则也被遵守:的确,在信托诉讼和妻物之诉中不仅要对故意负责还要对过失负责,因为涉及缔约双方的利益。

莫德斯丁生活在塞维鲁王朝时期,是古典时期最后一位法学家。文本中作者使用非常肯定的语气(“的确”)意味着对信托来说,对过失负责是不需要讨论的,因为涉及当事人双方的利益。

---

[1] Gianni Santucci,“La Diligenzia Quam in Suis Come Criterio di Responsabilità del Fiduciario”, in Leo Peppe(a cura di), *Fides, Fiducia, Fidelitas: Studi di Storia del Dritto e di Semantica Storica*, Padova, CEDAM, 2008, p. 243. 但意大利《罗马法词典》的编纂者认为,“像家父对待自己的物品一样的注意”标准在古典时期已经存在, Cfr. Federico Del Giudice, *Dizionario Giuridico Romano*, V Edizione, Edizioni Simone, 2010, p. 165。

[2] Gianni Santucci,“La Diligenzia Quam in Suis Come Criterio di Responsabilità del Fiduciario”, in Leo Peppe(a cura di), *Fides, Fiducia, Fidelitas: Studi di Storia del Dritto e di Semantica Storica*, Padova, CEDAM, 2008, pp. 278 - 279.

[3] D. 23,3,17pr..

需要注意的是，上述古典时期的文本中所提到的信托基本上都是信托担保，莫德斯丁的文本很可能涉及的也是信托担保。然而，在某些类型的与朋友信托中，受信托人并不能从信托财产中获得任何收益，基于这种利益状态在当事人之间配置的区别，上述一般原则也存在一些例外，在下文的分析中会具体指出哪些地方存在例外。

因此，反过来讲，在信托之诉中当事人不需要对不可抗力和意外事故负责，譬如，抢劫、敌人的袭击、海盗、船难、火灾以及不是因为责任人的原因造成的奴隶死亡或逃跑等。法谚"意外事故让所有人倒霉"（casum sentit dominus）在信托中适用时需要特别注意，意外事故不仅让受信托人倒霉也让信托人倒霉。对"与能够比较安全地保管我们物品的朋友"建立的与朋友信托而言，意外事故不仅使受信托人不能继续使用收益信托物，还使信托人丧失了重获信托物所有权的可能性。对信托担保来说，意外事故并不意味着受信托人丧失了债权请求权，从经济上来说，只丧失了担保性的权利，同样，信托人还需偿还债务，但丧失了要求受信托人返还信托物的权利。

6. 信托之诉与请求返还之诉的竞合问题

D. 27,3,5. Ulpianus 43 ad sab. Si tutor rem **sibi** [ **depositam** ] 〈 **fiduciae datam** 〉 a patre pupilli [ vel commodatam ] non reddat, non tantum [ commodati vel depositi ] 〈 fiduciae 〉, verum tutelae quoque tenetur. et si acceperit pecuniam, ut reddat, plerisque placuit eam pecuniam vel [ depositi vel commodati ] 〈 fiduciae 〉 actione repeti vel condici posse: quod habet rationem, quia turpiter accepta sit.

译文如下：

D. 27,3,5. 乌尔比安：《萨宾评注》第43卷：如果监护人不返还未成年人的父亲因[寄托或使用借贷]〈信托〉转让给他的物，不仅可以针对他提起[寄托或使用借贷]〈信托〉之诉，还可以提起监护之诉。并且如果他获得了应当返还的金钱，大多数人认为对这笔金钱可以通过[寄托或使用借贷]〈信托〉之诉或通过请求返还之诉主张，这是正确的，因为他不当地获得了金钱。

首先,从文本的表达上来看,sibi depositam 这一表达显得很奇怪,sibi 是第三人称代词 sē 的与格形式,在句子中起间接宾语的作用,而动词 deponere (deposito 的动词形式)一般不使用这一表达结构,这意味着文本经过了添加,如果文本的原始内容是 sibi fiduciae datam,就不存在这一语法问题。其次,从文本的内容上看,未成年人显然是在成为其父亲的继承人后向监护人提出主张的,在寄托或使用借贷的情况下,未成年人基于继承行为已经成为被寄托或被使用借贷物品的所有权人,若向监护人主张返还物品并不能产生不同的法律后果。在信托的情况下就会有不同的法律效果,未成年人的父亲将物品的所有权移转给了监护人,未成年人基于继承行为获得的是物品的返还请求权而不是所有权,因此,未成年人向监护人主张返还物品的所有权,当然实际的效果可能是物品仍处于监护人的占有下,但法律意义已经不同。勒内尔[1]及其以后的学者一致认为,这一文本讨论的是信托中的与朋友信托,乌尔比安认为对于监护人获得的金钱既可以提起信托之诉也可以提起请求返还之诉,由此也产生了两者的竞合问题。

7. 时效收回

Gai. 2,59. ……实际上,如果某人以信托的名义采用要式买卖或者拟诉弃权的方式将物转让给另一人,当他占有此物时,可以实行一年期的时效取得,这显然包括与土地有关的物。这种时效取得被称为时效收回,因为我们通过时效取得了我们曾经拥有的物品。

Gai. 2,60. ……如果信托关系是与朋友建立的,显然在任何情况下都可以实行时效收回,如果是与债权人建立的,在债务清偿后均可实行时效收回;如果债务尚未清偿,只有当债务人不是从债权人那里租用该物,也不是要求债权人允许他容假占有(precarium,一译临时占有)该物时,才能实行时效收回。在这种情况下可以实行获利性时效取得。

所谓时效收回,是一种特殊的时效取得,目的在于使信托人收回信托物的所有权,如果履行返还义务的条件成就后受信托人未返还信托物,此时的时效

〔1〕 Otto Lenel, *Palingenesia Iuris Civilis*, Volumen Alterum, Lipsiae, Ex Officina Bernhardi Tauchnitz, 1889, p. 1174.

收回具有保护信托人的功能,尤其是在信托获得法律保护之前,但在履行返还义务的条件成就前的场合,信托人也可以实施获利性时效收回,但此时对受信托人的利益造成了损害。盖尤斯之前的尤里安已涉及这一问题,[1]表明在阿德里亚努斯皇帝时期时效收回已经在信托的实践中被使用,这是目前所能找到的最早关于这一问题的原始文献,但尤里安的讨论未及盖尤斯全面。

通过盖尤斯的报道,时效收回的积极构成要件包括占有和一定时间的经过,但对时效取得来说,根据中世纪法学家的概括包括 5 大要件:标的的适格、名义或原因、主观诚信、占有和一定时间的经过。主观诚信成为罗马法中时效取得的要件经历了一个从无到有的过程,在《十二表法》中并无主观诚信的要件。[2] 与时效取得相比,时效收回的要求甚为宽松。第一,时效收回不以诚信为要件,法律对时效收回权利人如何获得占有并没有要求。第二,无论是土地还是其他物件的时效期间都是 1 年,与《十二表法》第 6 表第 3 条"土地的时效取得和追夺担保为期 2 年,所有其他的物件时效取得为期 1 年"[3]的规定不同,对土地及与土地有关的物在期间的要求上打了一半的折扣。奇怪的是,信托人在信托设立后的任何时刻都可以时效收回,这对主要为信托人利益设立的与朋友信托来说并无不妥,但对同等涉及双方当事人利益的信托担保来说就有失公平,但法律并不禁止这种行为,而是交由当事人自主决定,即当事人可以订立租赁或容假占有契约阻止时效收回的发生。承租人对租赁物的占有是一种自然意义上的主观上为他人保持之占有,容假占有关系的占有人虽然享有物的占有,但也没有为自己所有的意思。总之,这两种关系中的占有意图都与时效收回中据为已有的意图相矛盾,能够有效地阻止时效收回的发生。

---

[1] D.44,7,16。尤里安《学说汇纂》第 13 卷:某人从属于遗产的奴隶处消费借贷一笔金钱,将一块土地或一个奴隶[以质押名义交付]〈以信托名义通过要式买卖的方式转让〉给他并且要求以容假占有的名义继续占有土地或奴隶。因为属于遗产的奴隶通过[交付]〈要式买卖〉为遗产获得财产的所有权,所以通过授予容假占有可以防止财产被[时效取得]〈时效收回〉。……这一片段出自尤里安《学说汇纂》第 13 卷,所以按照勒内尔的理论,它本来讨论的应该是信托而不是质押。需要注意的是,这一片段的后半部分已经被后世学者还原得面目全非,不知所云,但前半部分学者一致认为除了信托被修改为质押外,其他语句没有被添加。

[2] 参见徐国栋:《民法基本原则解释——诚信原则的历史、实务、法理研究》,北京大学出版社 2013 年版,第 100 页。

[3] 参见徐国栋等:《〈十二表法〉新译本》,载《河北法学》2005 年第 11 期。

需要注意的是,原始文献并没有留下信托中租赁关系的丰富记载,对当事人的法律地位而言,作出如下推断是合理的,承租人承担所有与标的物保值增值有关的义务,并尽到善良家父的勤谨注意,对租金可能只需象征性地支付,对租赁期限而言,应该是随着债务的偿付而终止。

Gai. 3,201. ……债务人可以占有以信托名义并以要式买卖或者拟诉弃权方式转让给债权人的物,并对其实行时效取得,而不构成盗窃。

虽然盖尤斯在文本中只提到了信托担保,但举重以明轻,在与朋友信托中实施的时效收回当然也不构成盗窃。在罗马法中,所谓盗窃(furtus)是以获利为目的、故意窃取他人的物品,或者经被窃人同意而持有物品的人非法使用或非法侵吞该物。因此,盗窃具有以下构成要件:第一,取得(contrectatio),这个概念包括窃取他人物品(furtum ipsius rei),非法使用(furtum usus)和非法侵吞(furtum possessionis),根据普罗库鲁斯学派的理论,对于窃占来说,不必实行物的移位,只是具有占有的内心活动(据为己有的意图)就足够了,取得当然意味着未经所有主同意;第二,诈欺性意图(animus furandi);第三,从被盗物中获利的意图(animus lucre faciendi);第四,在早期法中可动物和不可动物都可以成为盗窃的对象,但在古典时期,盗窃只适用于可动物。[1] 然而,盖尤斯为什么将违背所有主意愿的时效收回排除出盗窃的范畴?它的依据是缺乏构成盗窃的客观要素还是返还义务的特殊性?由于盖尤斯没有在其作品中给出明确的解答,于是在学者关于此问题产生了激烈的争论,扎哈利亚(H. A. Zachariae)、[2] 格罗索、[3] 弗雷扎(P. Frezza)、[4] 施廷兹(Roderich von

---

〔1〕 参见[意]彼德罗·彭梵得:《罗马法教科书》,黄风译,中国政法大学出版社 2005 年版,第 308 页。

〔2〕 Heinrich Albert Zachariae, *Commentatio De Fiducia*, Engelhard-Reyher, 1830, p. 31.

〔3〕 Giuseppe Grosso, *Sulla Fiducia a Scopo di "Manumissio"*, Roma, Attilio Sampaolesi Editore, 1929, pp. 12 – 20.

〔4〕 Paolo Frezza, *Le Garanzie delle Obbligazioni, Le Garanzie Reali*, Padova, CEDAM, 1963, pp. 25 – 28.

Stintzing)、哈希凯、埃尔伯、诺德拉文等学者[1]各抒己见。

笔者认为,只有把时效收回放到整个历史文化背景中去检视,才能理解其意义和精髓。虽然我们能够获得的历史记载最早可以追溯至2世纪左右,但时效收回更可能是早期罗马法的遗迹,事实上,只有历史地理解古典法中时效收回才能得出合乎逻辑的结论。罗马早期社会甚至整个罗马社会的基本组成单位是家庭,越往前追溯越能看到这一鲜明的特征,越能发现家庭的政治组织特征:[2]作为家庭统治者的"家父"同"政治实体"的君主一样,对家庭的人和物享有广泛的支配权力,就物而言,家父的支配权最初体现在奴隶和牲畜上,后来土地也成为其支配的对象,并由此诞生了古老的所有权观念,家父对处于其支配下的财产享有自由转让的权利。然而,在最古时代的社会中,所有权与家族宗教、宗族是密切关联不可分开的,[3]所有权具有浓重的宗教色彩,神与土地之间具有一种秘密的联系,家庭的职责在于维持家神的固定居处,保全家财。因此:

> 田既不能售,或至少不能轻易地卖。强力褫夺,自然是更不允许的了。公用征收乃古人之所不知。只有被放逐者的产业始被充公。用田抵债,在古代法律中,向未尝有。十二表法自然不优待欠债人,但他不准将产业充公以还欠债。欠债的身体可负欠债的责任,田地与家庭不可分离,自然不负还债的义务。使人服役,较夺其所有权为易。因所有权者,属于家庭,而非属于一人也。负债人既交与债权人的手中,他的田地亦随之而去;债权人既用其力,更享其田所产,但并非田地的主人。因为,所有权是在权之上而不可侵犯的。[4]

这样,两个对立的原则:一是产业主(家父——笔者按)有无限的支配权,

---

[1] Federica Bertoldi, *Il Negozio Fiduciario nel Dritto Romano Classico*, Modena, Mucchi Editore, 2012, pp. 122 – 123.

[2] 参见[意]彼德罗·彭梵得:《罗马法教科书》,黄风译,中国政法大学出版社2005年版,第86页。

[3] 参见[法]古郎士:《希腊罗马古代社会研究》,李玄伯译,张天虹勘校,中国政法大学出版社2005年版,第44~45页。

[4] 同上书,第52页,译文根据全文的表达习惯做了部分改动。

二是家产应保全不散,在罗马法里就尽可能实现结合。[1] 信托担保及其配套的时效收回就是这两个对立原则共同作用的结果,时效收回及获利性时效收回是法律对后一原则的确认和体现。随着罗马经济社会的发展,后一原则的地位逐渐下降,已经融入法律并作为技术性要素的时效收回保持了其稳定性特征,并逐渐承载了其他的意义。就当事人的目的而言,信托担保在利益的天平上偏向了受信托人,因为他获得了超越于其经济目的的法律手段,时效收回恰好可以纠正这种不平衡,尽管这一工具显得粗糙不够精致。笔者认为,盖尤斯否认时效收回构成盗窃的原因并不能从盗窃构成或返还义务的教义学分析中获得,而是衡平和历史传统的结果。

## 第四节　信托的其他基本问题

在"信托的结构"一节,笔者已经指出无论在盖尤斯之前还是之后,设立信托都需要通过要式买卖或拟诉弃权的方式移转标的物的所有权,同时,当事人就标的物的返还以及其他问题达成协议,差别是盖尤斯之前理论上将信托区分为移转所有权的物权性部分和体现当事人经济目的的债权性部分,而盖尤斯之后将这两者视为一个制度整体。但在关于信托的诸要素中,还有如下问题需要说明。

### 一、交付能否作为信托中移转标的物所有权的方式?

Cic. pro Flacc., 21 (51). ... Abduxisti Temno Apollonidem; pecuniam adulescentulo grandi faenore, **fiducia** tamen **accepta**, occupavisti. Hanc fiduciam commissam tibi dicis; tenes hodie ac possides. Eum tu testem spe recuperandi fundi paterni venire ad testimonium dicendum coegisti...

译文如下:

西塞罗:《为弗拉库斯辩护》,21(51)。你将他从忒努斯带到阿波罗尼斯。

[1] 参见[德]特奥多尔·蒙森:《罗马史》(第1卷),李稼年译,商务印书馆2010年版,第138页。

你借钱给这位年轻人，但要付很高的利息，还获得以信托方式提供的担保。你说信托财产已经被你没收，现在你持有并占有它。你强迫这位希望收回祖上留下的土地的年轻人作为证人作证。

就本书而言，西塞罗讲的是赫拉克利德(Heraclides)将一笔金钱以消费借贷的方式转让给德齐阿努斯(Decianus)，后者将他位于吕珊尼亚城邦的祖上留下的土地以信托的名义转让给前者作为消费借贷之债的担保。有学者认为，考虑到当时吕珊尼亚的土地还没有授予意大利权(ius italicum)，也就是说，还不能成为市民法所有权的对象，以这样的土地为标的设立信托担保除了以交付移转所有权外别无他法。也就是说，交付可以作为设立信托的方式之一。[1] 同时，这也意味着外邦人(文本中的当事人都是希腊人)也可以使用信托，信托具有万民法的性质。但上述命题都是伪命题，理由是西塞罗在文本中讲的并不是罗马法中的信托担保，而是与其相似的一个希腊法中的制度，即 πρασις επί λύσει，意思是附赎回权的出卖。[2] 西塞罗之所以使用信托担保而不是直接使用其希腊名称，与西塞罗的辩护目的和罗马的刑事庭组成有关。在弗拉库斯案件发生的公元前59年，罗马已经设立关于搜刮钱财罪(弗拉库斯涉嫌此罪)的常设刑事法庭审理官员的搜刮钱财案件，实行陪审团制度，正如西塞罗在这篇辩护词的开头所提到的，此案件并不求助于元老院和罗马人民，而只求助于50名从罗马骑士中挑选出来的陪审员，因为元老院只能协助他们审理。[3] 而所谓的陪审员一般都是非法律专业人士，所以西塞罗不可能使用一个罗马人不熟悉的词汇，否则达不到煽动陪审员情绪，从而使其作出有利于弗拉库斯的决定的效果。

大多数学者关于交付能否作为信托中移转所有权的方式这一问题的论证逻辑是，在信托担保中缺乏某些要素，使交付不能有效地运转。

D.41,1,31pr. 保罗：《告示评注》第31卷：单纯交付永远不会使所有权转

---

〔1〕 Carlo Longo, *Corso di Diritto Romano, la Fiducia*, Milano, Giuffrè Editore, 1933, p.44.

〔2〕 Federica Bertoldi, *Il Negozio Fiduciario nel Dritto Romano Classico*, Modena, Mucchi Editore, 2012, p.48.

〔3〕 Cic. Pro Flacc., 2(4).

移;若先有出卖或其他正当原因而后据此交付,则会使所有权转移。

从保罗的论述可以看出交付需要正当原因,[1] 否则,交付不能使所有权发生转移。因为在信托中,信托简约不能构成一个有效的正当原因,因此,交付不能成为信托的设立方式。因为要式买卖是一个抽象的不需要正当原因的转移所有权的行为,因此,信托担保可以通过要式买卖设立。然而要式买卖并非一开始就是抽象的想象的买卖行为,原初的要式买卖也是具体的需要正当原因的行为,则上述观点的合理推论就是在要式买卖演变为抽象的买卖行为之前不存在信托,也就是信托担保是一个相对晚近的制度。这与信托是一个原始的制度且可能产生于市民社会之前的事实相矛盾。因此,合理的解释是交付之所以不是设立信托的方式不是理论问题而是历史问题,也就是交付从来没有被用来设立过信托。[2]

总之,只能通过要式买卖或拟诉弃权的方式移转标的物所有权而设立信托,由此,我们也可以得出如下推论。第一,设立信托时当事人必须亲自到场,不允许代理人代理,若当事人使用要式买卖的方式,则受信托人可由家子或奴隶代替,信托人则不可,[3] 在拟诉弃权的方式中,即使是受信托人也不能由家子或奴隶代替。[4] 第二,信托只适用于罗马人或被授予交易权(ius commercii)的外邦人之间且标的必须是具有市民法所有权的物,被授予意大利权的行省土地也可以成为信托的标的,所以不能因为贝提卡铜板在贝提卡行省发现就认为信托也适用于不享有交易权的外邦人和行省土地,因为在共和末期西班牙南部地区的部分土地被授予意大利权,且在帝政初期授予意大利权的土地数量还在增加。同样的道理也适用于在山南高卢发现的《尤利乌斯自治城法令》。需要注意的是,因拟诉弃权是一种用模拟确认所有权的诉讼

[1] 值得注意的是,罗马法中交付的正当原因并非现代法中要因意义上的原因,它所指向的是当事人移转所有权的意愿,即便作为当事人之意愿的外部表征的原因缺失或未达成一致,只要就所有权的移转本身存在合意,交付就是有效的。更加详细的分析,参见李飞:《委托交付的历史与现实》,载《比较法研究》2014 年第 3 期。

[2] Arnaldo Biscardi, *Appunti sulle Garanzie Reali in Diritto Romano*, Milano, Cisalpino-Goliardica, 1976, pp. 29 – 34.

[3] 参见周枏:《罗马法原论》(上册),商务印书馆 2009 年版,第 340 页。

[4] 同上书,第 343 页。

而取得所有权的方式,而外邦人即使享有交易权,亦无原、被告之资格,[1]所以只有罗马人可以采用拟诉弃权的方式设立信托。特别需要指出的是,罗马人对市民权持开放态度,凡"有志一同者"皆可被授予市民权,除了早期罗马法为维持罗马人身份的高贵和特权严格限制市民权的授予外,自共和晚期起,市民权逐渐被授予外邦人或拉丁人,以奖励他们对罗马政治军事和经济文化的贡献。随着罗马的扩张,授予市民权的规模越来越大,直至公元前212年安东尼努斯敕令授予帝国境内的除归降人外的所有自由人市民权。第三,要式买卖一直存续到塞维鲁时期,甚至在戴克里先时代还有关于它的记载,但优士丁尼明令废止。至于拟诉弃权,在戴克里先时代还偶有采用,以后则未再见了。伴随要式买卖和拟诉弃权的消亡,信托也走向了终点,所以在优士丁尼的《民法大全》中找不到信托的字眼。

## 二、信托的标的物

信托的标的物是当事人设立信托的客观物质基础,是当事人意欲实现利益的具体物质载体,关于信托标的物的探讨解决的是信托设立在何种基础上的问题。在本书的语境中,也可以将其称为信托的客体。为此,有两点需要特别注意。

第一,信托的标的物既可以是要式物(res mancipi),也可以是略式物(res nec mancipi)。在优士丁尼之前的罗马法中,要式物和略式物是关于物的最基本的划分,这是与罗马的农业社会和经常的战争相适应的。所谓要式物,是在社会经济生活中重要的且通过庄重和公开的形式进行转让的物,乌尔比安将要式物分为四种:一是意大利的土地,包括土地上的房屋;二是乡村地役权;三是奴隶;四是能驮物与拉车的家畜,即牛、马、驴、骡。[2]除这些以外的一切其他物均为略式物。曾有观点认为信托的标的物只能是要式物,不可否认我们所能得到的大部分涉及信托的原始文献都是以要式物为标的物的,但也并不是没有例外,帕比尼安在其《解答集》第7卷中谈道:如果某人遗赠其所有的家具,[质押]〈以信托名义占有〉的银器并不包括在内,……(D. 33,10,9,2)勒内

[1] 周枏:《罗马法原论》(上册),商务印书馆2009年版,第343页。

[2] 同上书,第304~305页。

尔认为这一文本原来讨论的应该是信托而不是质押。[1] 银器当然属于略式物而不是要式物，需要注意的是，以略式物为标的物设立信托，需要通过拟诉弃权的方式。

第二，就信托担保而言，信托的标的物不仅可以是债务人自己的物，也可以是其他人的物。乌尔比安在其《告示评注》第30卷中写道：如果窃贼将某物[出质]〈以信托名义转让〉，对所生孳息他可以提起[质押]〈信托〉之诉，尽管他没有权利将孳息据为己有。……(D.13,7,22,2)因为这一文本出自乌尔比安《告示评注》第30卷，所以勒内尔及以后的学者均认为文本原来讨论的是信托而不是质押。这一文本告诉我们，作为非所有权人的盗贼对他以信托名义转让的盗窃物所生之孳息享有信托诉权，这意味着以他人之物设立的信托担保是有效的。

## 三、信托物的占有

在信托中，因为信托物要以注重交易形式的要式买卖或拟诉弃权的方式移转于受信托人，而所有权的移转是一种现实的、直观的、手递手的活动，这意味着信托物的占有也要移转于受信托人。需要注意的是，古典后期的罗马法中出现了作为占有改定滥觞的占有转移协议(constitutum possessiorium)，表现为物的所有主通过改变对有关权利的心理态度实现对该物的所有权转让。也就是说，不通过现实交付而只是通过当事人的合意实现所有权的转让，但该制度是以交付作为所有权移转方式为背景的，并不适用于要式买卖或拟诉弃权。就与朋友信托而言，它的目的在于安全地保管朋友的财产或者实施特定行为，所以受信托人的占有一般是必要的。信托担保就不同，从经济目的上讲，作为债权人的受信托人在意的只是能够为其债权的满足增加保障力，是否占有信托物并不是他关注的重点，对债务人来说，在经济上继续利用信托物可以“帮助”他偿还债务。

Gai.2,60.……只有当债务人不是从债权人那里租用该物，也不是要求债权人允许他容假占有该物时……

---

[1] Otto Lenel, *Palingenesia Iuris Civilis*, Volumen Prius, Lipsiae, Ex Officina Bernhardi Tauchnitz, 1889, p.914.

盖尤斯的这一文本告诉我们,债务人可以通过租赁或容假占有的方式继续占有使用用于信托担保的财产,这意味着当事人要实施两个行为,移转信托物的所有权后,再订立租赁或容假占有契约达到占有不移转之目的,若当事人不想订立上述契约也未尝不可。正如上文所阐明的,租赁或容假占有还承担着阻止债务人通过时效取回所有权的功能。虽然在盖尤斯之前不转移信托物占有的法律安排已经出现,遗憾的是笔者并未找到当事人通过租赁达到不移转占有之目的的原始文献。

D. 43,26,11. 杰尔苏:《学说汇纂》第 7 卷:如果债务人请求对[质押]〈信托担保〉的财产容假占有,那么金钱债务被偿付后,解除容假占有,之所以如此是因为容假占有就授予到那个时候。

勒内尔认为,这一文本经过了添加,原来讨论的是信托担保而不是质押。[1] 文本的作者杰尔苏是法学家老杰尔苏的儿子,所以史称儿子杰尔苏,活跃于2 世纪初的阿德里亚努斯皇帝当政时期。这一文本的意义在于,这是罗马法原始文献中第一次出现以容假占有的方式不移转信托物的占有而设立信托担保。关于这一文本有三个问题需要说明。

第一,文本中涉及的容假占有有固定的期限(ad tempus),[2] 即从容假占有的设立到债务被清偿,而我们一般所认知的容假占有是当事人一方容许他方暂时占有他的财物,容假占有的出让人有权随时撤销。[3] 于是,有学者认为,文本的最后一句是伪造的,是后古典时期的法学家添加的结果,[4] 但新近的研究并不认为如此。实际上,杰尔苏在其《学说汇纂》第 25 卷中的一段话就

---

〔1〕 Otto Lenel, *Palingenesia Iuris Civilis*, Volumen Prius, Lipsiae, Ex Officina Bernhardi Tauchnitz, 1889, p. 138.

〔2〕 Nicla Bellocci, *LA Struttura della Fiducia*, *II*, *Riflessioni Intorno alla Forma del Negozio dall' epoca Arcaica all' epoca Classica del Dritto Romano*, Napoli, Casa Editrice Dott. Eugenio Jovene, 1983, p. 78.

〔3〕 参见周枏:《罗马法原论》(上册),商务印书馆 2009 年版,第 443 页。黄风编著:《罗马法词典》,法律出版社 2002 年版,第 206 页。

〔4〕 Tondo, "'Pignus' e 'Precarium'", *Labeo*, 1959, p. 163. Paolo Frezza, *Le Garanzie delle Obbligazioni*, *Le Garanzie Reali*, Padova, CEDAM, 1963, p. 26.

表达了相反的观点，如果某物被容假占有，且当事人约定容假占有人可以占有该物直到7月1日，但若出让人在此之前撤销容假占有，占有人并不享有抗辩的权利（D. 43,26,12pr.）。同一作者在同一著作中主张不同的观点更使研究者困惑。事实上，建立在出让人自由撤销之上的容假占有只是原则，在容假占有适用的具体情形中，为满足不同的需要至少产生了三个例外，分别是适用于信托、质押和出卖的容假占有，它们的共同特征是占有人占有物直到债务或价金被偿付。[1] 因此，适用于信托的容假占有与普通的容假占有存在较大的区别。

第二，如果是容假占有关系能否被继承？杰尔苏认为，容假占有出让人的法律地位可以被其继承人继承，占有人的法律地位不能被继承，因为容假占有只授予占有人而不包括其继承人。[2] 事实上，罗马法学家对出让人法律地位的可继承性没有争议，争论的焦点在于占有人的法律地位能否被继承。除杰尔苏外，帕比尼安也作出了否定回答。[3] 但是彭波尼、[4]乌尔比安[5]以及戴克里先[6]持肯定性态度。此外，《保罗论点集》持折中观点，认为原则上占有人的法律地位是不可继承的，但当事人为此达成协议的除外。[7] 可以说，这一问题较好地体现了罗马法的论辩色彩，非常可能的是关于这一问题的争论在公元2世纪达到了顶峰，随后在3世纪允许继承的观点占了上风，最后戴克里先以敕令的方式将这一争论过程画上了句号。

第三，"金钱债务被偿付后，解除容假占有"的意义是什么？解除容假占有是否意味着债务人立即自动重新获得了信托物的所有权？还是意味着债务人的占有从他主占有从此变成了自主占有，时效收回期间开始起算？笔者认为不应对这句话作过度的解读，从容假占有和时效收回的对立关系看，容假占有的结束意味着时效收回的开始。

---

〔1〕 Paola Biavaschi, *Ricerche sul Precarium*, Milano, Giuffrè Editore, 2006, p. 162.

〔2〕 D. 43,26,12,1.

〔3〕 D. 44,3,11.

〔4〕 D. 43,26,16.

〔5〕 D,43,26,8,8.

〔6〕 C. 8,9,2.

〔7〕 Paul. Sent. 5,6,12.

此外,我们有理由认为,将租赁和容假占有适用于信托担保的这一机制可以溯及罗马早期农业社会中。当时经常发生的情况是,农民占有土地但没有资金耕种,为此需要举债,若剥夺农民对土地的占有,则达不到相应的经济目的,而放任土地荒芜则会给国家带来更大的危害,信托担保的这一机制恰好可以满足此时农业经济的发展要求。圣依西多禄在《词源》中关于容假占有的论述也印证了这一点,Isid.,Etymol.,5,25,17:容假占有存在于当债权人基于债务人的请求允许其继续占有已经属于他的耕地并且收取孳息。[1] 脱离当时的社会经济背景,从经济学的角度看,信托担保的这一机制也具有较高的效率,合理地解决了当事人之间经济地位的不平等问题,既能有效防止受信托人基于其所有权损害信托人的利益,也能防止信托人通过时效收回损害受信托人的担保利益,同时还能使信托人充分高效地利用信托物,发挥其经济价值。因此,有学者认为容假占有和租赁逐渐成为了信托担保的固定要素。[2]

## 四、信托简约

在"信托的结构"一节,笔者指出,信托当事人通过订立信托简约矫正移转所有权而导致的与当事人意欲的利益安排之间的不协调。在罗马法中无形式的简约不转移权利,不产生在法律上完备的债,也不存在任何以它为根据的诉讼。随着贸易的发展和信义的降低,裁判官对简约的有效要件提出了要求。

D.2,14,7,7.乌尔比安:《告示评注》第4卷:裁判官说:"我将执行那些既无恶意诈欺也不违反法律、平民会决议、元老院决议、告示、元首谕令或者以任何方式恶意诈欺上述规定的简约。"

所谓恶意诈欺意味着狡猾(calliditas)或欺骗(fallacia),佩丢斯认为,当某

---

〔1〕 Isidoro Siviglia, *Etimologie O Origini*, *Libri Ⅰ - Ⅺ*, Volume Primo, Angelo Valastro Canale (a cura di), Torino, UTET, 2006, pp. 409 - 411.

〔2〕 Paolo Frezza, *Le Garanzie delle Obbligazioni*, *Le Garanzie Reali*, Padova, CEDAM, 1963, p. 30. Nicla Bellocci, *LA Struttura della Fiducia*, *Ⅱ*, *Riflessioni Intorno alla Forma del Negozio dall' epoca Arcaica all' epoca Classica del Dritto Romano*, Napoli, Casa Editrice Dott. Eugenio Jovene, 1983, p. 62.

人意欲欺骗他人或伪装其真实意思的方式订立简约时就存在恶意诈欺。[1]并且,简约缔结时有恶意诈欺行为还是在简约缔结后以恶意诈欺的方式行事不影响恶意诈欺的认定。[2] 就不违反实在法规定这一条件而言,需要注意的是,早期信托因违背了要式买卖或拟诉弃权关于所有权转让的规则被认为是一种脱法行为,但随着当事人所追逐的真实目的逐渐被法律认可,信托就脱去了虚假行为的外衣,对当事人而言,移转所有权的效果及其意欲达到的真实目的都是他们所希望达到的,并且为了获得这种两次性效果而缔结信托。

在诚信审判中,由于法官要根据诚信确定已在当事人之间达成的协议,因此,一切影响当事人形成合意的因素都会被法官加以考虑,譬如胁迫、错误等。

---

〔1〕 D.2,14,7,9.

〔2〕 D.2,14,7,11.

# 第二章 信托担保

## 第一节 罗马法中的物保体系

所谓物保就是允许债权人在债未获清偿时，留置或者出卖标的物的担保。它的标的物一般是实物，因而，如果说某些债的担保表现为同人的关系，在这里存在着一种同物的关系，用这种关系保障债的履行。物保经历了颇为不同的发展进程且具有非常丰富的形式和用途，一般来说，凡当法律允许为保护自己的债权而对他人物品行使留置权或者允许占有这些物品时，就发生真正的物保。〔1〕 需要注意的是，在意大利文中使用 granzia reale 表示物保，但罗马法中并不存在 garanzia 这一概念，而使用 cautio 这一属概念，所谓物保即为 cautionis in re。〔2〕

罗马法中物保的发生史是与其债的观念紧密联系在一起的。优士丁尼在其《法学阶梯》"债"一题的开头处保存了一个任何时代的人们在界定债的定义时都要依据的蓝本和原型的债的定义：Ⅰ.3,13pr.：债为法锁，它约束我们

---

〔1〕 ［意］彼德罗·彭梵得：《罗马法教科书》，黄风译，中国政法大学出版社 2005 年版，第 260 页。需要注意的是，罗马法中的物保与我国法中的担保物权并不相同，虽然前者是后者的滥觞是毫无疑问的，我国法中的担保物权是以所有权的建构为前提的一种他物权，罗马法中并不存在这样的逻辑结构。此外，担保物权的从属性、不可分性和物上代位性等属性对物保来说并不完全具备。

〔2〕 D.50,17,25 Pomponius 11 ad sab. Plus **cautionis in re** est quam in persona.（D.50,17,25。彭波尼：《萨宾评注》第 11 卷：物保优于人保）

必须根据我们城邦的法偿付某物(Obligatio est iuris vinculum,quo necessitate adstringimur alicuius **solvendae** rei secundum nostrae civitatis iura)。这一定义中,solvere(solvendae 的不定式形式)一词暗示了债的早期观念,因为该词的最初含义是“赎罪、补救”,在罗马法中债的历史起源产生于对非法行为的罚金责任。非法行为在早期的后果是报复,债的观念仅产生于这样一种阶段到来时,即受侵犯的人可以同意放弃报复,只要非法行为人愿意付给他赎金。再后来,这种可选择的赎金被一种固定的强制性赎金所取代,也就是被一种固定的罚金所取代且最后被可变的损害赔偿金所取代,与此同时,契约独立地发展起来了,因为债的本质在于具有外部强制性的约束。假设甲对乙犯了一种非法行为——偷了他的财产,则乙有理由向甲报仇,如果他足够强壮,他就会为此抓住甲。于是,甲可能答应支付赎金,而且乙可能同意接受它,但是很可能发生的是,只要甲处于被羁押中,他就不能筹钱,而乙一旦抓住他,就不想让他走。无论如何,在一些法律体制下这样一个阶段到来了,即甲能够为他自己作保。也就是说,在他保证负责后乙让他走,这意味着,如果他不付钱,乙将能再抓住他。[1] 也就是说,非法行为人要以自己的人身负责并陷入受役状态。接下来,我们考察罗马人最早用于现金借贷的法律工具——债务口约(nexum),按照今人的观念,担保制度的主要作用对象就是金钱借贷契约。债务口约是一种在形式上同要式买卖相对应的适法行为,因而,同要式买卖一样,它也采用铜和秤、5 名见证人、司秤和秤铜块的仪式加以缔结。另外,债务口约是以对债务人人身或他的隶属人(如家子)实行要式买卖以为借贷担保。[2] 也就是说,在借贷期间,债务人或他的隶属人处于一种潜在的约束之下,并且如果到期未以秤铜式清偿债务,这种潜在的约束会变成一种实际的约束,即沦为债务奴隶(nexi)。债务奴隶的境遇是悲惨的,被债权人带上锁链,债权人可以用棍棒揍他们,强迫他们为自己劳动。在这种以人身抵债的背景下,以财产为债务人的不履行行为负责显得不合时宜,因为前者保障偿债的能力远远大于后者,并且如上文所述,早期罗马人基于宗教观念禁止以财产抵债。

---

〔1〕 参见[英]H. F. 乔洛维茨、巴里·尼古拉斯:《罗马法研究历史导论》,薛军译,商务印书馆 2013 年版,第 209 页。

〔2〕 参见[意]彼德罗·彭梵得:《罗马法教科书》,黄风译,中国政法大学出版社 2005 年版,第 270 页。

债务口约的这种可怕效力与早期罗马社会中贵族和平民的斗争搅和在一起，因为平民大多数为债务人，而他们的债权人正是贵族。斗争的结果是公元前326年颁布了《关于债奴的佩特流斯和帕皮流斯法》(*Lex Poetelia Papiria de nexis*)，该法废除了债奴制度，并且解放了所有的债奴，从而使罗马法中的债不再以债务人的躯体作为承担责任的保证。至此，债在责任承担方面获得了财产性意义，这也为物保制度的产生和发展开辟了空间。在罗马法中共有两种物保形式，除信托担保外，还有质押(pignus)，而后者又有给付质押(pignus datum)和协议质押(pignus conventum)两种类型，后者也被称为抵押(hypotheca)，因此，罗马法中的质押是指任何不导致作为担保客体的物的所有权直接移转的物保形式，与信托担保构成对反关系。需要注意的是，信托担保和质押在罗马法中都是非常古老的制度，它们的早期史同样都是模糊的，现有的原始文献并不能给出清晰的说明。

## 一、质押

我国法严格以是否移转担保物的占有为标准区分质押和抵押，将移转担保物占有的情形称为质押，而不移转占有的为抵押，罗马法并不这样区分，抵押只是质押的一种特殊情形，尽管两种担保方式在占有模式上存在区别，但罗马人并不认为它们存在本质的区别。质押的客体既可以是要式物也可以是略式物，按照现代法对财产的主要分类方式——动产和不动产来说，它们在质押的适用上没有区别，这与我国将质押的客体严格限制在动产和权利上是不同的。

在两种质押形态中，最原始的形态毫无疑问是给付质押。尽管关于它的原始文献只能追溯至公元前3世纪，但这种自发地指定某物担保受让人的期待的方式无疑可以追溯至古老的时代。债权人所拥有的最初表现为对担保物的现实控制，并且，这样的担保也只有他在事实上保存了对物的控制的时候才得以持续，与扣押之诉(legis actio per pignoris capionem)类似，债权人除非得到满足，没有义务返还质物，这构成了对债务人履行的一个间接强制。[1] 给付质押的基本特征在于移转担保物的占有，尽管质押债权人对担保物的占有不是自主占有，但他的这种占有受到侵扰或受到剥夺时，裁判官采用占有令状

[1] Mario Talamanca, *Istituzioni di Diritto Romano*, Milano, Giuffrè Editore, 1990, p. 479.

加以保护。若债权人的债权已经获得满足,但拒绝将占有的担保物返还出质人,出质人可以提起对人的质押之诉(actio pigneraticia in personam),这是一种在共和末期由裁判官引入的一种诉讼形式。当然,若质押债权人违反质押协议擅自转让担保物,出质人可依据其所有权提起所有物返还之诉(actio rei vendicatio),如果出质人以其诚信占有之物出质,则可提起普布利其安诉讼(actio publiciana)。在公元前3世纪末期,当事人可以针对给付质押订立解除约款(lex commissoria)或选择行使出卖权。

公元前2世纪初,给付质押在耕地租赁关系中遇到了困难,耕地出租人要求承租人为租金的支付提供担保,但承租人除了需要带进土地的农具之外,再无其他具有担保价值的财产,若转移农具的占有,承租人将无法正常耕种土地,土地出租人也将因收不到租金而受损害,因此他们达成协议,由承租人继续占有农具,当佃户到期不缴纳土地的租金时,出租人将获得农具的占有。也就是说,将给付质押中的移转现实占有转变为一种受约束的潜在的占有关系。这种担保关系被称为协议质押。[1] 与此类似的情形是,房屋的出租人可以将承租人带到其租住房屋里的物品作为质押的客体,而不移转现实占有。耕地或房屋的承租人不得将作为质押物的自己带进土地或房屋的物品搬离土地或房屋,若出现搬离行为,出租人可以向执法官申请禁止搬离令状(interdictum de migrando)保护自己的利益。最初的时候,当承租人不支付租金时,出租人获得对质押物的占有完全根据他们之间的协议操作,且出现争议后法律并不介入。这显然对出租人不公平,因为只有出租人获得对质押物的现实的占有后,担保其租金债权的功能才能得以发挥。公元前2世纪末和公元前1世纪初期,裁判官引入了塞尔维令状(interdictum salvianum),出租人可以申请此令状以获得质押物的占有。但若出租人对质押物的占有被剥夺,他获得的保护是有限的,所以公元前1世纪中期,法律又引入了塞尔维之诉(actio serviana)。这一诉讼也被称为对物的质押之诉(actio pigneraticia in rem),目的在于当质押物被他人非法占有时,质押债权人以及其他对质物享有权利的人可提起此诉讼以物的所有人的名义要求非法占有人返还质押物,它代替并扩展了塞尔维令状的功能,使债权人对质押物的占有获得了充分的法律保障。到公元前1

[1] 关于这一物保形式的具体实例,参见[古罗马]M. P. 加图:《农业志》,马香雪、王阁森译,商务印书馆1986年版,第67~68页。

世纪末期，塞尔维之诉也扩展适用于给付质押。协议质押既不需要移转质押物的所有权又不需要移转质押物的占有，与信托担保和给付质押相比，它的比较优势是明显的，因此，协议质押迅速走出了耕地租赁关系和房屋租赁关系的狭隘领域，适用于一切可以质押的物品，在后一种情形下，法律授予债权人准塞尔维之诉保护其权益。

塞维鲁时期，在与希腊人的贸易中，基于功能和法律结构上的相似性，罗马人开始使用希腊地方法中的hypotheca（抵押）来指称协议质押，并且，有时将其与给付质押对立起来（D. 13,7,9,2）。这种使用希腊式表达的风气在后古典时期更盛。《学说汇纂》中收录的古典罗马法学家的著作中，在术语使用上并没有严格区分pignus和hypotheca，hypotheca在大部分情况下指称的是协议质押，但在个别情况下与pignus相混同，认为hypotheca与pignus只有名称上的区别。[1]但是，也存在使用pignus来指称既与协议质押不同又与抵押不同的非常特殊的意义上使用的情况，pignus只需要向债权人转移担保财产的占有，所有权依然属于债务人，然而，后者可以通过容假占有或者租赁的方式继续使用他自己的财产。[2] 当然，根据本书的研究，这一片段原来讨论的是信托担保，是《学说汇纂》的编纂者将其添加成质押的结果。问题是，如果仅依据优士丁尼法典编纂的成果研究罗马法中的物保制度就会在术语理解上遇到困难。[3] 这也是翻译罗马法相关文本时需要特别注意的问题。

## 二、信托担保与质押的关系

在古典时期及其以前，信托担保和质押毫无疑问是并行不悖的两种物保制度，发挥着各自的功能。但进入后古典时期两者的关系在学者之间产生了争论。

19世纪末，美国比较法大家威格摩尔（John H. Wigmore）写了一篇题为《担保的理念：法律理念的比较研究》的雄文，文中对犹太法、伊斯兰法、埃及法、迦勒底法（Chaldean）、斯拉夫法、印度法、日本法、希腊法和罗马法中的担

---

〔1〕 D. 20,1,5,1.

〔2〕 D. 13,7,35,1.

〔3〕 例如，艾伦·沃森在翻译《学说汇纂》第20卷时就遇到了术语的困惑。See Alan Watson, *The Digest of Justinian*, Volume 2, Philadelphia, University of Pennsylvania Press, 1985, p. 123. n. 1.

保现象进行了比较研究,概括出了人类担保理念的一般发展规律。从时间顺序来看,其中最早出现的担保模式用罗马法的术语表示即为质押,该模式还可以细分为债权人占有担保物和债务人占有担保物两种子类型,第二种模式为出卖—买回(the Sale for Purchase),作者把罗马法中的信托担保归入这一模式,当然威格摩尔还把活质(vifgage)作为第三种模式。[1] 把罗马法中的信托担保纳入出卖—买回的模式是否正确尚且值得商榷,且从现有的文献资料来看,威氏三模式论并不适用于罗马法中物保的发展史。威氏在其文章的第三部分谈到罗马法中信托担保的命运时写道:信托担保在优士丁尼的时代,甚至在此之后依然存在,在优士丁尼《学说汇纂》和《法典》中没有出现信托担保的原因是特里波尼安及其助手在他们所收集的涉及信托担保的片段中,将 fiducia 添加为他们比较熟悉的 hypotheca。他的理由如下。第一,法律上和实务上信托担保和抵押都是相通的,因此,名称的改变不影响制度的运行。在古典时期随着罗马帝国经济的繁荣,设立方式烦琐的信托担保不再适应社会经济的发展而被抛弃,此后罗马法学家讨论的信托担保已经与以前的信托担保不同,信托担保发生了异化,此时质押的规则适用于信托担保。在优士丁尼时期,作为质押方式之一的抵押主要适用于土地等不动产,在适用对象上与信托担保相同。威氏甚至断言信托担保在设立方式上此时已不需要要式买卖或者拟诉弃权,简单的交付(traditio)就已足。第二,当时发现的一些非通过《民法大全》流传下来的法学著作中只出现了 pignus 和 fiducia 两种担保方式,例如,盖尤斯《法学阶梯》、《保罗论点集》以及《梵蒂冈残篇》中都是如此,但在《学说汇纂》中收录的盖尤斯和保罗的著作中只出现了 pignus 和 hypotheca 两种担保方式,最关键的是同一个作者的同一个片段在不同的著作中有不同的版本,如 Paul. Sent. ,2,17,15 中以"pignora vel fiducias"(质押和信托)涵摄所有的物保制度,但同一个片段在《学说汇纂》中被添加为"pignus vel hypotheca"(质押和抵押),[2] 如此就得出了 fiducia 被添加为 hypotheca 的结论。[3] 可惜的是,威氏并没有注意到勒内尔在 8 年前发表的《市民法还原》一书,否则他至少应该

---

〔1〕 John H. Wigmore, "The Pledge-Idea: A Study in Comparative Legal Ideas( Ⅰ )", *Harvard Law Review* 10, 1897, pp. 321 – 326.

〔2〕 D. 20, 6, 11.

〔3〕 John H. Wigmore, "The Pledge-Idea: A Study in Comparative Legal Ideas( Ⅲ )", *Harvard Law Review* 11, 1897, pp. 32 – 35. n. 3.

修正他的结论，得出保存在《学说汇纂》中的古典法学家讨论信托担保的片段被添加为讨论质押或者抵押的片段。也就是说，是用 pignus 或者 hypotheca 替换了 fiducia，而不只是 hypotheca。

勒内尔的研究成果发表后，罗马法研究者对于特里波尼安及其助手在编纂《学说汇纂》时，将某些原初讨论信托担保的片段添加为讨论质押的片段已没有争议，威氏的研究成果丰富了对于信托担保被添加的研究。这种添加是否意味着当时的编纂者认为信托担保和质押在法律上是相似的或者在法律实践中它们已经趋于雷同？若信托担保随着社会经济环境的变化而发生了变异，则变异是何时发生的？是否如威氏所言变异在古典时期就已经发生？通说认为，信托担保在古典时期仍然保持着其本来的法律结构，因为这一时期作为信托担保法律制度基础的要式买卖、拟诉弃权和时效收回依然是现行有效的法律制度。信托担保是随着要式买卖和拟诉弃权的消亡而消亡的。[1] 信托担保不能通过交付而设立，至少现在没有发现通过交付设立信托担保的原始文献，关于这一点前文已作了详细的讨论。但是，在后古典时期信托担保是否发生了威氏所言的变异？对此争议甚大。克罗地亚学者卡洛维奇博士(Tomislav Karlović)认为信托担保一直保持着其本来的法律结构，没有发生变异，直到公元 4 世纪末和 5 世纪初从法律实践中消失。[2] 布尔兑塞虽然意识到《西哥特罗马法》的编纂者有意识地将信托担保融合进质押中，[3] 但他没有作进一步的讨论。最近，这项工作由塞尔维亚学者西奇(Magdolna Sič)完成了。她的研究对象是保留下来的后古典时期及中世纪早期的法律文献和碑铭资料，重点探讨了在后古典时期和中世纪早期信托担保是否还意味着移转担保财产的所有权、要式买卖对信托担保的意义和信义与信托担保的关系。西奇认为，尽管在西罗马的通俗法学中信托担保和质押之间存在共通的规则，但在法律文献中信托担保和质押并不是同义词。信托担保制度是债务人基于债权人信义——信赖后者会很好地保管担保财产且会将财产返还给他——将财产移转给他，或者债权人基于债务人的信义——信赖债务人会很好地保管财

---

[1] Mario Talamanca, *Istituzioni di Diritto Romano*, Milano, Giuffrè Editore, 1990, p. 479.

[2] 参见卡洛维奇博士在 2011 年 8 月 4 日发给笔者的电子邮件。这也是他在其研究信托担保的博士论文中表达的观点，可惜该论文是克罗地亚语的，我无法阅读。

[3] Alberto Burdese, *Manuale di Diritto Privato Romano*, Quarta Edizione, Torino, UTET, 1993, p. 205. n. 3.

产且会在自己的要求下满足自己的要求——仅仅在担保财产上设定担保负担,财产继续留在债务人手中。信托担保与要式买卖的关系也变得松散,信托担保也可以通过要式买卖的变异形式——具有一定庄严性的行为(iuris solemnitas)——而设立。但是,这并不意味着信托担保一定需要移转担保财产的所有权,信托协议使信托物的地位获得了某种程度的独立性,即信托担保对信托物来说只是一定期限内的负担。[1] 虽然卡洛维奇博士和西奇在观点上存在冲突,但是他们的观点都否认信托担保与质押之间的一致性和趋同性。

问题是,既然二者在后古典时期依然存在差异和冲突,那么该如何解释《学说汇纂》的编纂者们的添加行为?退一步问,是否意味着两种物保的完全趋同或者被认为完全趋同才能解释《学说汇纂》的编纂者们的添加?我认为不能绝对地对待这个问题。也就是说,即使两者在法律构造上存有差异,也有可能发生添加行为。与现代立法文件的规范表述不同,罗马的立法者或者法学家的著作一般是通过一个具体的案例展现与之相关的规则。因此,若两个制度在规则上存在交集,且共同的规则是在不同的个案中讨论的,后世立法者或者法学家在讨论其中一个制度时若涉及共同的规则,就有可能通过添加另一个作者讨论此规则的文本来达到目的。不可否认的是,信托担保与质押在实现环节有许多相通的规则。尽管在信托担保和质押中债权人对担保物行使出卖权的意义和法律基础不同,但是二者行使出卖权的规则是相通的,在苏尔毕求斯档案中,二者关于担保物的拍卖程序也是相同的,因此,涉及出卖权的片段就有可能被添加。D. 13,7,8,1;D. 13,7,8,2;D. 13,7,8,3;D. 13,7,8,4;D. 13,7,8,5 这4个被勒内尔认为本来讨论的是信托担保中出卖信托物的片段在《学说汇纂》中讨论的是质押中的出卖权。如果债权人对担保物的维护支出了必要的费用,无论是在信托担保中还是在质押中,债权人都可以向债务人追偿。[2]

---

〔1〕 Magdolna Sič, "Fiducia and Pignus in Sources of Post-Classical Roman Law: Synonyms or Terms Utilized for Different Kinds of Pledges?", *Proceedings of Novi Sad Faculty of Law*, 42(1/2), 2008, pp. 475 - 497. Magdolna Sič, "Fiducia and Pignus in Sources of Post - Classical Roman Law: Synonyms or Terms Utilized for Different Kinds of Pledges?", *Proceedings of Novi Sad Faculty of Law*, 42(3), 2008, pp. 143 - 172.

〔2〕 D. 13,7,8pr..

## 三、信托担保的比较优势

有学者曾以古罗马的经济变迁解释罗马法中物保制度的演变过程,[1]就法律和经济的关系而言,经济发展最基本的动因在于追求效益,法律为适应经济发展的需要,也必然以实现经济上的效率为重要目标,并为此调试各种法律制度,甚至创设新的法律制度。的确,从经济角度能够解释部分演变现象,信托担保从需要移转担保物的占有到可以不移转占有的转变,从不需要移转担保物所有权的给付质押到既不需要移转担保物所有权也不需要移转担保物占有的协议质押,都印证着法律对效率的追求。但相反的证据在于,既然质押和信托担保在功能、适用客体上高度吻合,为什么在效率更高的质押产生后信托担保没有消亡,而是共同走过了6个世纪的历程,这似乎应该从信托担保本身的优势来说明。

需要声明的是,信托担保的优势是就债权人而言的,对担保的提供方来说,他们更愿意使用质押为债权人提供债权满足的保障。其原因在于:第一,如果债权人不以租赁或容假占有的方式让信托人继续保持对信托物的占有,债权人可以同时获得信托物的所有权和占有,这就剥夺了信托人移转或破坏信托物的可能性,债权人可以其所有权保护其对信托物的占有,比在给付质押中给予债权人保护其占有不被剥夺的令状制度及以后的塞尔维之诉更有力;第二,在信托担保中同一物只能担保一个债权,债权人不用害怕其他债权人与其分割同一物的价值;第三,如果债权人没有现实占有信托物,在信托人破产的情况下,债权人可凭借其所有权取回信托物,其他债权人无法染指该物的价值;第四,债权人可以自己使用收益信托物,然后以孳息的价值冲抵被担保的债权,债权人债权的满足有更加充分的保障;第五,现代法中抵押制度的高效运转依赖完备的公示制度,在古罗马公示制度还没有建立起来,若抵押人擅自隐秘转让抵押物,债权人可能无从得知,这对债权人来说存在巨大的风险;等等。

总而言之,信托担保是债权人喜欢使用的一种担保方式,债务人之所以能够接受债权人的"苛刻"要求是与古罗马的借贷形势相关的,在古罗马经常发生资金短缺,供不应求。譬如,在共和末期,意大利的利率上限为12%,而行省

---

〔1〕 徐同远:《担保物权论:体系构成与范畴变迁》,中国法制出版社2012年版,第34~35页。

的利率却没有人管理，甚至可以达到48%，在这种情形下金融业者将大量的资金投资行省而非意大利，造成意大利资金不足，借贷关系紧张，恺撒甚至颁布法律要求金融业者必须将资金中一定比例的金额对意大利本国融资。〔1〕在这种特殊形势下，债务人为融资不得不同意债权人的要求。

## 第二节 信托担保当事人的法律地位

本节讨论的是被担保的债务未届清偿期的情形下当事人的法律地位。若债务清偿期届至，债务人清偿了债务或者被担保的债权以其他方式获得了满足，则债权人负有返还信托物的义务，若被担保的债权未能获得满足，则需要实现信托担保，这是下一节要讨论的问题。

### 一、债务人的法律地位

因为债务人已将信托物的所有权移转给债权人，与所有权相关的一切诉权灭失，不再能够以自己的意志支配信托物。如果债务人以租赁或容假占有的方式保有对信托物的占有，他可以在允许的范围内使用收益信托物。债务清偿期届至，若债务人清偿了全部被担保的债务或者被担保的债权以其他方式获得满足，他有权请求债权人返还信托物。此外，还可以从如下两个方面透视债务人的法律地位。

#### （一）信托物的所有权保证义务

因为信托担保是通过微价要式买卖的方式设立的，所以若债权人对信托物享有的所有权被追夺，通过提起追夺担保之诉（actio auctoritatis）要求出卖人退还双倍的价款，对债权人来说并没有任何意义。在贝提卡铜板中，当事人约定债权人不承担追夺担保义务是针对第三人而言的，若债权人自身被追夺，并无很好的办法保护自己。〔2〕因此，在庞培要式买卖和埃尔科拉诺之板中债

〔1〕参见［日］盐野七生：《罗马人的故事Ⅶ：恶名昭彰的皇帝》，彭士晃译，三民书局股份有限公司2001年版，第173页。

〔2〕关于追夺担保，参见本章第三节的分析。

务人要发誓保证其对信托物享有所有权。

Mancipatio Pompeiana, 1 – 5.

Poppaea Prisci liberta Note iuravit pueros Simplicem et Petrinum, sive ea mancipia alis nominib[us] sunt, sua esse seque possidere, neque ea mancipia [...]ali ulli obligata esse neque sibi cum ulo com[munia] esse...

译文如下：

庞培要式买卖，1 – 5：普里斯库斯的解放自由人波贝阿·诺泰发誓保证两个奴隶西姆普勒克斯和贝特里努斯归其所有，由其占有，没有负担，并且不与他人共有……

T. H., 65, Tab. Ⅱ, p. 4, parte sinistra.

[M. Noniu]s Fuscus iuravit per Iovem et numina [deoru]m et genium Neronis Claudi Caesaris [Aug. ea]m puellam N[a]idem suam suique [man]cipi esse seque possidere neque sibi cum ullo co[m]munem aut in publicum privatumve ob[li]gatam esse.[1]

译文如下：

T. H., 65, Tab. Ⅱ, p. 4, parte sinistra：M. 诺纽斯·弗斯库斯向朱庇特、被尊为神的人以及守护神尼禄·克劳丢斯·恺撒·奥古斯都发誓，女奴纳维斯归其所有，由其占有，不与他人共有，没有私人和公共负担。

可以看出，埃尔科拉诺之板较庞培要式买卖关于发誓的内容更为详尽和具体，不仅指出了发誓的对象，还将奴隶承担的负担部分具体化为私人的和公

---

〔1〕 Vincenzo Arangio-Ruiz, Pugliese Caratelli, "Testi e Documenti. Tabulae Herculanenses Ⅳ", *La Parola del Passato*, 1954, pp. 64ss. 转引自 Arnaldo Biscardi, *La Dottrina Romana dell' obligatio Rei*, Milano, Giuffrè Editore, 1991, pp. 96 – 97。

共的两种类型。然而,债务人的发誓并没有固定的程式和规范。

布尔兑塞认为如果债务人做伪誓要受到交易欺诈之罪(crimen stellionatus)的处罚,[1]比斯卡尔迪也持同样的观点,[2]依据在于莫德斯丁《论刑罚》第3卷中的一段话,“如果债务人在质押设立时发誓质押物属于他,但被证明是伪誓,犯交易欺诈之罪,应被判处一定时期的流放”。[3] 交易诈欺之罪是非常刑事法庭惩治的犯罪。虽然莫德斯丁讨论的是质押,但可以合理地推断在信托担保中也适用相同的规则,因为不管债权人对担保物实际占有还是享有所有权,在被追夺的情形下,都是需要法律介入保护的,况且都涉及伪誓问题。问题是在债务人受到刑事惩罚后,债权人的实际利益能否得到满足?布尔兑塞认为,由于在庞培要式买卖中当事人没有在信托简约中约定类似于贝提卡铜板中的追夺担保责任承担条款,所以债权人不能提起信托反诉。[4] 然而,保罗和乌尔比安的文本(D. 13,7,16,1;D. 13,7,36,1)似乎否定了这种观点,之所以言“似乎”,是因为他们在文本中谈论的是质押,而不是信托担保,并且文本都不存在添加的痕迹。他们主张如果质押人发伪誓,既要承受交易诈欺之罪的刑事判罚,也要受到质押反诉的约束。

然而,不管是布尔兑塞还是比斯卡尔迪,都没有注意到交易诈欺之罪在罗马法历史上的发生学问题。实际上,根据《民法大全》留下的资料,该罪最早只能追溯至2世纪末期。[5] 而庞培要式买卖的时间是79年,埃尔科拉诺小板的时间是62年。也就是说,至少存在一个世纪的时间债务人的誓言与交易诈欺之罪毫无关系,那么,在这一个世纪中债务人宣誓的效力是什么?可能存在三种情形:第一,发誓仅具有社会和伦理上的意义,实际的功能是使债权人完全知晓信托物可能被追夺的各种情形。第二,发伪誓具有不同于引起交易诈欺之罪的其他法律效力,譬如,作假罪(crimen falsi),如果某人一物二卖,将受

---

[1] Alberto Burdese, *Lex Commissoria e Ius Vendendi nella Fiducia e nel Pignus*, Torino, G. Giappichelli Editore, 1949, p. 59, nt. 1.

[2] Arnaldo Biscardi, *La Dottrina Romana dell' obligatio Rei*, Milano, Giuffrè Editore, 1991, p. 96.

[3] D. 47, 20, 4.

[4] Alberto Burdese, *Lex Commissoria e Ius Vendendi nella Fiducia e nel Pignus*, Torino, G. Giappichelli Editore, 1949, p. 59, nt. 1.

[5] Luigi Garofalo, “Stellionatus: Storia di una Parola”, in Luigi Garofalo, *Piccoli Scritti di Diritto Penale Romano*, Padova, CEDAM, 2008, p. 126.

到该罪的追责，但该罪不需要发誓作为前提；此外，还可能在债权人因广义瑕疵而提出信托反诉时具有证明债务人诚信的功能。第三，发伪誓构成交易诈欺之罪，但前提是此罪的产生可以追溯至1世纪，然而这并没有其他原始文献佐证。[1] 因此，合理的解释是，在交易诈欺之罪出现之前债务人的发誓仅仅具有社会和伦理上的意义，通过神的介入约束债务人的行为，在一个对神充满尊崇的时代，这种约束力的强度是可以想象的。2世纪末期，随着罗马人的传统信仰衰落，新的基督教信仰还未完全建立起来，精神的力量不足以约束债务人的行为，法律开始引入交易诈欺之罪制裁发伪誓的行为。

（二）债务人可以遗赠信托物

Gai. 2,220. ……然而，他们承认，在某些情况下也可以对他人的物品实行先取遗赠，比如，某人遗赠的是曾以信托名义卖给债权人的物品；实际上，他们认为审判员可以强迫共同继承人以偿还债务的方式赎回该物，从而使这种遗赠的受益人先取到该物。

文本中所谓的"他们"，指的是萨宾学派的法学家，盖尤斯也属于这一学派。帝国初期的罗马法学家被分为两大学派，除了萨宾学派之外，还有普罗库鲁斯学派，它们的开创者分别是卡比多(C. Ateius Capito)和拉贝奥(Labeo)。两个学派至少围绕21个问题彼此争鸣160多年，推动了罗马法学的发展，到阿德里亚努斯皇帝时期(公元76~138年)，两派间的区分才逐渐消失。[2] 所谓"先取遗赠"(legatum per praeceptionem)，即遗赠人在遗嘱中命其共同继承人中的一人或数人在分割遗产时，先将所设定的某特定遗赠预先取走的遗赠，这种遗赠导致发生物权关系，是遗嘱人出于对某一继承人的偏爱实施的行为，亦是他对其他继承人不信任的表现。[3] 所使用的套语一般是"L. 提求斯先取奴隶斯蒂古"。这种遗赠方式不以遗赠人对遗赠物享有市民法所有权为前提，

---

[1] Leo Peppe, "Alcune Considerazioni circa la Fiducia Romana nei Documenti della Prassi", in Leo Peppe, *Fides, Fiducia, Fidelits, Studi di Storia del Diritto e di Semantica Storica*, Padova, CEDAM, 2008, pp. 194 - 195.

[2] 参见徐国栋：《两大法学派争鸣什么？如何争鸣？》，载《全国外国法制史研究会第27届年会论文集·罗马法与现代世界》，厦门2014年9月，第40页。

[3] 参见徐国栋：《优士丁尼〈法学阶梯〉评注》，北京大学出版社2011年版，第292页。

所以债务人可以这种方式遗赠信托物,但遗赠的实施要以遗赠物属于遗产为前提。因此,萨宾派法学家认为审判员可以强迫共同继承人赎回该物。但这里可能存在时间差。也就是说,先取遗赠实施时,信托物所担保的债权尚未届清偿期,对这一问题的解决,法学家并未告诉我们答案。可行的解释是对他人物的遗赠不得损害他人的利益。也就是说,受遗赠人必须等待债务的清偿期届至。最后,债务人也可以其他不损害债权人所有权的方式遗赠信托物,譬如,命令遗赠人的继承人对受遗赠人给付信托物的嘱令遗赠(legatum per damnationem)和命令遗赠人的继承人容许受遗赠人取走信托物的容许遗赠(legatum sinendi modo)。

(三)债务人可以更换信托物

D.23,3,50,1.阿富里卡努斯:《问题集》第8卷:这一点在[质押]〈信托〉之诉中表现得更加清楚,如果我将科尔内利亚努斯的土地以[质押]〈信托〉的名义[交付]〈以要式买卖的方式转让〉给你,后来达成协议:我将提奇亚努斯的土地[交付]〈以要式买卖的方式转让〉给你,而你将科尔内利亚努斯的土地返还给我,毫无疑问,我可以合理地提起[质押]〈信托〉之诉要求你立即返还科尔内利亚努斯的土地。

勒内尔认为,这一片段经过了《学说汇纂》编纂者的添加,阿富里卡努斯实际上讨论的是信托担保。[1] 这一观点也得到了其他学者的支持,譬如,意大利学者隆戈、[2] 比斯卡尔迪、[3] 贝洛奇[4] 等。文本中开端处的"这一点"指的是在前一片段[5] 中表达的观点,即某位妇女将一块土地作为嫁资转让给丈

〔1〕 Otto Lenel, *Palingenesia Iuris Civilis*, Volumen Prius, Lipsiae, Ex Officina Bernhardi Tauchnitz, 1889, p. 29.

〔2〕 Carlo Longo, *Corso di Diritto Romano, la Fiducia*, Milano, Giuffrè Editore, 1933, p. 130.

〔3〕 Arnaldo Biscardi, *Appunti sulle Garanzie Reali in Diritto Romano*, Milano, Cisalpino-Goliardica, 1976, p. 103.

〔4〕 Nicla Bellocci, *LA Struttura della Fiducia, II, Riflessioni Intorno alla Forma del Negozio dall' epoca Arcaica all' epoca Classica del Dritto Romano*, Napoli, Casa Editrice Dott. Eugenio Jovene, 1983, p. 59.

〔5〕 D. 23, 3, 50pr.

夫,后来离婚又复婚,这位妇女与丈夫达成协议,她将其获得的10块金条作为嫁资转让给丈夫,同时丈夫将上述土地返还给她,金条交付后,土地返还之前,这位妇女死亡。阿富里卡努斯认为根据诚信和协议丈夫应当返还土地。D. 23,3,50,1中也涉及债务人用后来获得的土地替换已经转让的土地,基于两个片段的相似性和文法上的联系,D. 23,3,50,1讨论的也应该是转让所有权前提下的替换,而不是移转占有前提下的替换,因此,阿富里卡努斯讨论的是信托担保这一观点应该是毫无疑问的。通过这一文本,我们可以知道信托担保中的债务人在债权人同意的条件下可以更换信托物。

## 二、债权人的法律地位

### (一)债权人为信托物的所有权人

债权人作为所有权人,可以自己的意志支配信托物,债务人无权非难和撤销,但债权人应该善待它们,譬如,不得强迫女奴卖淫或从事其他不名誉的行为

1. 债权人可以出卖信托物

Vat., 18. Secundum ius in facinorosos... emptores inquietari, sed actione fiduciae... Valeriano Ⅲ et Gallieno Ⅱ conss...

遗憾的是,这一文本是残缺的,但哈希凯对它进行了补全工作,补全后的文本如下:

Vat., 18. 〈Licet creditore res sibi fiduciae datas mala fide vendiderit, si tamen〉 secundum ius in faci〈enda venditione versatus est, non debent empto〉 res inquietari, sed actione fidu〈ciae adversus creditorem agendum est〉. Valeriano Ⅲ et Gallieno Ⅱ conss.[1]

译文如下:

---

[1] Eduardus Huschke, *Iurisprudentiae Anteiustinianae, Quae Supersunt*, Lipsiae, In Aedibus B. G. Teubneri, 1886, p. 722.

Vat.,18. 虽然债权人恶信地将以信托名义转让给他的物出卖,若出卖行为符合现行有效的法律,买受物不应被侵扰,但可针对债权人提起信托之诉。瓦勒里亚努斯第三次和加里恩努斯第二次担任执政官时颁布。

这一片段出自瓦勒里亚努斯和加里恩努斯于公元255年颁布的敕令。它告诉我们,如果债权人将信托物出卖,只要出卖行为符合法律关于出卖的规定,出卖行为就是有效的,买受人的所有权不应受到干扰,对债务人来说,只能针对债权人提起信托之诉挽回损失。原因在于,债权人既然是信托物的所有权人,他可以合法地实施出卖行为,债务人无权干涉。

2. 债权人能否遗赠信托物?

Paul. Sent.,2,13,6. 如果债权人将信托物遗赠给了某位继承人或第三人,债务人可以向所有的继承人提起信托之诉。

学者普遍认为,这一片段中债权人实施遗赠的方式是指物遗赠(legatum per vindicationem),[1]即遗赠人直接移转遗赠标的物的市民法所有权于受遗赠人的遗赠,发生移转所有权的效力,是物权性遗赠,受遗赠人对标的物享有取回权而非请求权。[2] 指物遗赠的典型表述形式是"我赠""我给""你取得"等,实施指物遗赠的条件是遗赠人在订立遗嘱或其死亡时对被遗赠物享有市民法所有权。该文本所涉及的情形是,债务未届清偿期,而债权人死亡,并将作为担保品的信托物以指物遗赠的方式遗赠给了某位继承人或家外人,清偿期届至,债务人向债权人的继承人清偿债务后,发现信托物已经不在债权人的继承人手中,返还义务已经无履行的可能性,此时,他只能针对债权人的继承人提起信托之诉,要求返还信托物的价值,而不能针对受遗赠人主张返还被遗赠的信托物。也就是说,遗赠的效力不受影响。

但与保罗同时代的帕比尼安持有不同的观点。

---

〔1〕 Federica Bertoldi, *Il Negozio Fiduciario nel Dritto Romano Classico*, Modena, Mucchi Editore, 2012, p. 164.

〔2〕 参见徐国栋:《优士丁尼〈法学阶梯〉评注》,北京大学出版社2011年版,第292页。

D.33,10,9,2. 帕比尼安:《解答集》第7卷:某人遗赠其所有的家具,作为[质押物]〈信托物〉的银器并不包括在内,因为遗赠的是他自己的家具,尤其是在债务人不允许债权人使用该银器的情形下,但他要受到诚信契约和返还义务的约束。

帕比尼安在这一片段中讨论的应该是信托担保而不是质押,[1]因为债权人不具有指物遗赠质押物的可能性,所以这一片段毫无疑问应该经过了添加。[2] 该片段告诉我们的关键信息是,尽管债权人享有所有权,但他不能指物遗赠信托物,除非债务人允许其使用信托物。这是与保罗的观点相矛盾的。在债务人允许债权人使用信托物的情形下,虽然他可以合法地指物遗赠信托物,但要受到债务人基于诚信和返还义务提起的信托之诉的约束。同时,该片段还告诉我们债务人可以通过信托简约剥夺债权人使用收益信托物的权利,这与下文要讨论的孳息问题也是相抵触的。

### (二)债权人可以使用与保护所有权有关的诉讼手段

1. 返还所有物之诉(actio rei vindicatio)

该诉讼是典型的据以要求维护市民法所有权的诉讼,表现为物品的所有人针对非法占据其物品的人提出归还该物品、所有添附以及孳息的要求,但应适当补偿占有者支出的相关费用。

首先,债权人可以针对第三人提起返还所有物之诉。

Vat. ,94. 经过估价的土地被设立为嫁资,后来因已经以信托的名义转让给债权人而被追夺……

这是《梵蒂冈残篇》中"论妻物和嫁资"题下的一个片段,出自保罗《解答集》第7卷。巧合的是,该片段也完整地被《学说汇纂》收录,即D. 24,3,49,1,并且将信托添加成质押,因此,这两个片段构成展示《学说汇纂》编纂者添加工

[1] Otto Lenel, *Palingenesia Iuris Civilis*, Volumen Prius, Lipsiae, Ex Officina Bernhardi Tauchnitz, 1889, p. 914.

[2] Arnaldo Biscardi, *Appunti sulle Garanzie Reali in Diritto Romano*, Milano, Cisalpino-Goliardica, 1976, p. 46.

作的典范。该文本的其他部分讨论的是在嫁资被追夺后,离婚的妻子能否向丈夫主张返还嫁资的估价问题,与本书无关。与本书有关的这句话的意思是,某块土地已经以信托的名义转让给债权人担保其债权,债务人通过租赁或容假占有的方式继续对土地进行使用收益,但他又将同一块土地作为女儿的嫁资转让给其女婿,结果遭到了债权人的追夺。也就是说,债权人可以针对债务人的女婿提起返还所有物之诉。

其次,债权人可以针对债务人提起返还所有物之诉。

Paul. Sent. ,5,26,4. 如果凭借亲笔字据的债权人未经官方许可,暴力攫取任何没有被设立担保的债务人物品作为担保物,那么,他违反了《关于私人暴力的优流斯法》。但未经官方许可,不妨碍债权人提起所有物返还之诉主张信托物、质押物以及寄托给他的物品。

文本中出现的《关于私人暴力的优流斯法》的全称是《关于公共暴力和私人暴力的优流斯法》(lex iulia de vi publica et privata),这是一部于公元前 17 年由奥古斯都颁布的法律。该法将暴力罪区分为妨碍正常履行公务的公共暴力和侵犯私人自由的私人暴力;对前者规定了禁绝水火刑;对后者规定了没收财产。如果债权人未经官方许可攫取没有被作为担保物的债务人的财产,就意味着实施了私人暴力,要受到没收财产的处罚。但如果债务人已经将某物以信托名义转让给了债权人,前者对该物只保有占有,债权人可以合法地通过所有物返还之诉要求债务人将担保物返还给他。值得注意的是,这一文本也认为可以通过该诉讼主张返还质押物和寄托物,这是与古典时期所有物返还之诉的性质相矛盾的。这反映了后古典时期《保罗论点集》的编纂者对保罗作品的添加和简化,也反映了古典法学的没落和法学的通俗化。

2. 要求返还被窃物之诉(condictio ex causa furtiva)

乌尔比安告诉我们,在物被盗窃的情形下,只有所有人可以提起要求返还被窃物之诉。[1] 而盗窃之诉(actio furti)可以由任何承担物之风险的人提起,如使用借贷人、租赁人、质权人等。[2] 前者可以针对窃贼的继承人提起,后者

---

〔1〕 D. 13,1,1.

〔2〕 D. 47,2,14,16.

只能针对窃贼进行。因此,在信托担保中,若债权人占有的信托物失窃,他可以从要求返还被盗物之诉和盗窃之诉中择其一;若债务人通过租赁和容假占有使用收益信托物,债务人只能提起盗窃之诉。需要注意的是,要求返还被窃物之诉并不意味着以被窃物的存在为前提,譬如,一头牛被盗且被杀的情形下,所有人的诉权还可针对牛皮和牛肉提起,或者要求窃贼返还牛的价值,但该诉权不具有惩罚性质。盗窃之诉则不同,属于罚金诉权,如果盗窃是现行的,即被当场发现,罚金是被窃物价值的 4 倍,按照整个犯罪过程中物的最高价值计算。如果盗窃是非现行的,罚金为 2 倍。D. 13,1,12,2(乌尔比安《告示评注》第 38 卷)报道说,内拉蒂转述阿里斯托的观点,认为质权人可以针对从其处失窃的质押物提起要求返还被窃物之诉。这一与乌尔比安前述观点相矛盾的片段,显然是经过了《学说汇纂》编纂者的添加,它原来讨论的应该是信托担保。

D. 13,7,22pr. 乌尔比安:《告示评注》第 30 卷:帕比尼安主张当[质押]〈信托〉物被盗后,债权人向窃贼提起盗窃之诉,由此债权人的全部所得应冲抵债权,即使盗窃是由于债权人的过失而引起的。同样的规则也适用于他提起要求返还被窃物之诉的情形。但债务人自己因盗窃之诉或者要求返还被窃物之诉而赔偿的金钱是否也能够冲抵债权?事实上,一致赞同并流传下来的规则是:他因盗窃之诉而赔偿的金钱不应再返还给他,帕比尼安在其《问题集》第 9 卷中也是这么主张的。

由于该文本出自乌尔比安《告示评注》第 30 卷,所以乌尔比安实际讨论的是信托而不是质押。乌尔比安关注的是债权人因盗窃之诉和要求返还被窃物之诉的所得如何处理的问题,在第三人实施盗窃的情形下,所得应冲抵被担保的债权,即使债权人对盗窃存在过失也不例外,但如果债务人自己实施盗窃则不适用这一规则,以免使盗窃之诉的惩罚功能化为泡影。问题是,如果债权人提起没有惩罚功能的要求返还被窃物之诉,是否还适用这一规则?乌尔比安并没有告诉我们答案。

该文本告诉我们,债务人也可以对信托物实施盗窃,而前文我们已经讨论过债务人可以恶信地从债权人处获得信托物的占有并实施时效收回而不构成盗窃,对这一矛盾该如何解释?诺德拉文认为,两者发生在不同时段,前者发生在债务人清偿债务之前,后者发生在清偿债务之后。[1] 显然诺德拉文没有领悟盖尤斯在《法学阶梯》第 2 卷第 60 段中所表达的观点,时效收回并不以债务清偿为前提。笔者认为,债务人的行为之所以被认为构成盗窃与罗马人对盗窃的理解有关。罗马法中的盗窃包括窃取他人物品、非法使用和非法侵吞物件等类型,前者是指盗取物件本身,使用借贷人、受寄托人、质权人、承租人等擅自出卖所掌握的物件,即属于物件盗窃;中者是指并无权利而擅自使用他人的物件,包括无权使用和在权利范围之外使用两种子类型;后者是指所有人从质权人、用益人或诚信占有人处窃回属于自己的物件,或所有人在未清偿费用前擅自向享有留置权者取回其物等,可谓是物主向非物主进行盗窃。[2] 就信托担保的债务人而言,在他以租赁或容假占有的方式保有信托物的占有的情况下,若他擅自出卖信托物则构成窃取他人物品的盗窃,若其以租赁和容假占有中约定的使用方式以外的方式使用信托物,则构成非法使用的盗窃。

文本最后涉及的帕比尼安在其《问题集》第 9 卷中的主张被收录在 D. 47, 2,80 中,"如果债务人盗窃他交付质押的物,他因盗窃之诉而赔偿的金钱无论如何不能减轻他的债务负担"。也就是说,债务人因盗窃而赔偿的金钱不能够冲抵被担保的债权,与 D. 13,7,22pr. 互为印证。

最后,我们可以合理地推断债权人也享有其他以所有权为基础的诉权,譬如,确认役权之诉(actio confessoria)、排除妨害之诉(actio negatoria)、阿奎流斯法之诉(actio legis Aquiliae)以及以所有权为基础的债权性诉讼。

### (三)债权人有权收取信托物的孳息

Paul. Sent. ,2,13,2. 债权人通过信托奴隶获得的任何收益都应当冲抵债务。

通过这一片段,保罗告诉我们债权人通过作为信托物的奴隶获得的收益应当冲抵债务,譬如,将奴隶出租获得的租金等。由此,也可以合理地推断债

---

[1] Bert Noordraven, *Die Fiducia im Römischen Recht*, trad. ted. , Amsterdam, 1999, p. 204. 转引自 Federica Bertoldi, *Il Negozio Fiduciario nel Dritto Romano Classico*, Modena, Mucchi Editore, 2012, p. 194。

[2] 参见周枏:《罗马法原论》(下册),商务印书馆 2009 年版,第 848 ~ 849 页。

权人通过信托物获得的任何天然孳息和法定孳息都应当用来冲抵被担保的债务。关于这一问题,学者间有不同的解释。法国学者惹尼(François Geny)认为,债权人根据信托简约应当保管信托物,产生的孳息应当作为债权人出借资本的补偿,然而,孳息的价值经常高于或低于出借资本的利息,前一情形债务人利益受损,后一情形债权人利益受损,如果孳息的价值超过利息,超出的价值应被用来冲抵本金。德国学者埃尔伯认为,保罗阐述的规则属于信托担保发展的高级阶段,最初孳息应该归债权人所有,而不是冲抵被担保的债务。诺德拉文主张,债务人享有孳息源自在信托担保中所有权移转的暂时性,且债务人是随着允许其保有信托物的占有而享有孳息的,后来即使债权人占有信托物,孳息的享有权还归属于债务人。[1] 笔者认为,从信托担保的发展历史来看,不排除在初始阶段债权人有权凭借所有权收取信托物的孳息并归其所有,但考虑到早期罗马社会中从事信贷的人群结构,借款人主要是平民,出借人主要是贵族,随着平民地位的上升,缔约能力的增强,不再能够容忍债权人"吃双份"(既收取利息又将孳息归其所有)。事实上,正是在这一进程中债务人才被允许以租赁或容假占有的方式保有信托物的占有,当然,出借方的日益专业化也是重要的影响因素。保罗的阐释的规则是这一发展进程的结果。

(四)费用偿还请求权

D. 13,7,8pr.. 彭波尼:《萨宾评注》第 35 卷:如果我因作为[质押]〈信托〉物的奴隶或土地花费了必要的费用,我不仅享有留置权还可以提起[质押]〈信托〉反诉,因为我可能会陷入无物可留置的情形,譬如,我为生病的奴隶向医生支付了医疗费,但后来奴隶死去了,或者我为房屋做了支撑或修缮,但后来该房屋毁于大火。

勒内尔认为,彭波尼在这一片段中实际讨论的是信托担保而不是质押。[2] 在该文本中债权人为作为信托物的奴隶或土地支付了必要的费用,这

---

〔1〕 Federica Bertoldi, *Il Negozio Fiduciario nel Dritto Romano Classico*, Modena, Mucchi Editore, 2012, p. 168.

〔2〕 Otto Lenel, *Palingenesia Iuris Civilis*, Volumen Alterum, Lipsiae, Ex Officina Bernhardi Tauchnitz, 1889, p. 147.

些费用可由债权人向债务人追偿。如果债务人拒绝承担，即使清偿了被担保的债权和利息，债权人依然可以留置信托物，如果留置因信托物的灭失变得不可能，债权人可以提起信托反诉要求债务人承担。彭波尼在另外一个地方还告诉我们，如果债务人拒绝承担费用，债权人可以出卖信托物，[1]关于这一点笔者会在下一节详述。值得注意的是，意大利学者毕翁蒂(Biondi)并不认为债权人在古典时期可以凭借这三种手段实现费用补偿，但遭到了隆戈的严厉批评。[2] 笔者认为，不能否认彭波尼这一片段的真实性，如果说该片段由于添加还存在被证伪的可能性，《保罗论点集》中的一个片段可以对毕翁蒂(Biondi)的观点给予有力的回击，"如果债权人为改善信托物而支出了费用，他可以提起信托诉讼要求债务人返还相关费用"。[3] 值得注意的是，该片段主张的偿还费用的范围并不以必要费用为限，将一个能够实现当事人利益平衡的合理规则变得有可能损害债务人的利益，这应该是后古典时期《保罗论点集》的编纂者将规则简化、劣化的结果。

虽然彭波尼告诉我们费用返还以必要为限，但对"何为必要"并没有进行深入的分析，这使法官享有较大的自由裁量权。对此，乌尔比安在其《告示评注》第31卷中给予了具体的分析，该片段被收录在D.13,7,25。[4] 基本原则是债权人为信托物支出的费用不得妨碍债务人赎回该物，因为强迫债务人出卖他本来想赎回的物品是不公平的。譬如，如果债权人对作为信托物的奴隶进行技能培训，若培训已经开始并且培训的内容是必要技能或者经过债务人同意的项目，因此而支出的培训费用可以向债务人追偿；如果债务人将不可能依靠其自己的力量耕种的贫瘠土地以信托的名义转让给债权人，债权人改善该土地使其可以耕种，且使土地大幅升值，债权人因此而支出的费用不得向债务人追偿。

---

[1] D.13,7,8,5.

[2] Carlo Longo, *Corso di Diritto Romano, la Fiducia*, Milano, Giuffrè Editore, 1933, pp. 132 – 142.

[3] Paul. Sent., 2, 13, 7.

[4] 该片段在《学说汇纂》中讨论的是质押，但大多数学者认为乌尔比安实际讨论的应该是信托担保。Cfr. Federica Bertoldi, *Il Negozio Fiduciario nel Dritto Romano Classico*, Modena, Mucchi Editore, 2012, p. 191.

## 第三节 信托担保的实现方式

信托担保的目的在于确保债务的清偿,债务人若及时适当地清偿了债务,债权人自无实现信托担保的必要,唯债务人未清偿到期债务,债权人才需要通过实现信托担保来满足其债权。在信托担保的历史发展过程中先后出现了3种实现方式,下面分别进行讨论。

### 一、解除约款

有学者认为,解除约款是信托担保的本质构成要素,[1]然而这一观点更多的是一种理论推演的结果,罗马法原始文献并没有为我们留下确切的记载,甚至关于信托担保中解除约款的记载都是模棱两可的。

《保罗论点集》第2卷第13题的标题是"论解除约款"(De lege commissoria),但它的内容讨论的并不是解除约款。Paul. Sent. ,2,13,1;3;4;5讨论的是信托物的出卖问题。Paul. Sent. ,2,13,2涉及的是作为信托物的奴隶获得的财产被用来冲抵被担保债权的规则。Paul. Sent. ,2,13,6涉及的是债权人遗赠信托物的问题。Paul. Sent. ,2,13,7讨论的是债权人改善信托物所生费用的求偿问题。Paul. Sent. ,2,13,8讨论的是数位被担保债权人的顺位问题。奇怪的是,这一问题根本不可能出现在信托担保中,《保罗论点集》的编纂者为何将这一片段放在这里,不得其解。Paul. Sent. ,2,13,9讨论的是奴隶的举债在其解放后不得向其追偿,这一片段放在这里同样让人费解。因此,第13题的标题很可能不是保罗本来使用的,而是后世编纂者添加上的。虽然这一题的内容有很多需要考证之处,但它向我们证明了解除约款与信托担保之间的联系。更多的学者认为,《学说汇纂》中如下两个片段可以更充分地证明信托担保与解除约款的联系。

D. 18,3,2. 彭波尼:《萨宾评注》第35卷:当土地的出卖人订立如下条款:

---

[1] W. A. Hunter, *A Systematic and Historical Exposition of Roman Law in the Order of a Code*, Fourth Edition, London, Sweet & Maxwell, Limited, 1903, p. 434.

如果价金没有在规定的日期支付,取消土地出卖,如果出卖人做出这样的选择,意味着土地没有被出卖,原因是这一条款是为出卖人的利益订立的。如果做出不同的解释,在未支付价金而房屋毁于大火后,买受人就可以取消由其承担风险的土地的买卖。

D.18,3,3.乌尔比安:《告示评注》第30卷:附加于买卖的解除约款将由出卖人执行,如果他这样选择,就不要违反他的意志。

在优士丁尼法中,这两个片段涉及的是买卖中的解除约款,但勒内尔认为,在古典时期它们讨论的实际上是解除约款在信托担保中的适用,[1]这意味着信托担保中的解除约款是为债权人的利益而订立的,债权人有权自由选择是否执行该条款。

在罗马法中,解除约款是一种简约,它的适用领域涵盖买卖、信托担保和质押,除买卖中的解除约款外,原始文献并没有留下信托担保和质押中解除约款适用情况的详细记载,这为学术研究带来了一定的困难。不过同为解除约款的范畴,买卖中解除约款的适用能够为研究信托担保中的解除约款提供有益的启发和思路。

在买卖中,解除约款的效力形态经历了两个发展阶段。解除约款首先表现为延缓买卖行为的效力,也就是说,如果买受人在规定的期限内未支付价金,买卖行为不生效,这是与初始的"一手交钱一手交货"的买卖形态相适应的,在这一阶段将 lex commissoria 翻译为解除约款显然是不合适的,因为它的目的并不是解除而是延缓买卖行为的效力。自公元2世纪起,经过尤里安的理论劳动,这一条款被解释成解除条款,也就是说,如果买受人未在规定的期限内支付价金,买卖行为的效力将终止。[2] 信托担保中的解除约款意味着如果债务人在规定的期限内不清偿被担保的债务,债权人将不返还信托物。富有意味的是,在初始阶段的信托担保中,信托简约的内容也是如此。布尔兑塞认为,信托担保中的解除约款也可以被解释为延缓债权人返还信托物义务的

---

[1] Otto Lenel, *Palingenesia Iuris Civilis*, Volumen Alterum, Lipsiae, Ex Officina Bernhardi Tauchnitz,1889,pp. 147,619.

[2] O. Sacchi,"Lex Commissoria e Divieto del Patto Commissorio. Autonomia Negoziale o Tutela del Contraente più Debole?",*Ius Antiquum* 19,2007.

条件。[1] 也就是说,信托担保设立后,债权人即负担返还信托物的义务,这是与前文阐明的返还义务是信托的本质特征相适应的,但该义务处于悬置状态,如果债务人在规定的期限内清偿债务这一条件成就,债权人返还信托物的义务即告生效,如果条件不成熟,债权人承担的返还义务即告消灭,债权人对信托物的所有权演变成无债权性限制的所有权。然而笔者认为,与买卖中的解除约款不同,无论将信托担保中的解除约款解释成延缓还是解除债权人的返还义务,都不会对当事人的利益状态造成影响,其区分仅具有理论上的意义。

不可否认,解除约款构成了初始阶段信托担保不可或缺的一部分,甚至可以说没有它就没有信托担保的存在。同样不可否认的是,正如现代学者所批评的那样,解除约款的存在使信托担保在实现时往往对信托物提供者不利,面对这种不利,为什么作为信托担保基础的信义不能发挥有效的利益调节功能?笔者认为应历史地看待这一问题,信托担保产生时罗马法中债的责任承担刚刚走出人身执行的阶段,从人身责任到财产责任本身就是一个巨大的进步,在此,我们不能苛求古人超越历史发展阶段。事实上,超越上述不利正是信托担保在实现方式上的发展方向。

随着债务人在政治上地位的提升和人们对信托担保制度的认识深入,债权人不仅要承担返还信托物的义务,还要承担诚信行事的义务。也就是说,在信托担保中要公平合理地处理当事人之间的利益安排,此安排随着信托之诉的确立而被法律化。在这一背景下,解除约款不再是信托担保不可或缺的构成要素,而变成当事人可以任意选择的要素之一,虽然不能准确地确定这一转变发生的时间,但至少可以说信托之诉确立时,这一转变已经发生了。公元326年,基于当时债权人滥用解除约款的现象之严重以及由此对债务负担的加重,君士坦丁皇帝颁布敕令明确禁止缔结解除约款,借此消除解除约款的危害。这一禁令被优士丁尼采纳,《法典》第8卷第34题收录了君士坦丁禁止解除约款的敕令,"在所有不利于债务人的规定中,在无力清偿的情况下剥夺债务人对质物享有的所有权简约显得尤为严厉,今后将废除这一简约的所有效

[1] Alberto Burdese, *Lex Commissoria e Ius Vendendi nella Fiducia e nel Pignus*, Torino, G. Giappichelli Editore, 1949, p. 14.

力并消除它的一切影响”。[1]

## 二、出卖信托物

在信托担保中解除约款衰落的同时，出卖简约(pactum vendendi)逐渐发展起来，贝提卡铜板和庞培要式买卖都确切地证明了它的存在。如果债务人未清偿到期债务，债权人以信托物的出卖价值满足其债权，剩余部分返还债务人；若信托物的出卖价值不足以清偿债务，不足部分由债务人负责补足。显然，这种方式比解除约款更注重当事人之间利益的平衡，信托担保实现了从纯粹的物上责任到非纯粹物上责任的转变，使自己具有了价值性特征，毫无疑问这一转变也要求法学理论的精致化。出卖简约的出现深刻地改变了信托简约的构成，信托简约与解除约款的同一性被打破，在信托担保实践中，若当事人订立了出卖简约，一般不会再订立解除约款，且前者逐渐成为信托担保不可缺少的组成部分，当事人不得排除其适用。

从信托担保的实践来看，出卖简约相对于解除约款体现的是法律对债务人利益的倾斜，因为债务人可以获得超出被担保债权的部分价值，而不是简单地以物抵债，可以说债务人是推动出卖简约订立的主要因素。但出卖简约并非对债权人毫无益处，前文已述，法律在时效收回的制度设计上偏袒了债务人的利益，债权人对信托物享有的所有权时刻都处于危险中，除非他向债务人设立租赁或容假占有，一旦债务人以各种方式获得信托物的占有，即可实施时效收回，如果债务人在清偿期间届满后未清偿债务，债权人除诉诸诉讼程序要求偿债外，没有别的手段保护自己的利益。最初，债权人通过解除约款消除债务人在未清偿债务的情况下实施时效收回的可能性，出卖信托物也具有同样的功能。此外，债权人通过出卖信托物也使其从信托担保中完全解放出来。

### (一)出卖信托物的合法性依据

学者们在债权人出卖信托物的合法性依据上充满了争议。有学者认为，信托担保的核心在于信义，因此是信义决定债权人是否被允许出卖信托物，出

---

[1] C. 8,34,3pr. -1. 同时参见李媚：《流质契约解禁之反思——以罗马法为视角》，载《比较法研究》2013 年第 5 期。

卖简约仅调整出卖的方式和时间，持论者包括德国学者保罗·欧尔特曼、意大利学者卡罗·隆戈等。德国学者埃尔伯主张，出卖信托物基础在于债务人的授权。意大利学者布尔兑塞认为，债权人最初并不能将信托物转变为金钱，只能为了自己的利益保持对信托物的控制以代替债务人偿债，如果当事人订立了出卖简约，债权人才可以出卖信托物，因此，根据该理论出卖信托物的基础在于当事人之间订立的出卖简约。[1] 笔者认为，既然信托物的所有权已经通过要式买卖或拟诉弃权完整地转让给了债权人，在物权层面上，债权人可依自己的意志自由行使其所有权，包括出卖信托物在内。也就是说，出卖信托物的合法性依据在于债权人享有的所有权，而非其他。上文已述，出卖简约主要维护的是债务人的利益，也就是说，债务人更愿意看到信托物被出卖而不是被抵债，因此，出卖简约在某种程度上是对债权人所有权自由行使的限制，具有义务性。[2] 从信托担保的目的和当事人之间的利益状态看，出卖信托物更符合诚信的要求。在此背景下，我们可以深化对《保罗论点集》第2卷第13题第5段的理解，该段的内容为：如果债权人和债务人达成不得出卖信托物的协议，在债务人支付不能的情况下，债权人可以正式通知债务人并出卖信托物，信托之诉并不能基于这一协议被提起。债权人出卖信托物是其行使所有权的方式，对此债务人无权干涉，并且在债务人支付不能的情况下，债权人的出卖行为并未违反信托担保对他的债权性约束，因此不得出卖信托物的协议是无效的。问题是，当事人订立的不得出卖信托物的协议是否意味着债权人在债务人陷入支付不能的情况下可以执行解除约款，尽管当事人并没有明确订立这一条款？如果债权人未实施出卖行为，债务人是否可以提起信托之诉强制他出卖信托物？对这两个问题，笔者只能作出理论上的推测。首先，既然当事人订立的不得出卖信托物的协议无效，若不存在其他约定，只能通过债权人的返还义务因条件未成就而不生效这一规则处理，也就是说，债权人可以通过解除约款获得不受债权性限制的信托物的所有权。其次，事实上，当事人达成不得

[1] O. E. Tellegen-Couperus, J. W. Tellegen, "Fiducia cum Ceditore and Pignus: Two of a Kind?", in J. Sondel, J. Reszczyński, P. Ści ś licki, eds., *Roman Law as Formative of Modern Legal Systems: Studies in Honour of Wieslaw Litewski*, Krakow, Autorzy & Uniwersytet Jagiellonski, 2003, pp. 165 – 169.

[2] 在信托担保中，并不能使用"出卖权"(ius distrahendi)一词，该词只适用于质押。

出卖信托物的协议,债务人很可能存在诈欺。因为在这种情况下,即使他未清偿债务,还可以通过时效收回信托物,基于任何人不能从其诈欺行为中获得利益的原则,债务人不能提起信托之诉强制债权人出卖信托物。

因此,笔者部分赞同保罗·欧尔特曼和卡罗·隆戈的观点,也就是说,出卖简约与出卖信托物的合法性依据无关,仅与出卖信托物的方式有关,贝提卡铜板和庞培要式买卖中出卖简约的具体内容也可以证明这一点。以贝提卡铜板为例,它记载的信托简约的内容包括三个方面:第一,双方约定信托担保持续到债务人完全偿还债务为止;第二,如果债务人或其继承人在规定的时间内不履行债务,债权人可以在他选定的时间和地点出卖被信托的土地和奴隶或者信托物的一部分,并以出卖的价金满足其债权;第三,如果债权人出卖了信托物,他不必违背其意志地通过微价要式买卖的方式返还信托物,也不必为买受人承担追夺担保责任。[1] 也就是说,在信托简约中没有授予债权人出卖信托物权利的条款。

接下来,需要对《学说汇纂》中的相关片段进行重新解读。事实上,关于出卖信托物合法性依据的争论主要围绕这些片段展开,最重要的是彭波尼《萨宾评注》第35卷中的两个文本,分别收录在D. 13,7,6pr. 和D. 13,7,8,4。这两个文本在《学说汇纂》中讨论的是质押中的出卖权问题,然而,自勒内尔以来学者普遍认为它们在古典时期讨论的是信托担保。[2] 此外,《学说汇纂》的编纂者对古典时期信托担保相关片段的添加并不是简单地将 fiducia 替换为 pignus,还可能在更大程度上修改文本的内容。下面笔者以D. 13,7,6pr. 为例进行说明。

D. 13, 7, 6pr.. Pomponius 35 ad sab. Quamvis convenerit, ut fundum [pigneraticium]〈fiduciarum〉 tibi vendere liceret, nihilo magis **cogendus es vendere**, licet solvendo non sit is qui [pignus]〈fiduciam〉 dederit, quia tua causa

---

〔1〕 O. E. Tellegen-Couperus, J. W. Tellegen, "Fiducia cum Ceditore and Pignus: Two of a Kind?", in J. Sondel, J. Reszczyński, P. Ś ci ś licki, eds., *Roman Law as Formative of Modern Legal Systems: Studies in Honour of Wieslaw Litewski*, Krakow, Autorzy & Uniwersytet Jagiellonski, 2003, p. 170.

〔2〕 Otto Lenel, *Palingenesia Iuris Civilis*, Volumen Alterum, Lipsiae, Ex Officina Bernhardi Tauchnitz, 1889, pp. 146 – 147.

id caveatur. sed atilicinus **ex causa cogendum creditorem esse ad vendendum** dicit: quid enim si multo minus sit quod debeatur et hodie pluris venire possit [pignus] 〈fiducia〉 quam postea? **melius autem est dici eum, qui dederit [pignus] 〈fiducia〉, posse vendere et accepta pecunia solvere id quod debeatur, ita tamen, ut creditor necessitatem habeat ostendere rem [pigneratam]〈fiduciae〉, si mobilis sit, prius idonea cautela a debitore pro indemnitate ei praestanda. invitum enim creditorem cogi vendere satis inhumanum est**.

译文如下:

D. 13,7,6pr. 彭波尼:《萨宾评注》第 35 卷:尽管通过协议允许你出卖[质押]〈信托〉的土地,但并不意味着**强迫你出卖**,即使在债务人陷入支付不能的情况下,因为协议是为你的利益而订立的。但是阿提利奇努斯认为**在特殊情况下也可以强迫债权人出卖**。如果债务远远低于[质押]〈信托〉物的价值,并且现在出卖[质押]〈信托〉物能够获得更多的价金,怎么办?**较好的回答是债务人可以出卖[质押]〈信托〉物,并以获得的价金清偿债务,如果是动产,可以强迫债权人出示该物,但债务人要为债权人可能遭受的损失提供新的担保,毕竟违背债权人意志的出卖行为对他来说是不人道的。**

文本中加粗的部分是现代研究者认为经过添加的部分,[1]不过笔者感兴趣的是文本的第一部分,也就是"尽管通过协议……因为协议是为你的利益而订立的"这一部分,因为它告诉我们债权人出卖土地的合法性依据在于协议。也就是说,出卖行为需要经过债务人的同意和授权。至今还没有学者认为这一部分遭到了《学说汇纂》编纂者的添加,但笔者认为,这一部分同样遭到了严重的添加。理由有二:第一,ut fundum fiduciarum tibi vendere liceret 这一结构意味着彭波尼(或者说萨宾)以非常一般化的语气指出允许债权人出卖被信托的土地,不涉及任何特殊语境,这可能与"协议是为你的利益而订立的"一语相

---

〔1〕 Alberto Burdese, *Lex Commissoria e Ius Vendendi nella Fiducia e nel Pignus*, Torino, G. Giappichelli Editore, 1949, p. 37. Carlo Longo, *Corso di Diritto Romano, la Fiducia*, Milano, Giuffrè Editore, 1933, p. 97.

矛盾，前文已经指出，以出卖信托物代替解除约款的主要获利方是债务人，债权人的获利是间接的。第二，文本的第一部分和第二部分通过转折连词 sed 连接起来，这意味着前后两个部分讨论的是同一主题，只是观点有所不同。第二部分讨论的事实上是出卖方式问题，文本中的“hodie”和“postea”明显涉及的是出卖时间问题，当然这是以假定出卖信托物存在合法性依据为前提的。基于这两点，笔者认为，ut fundum fiduciarum tibi vendere liceret 这一结构是被添加的结果。这一文本讨论的实际是能否强制债权人按照出卖简约约定的出卖方式出卖信托物的问题。萨宾认为，在任何情况下都不能强制债权人，因为出卖方式是为债权人的利益而约定的，如同解除约款一样。阿提利奇努斯虽然原则上同意萨宾的观点，但是他主张在特殊情况下可以强制出卖信托物，具体方式是由债务人实施出卖行为，然后以价金清偿债务，激活返还信托物的义务，以此消除债务人无权处分的瑕疵，但债务人要为其处分行为可能对债权人造成的损失提供新的担保。需要注意的是，债务人不能将信托物出卖给债权人，[1] 因为物的所有权人不得购买自己的物。富有意味的是，以出卖信托物的方式实现信托担保作为债权人和债务人长期斗争的结果，虽然出卖信托物有利于债务人，但出卖信托物的方式是为债权人的利益而预设的。

### （二）合法出卖信托物的条件

1. 债务人未按照约定清偿债务，且债务未清偿可归责于债务人

贝提卡铜板记载有“如果出借的金钱没有在规定的期日偿还”，庞培要式买卖中有“如果波贝阿·诺泰或其继承人未于今年九月初一将所借金钱偿还蒂齐蒂亚·马勒噶里斯或其继承人”。在债务清偿期届满之前，对债权人来说

---

〔1〕 Paul. Sent. ,2,13,3. 马尔切勒在一个被收录于 D. 13,7,34 的片段中认为，质押关系中的债务人可以将质物出卖给债权人，这本没有任何问题，但勒内尔认为马尔切勒在这一片段中本来讨论的是信托担保（Otto Lenel, *Palingenesia Iuris Civilis*, Volumen Alterum, Lipsiae, Ex Officina Bernhardi Tauchnitz, 1889, p. 634），由此造成了两个片段的冲突。但贝尔托蒂认为，勒内尔仅仅根据语法结构（《学说汇纂》的文本中用 eam 修饰 pignus，而前者属于阴性，后者属于阳性，这不符合拉丁语的语法规则）作出添加的认定显得证据不足，因为抄写者的笔误也有可能造成这一问题。参见 Federica Bertoldi, “La Fiducia cum Amico”, in Leo Peppe, *Fides, Fiducia, Fidelitas: Studi di Storia del Diritto e di Semantica Storica*, Torino, CEDAM, 2008, p. 58, n. 69。

存在返还信托物的可能性,所以在这一期间出卖信托物是不合适的。

所谓“债务”,不仅包括主债务还包括利息以及其他由债务人承担的费用,D. 13,7,8,5 明确地证明了这一点。同样,该文本在《学说汇纂》中涉及的是质押,但勒内尔认为它在古典时期实际上讨论的是信托担保[1]……出卖信托物不仅可以基于主债务,还可以基于其他因素,譬如利息和因信托物支出的费用。需要说明的是,这里的因信托物支出的费用是指债权人通过信托反诉等其他手段未获得补偿的情况,并且应将费用支出情况事先告知债务人。此外,这意味着信托担保所担保的债权的范围不仅包括主债权,还包括利息债权和其他费用债权。

所谓清偿债务是指全面清偿债务,不包括部分清偿债务,在部分清偿的情况下,债权人依然可以合法地出卖全部信托物,这体现了信托担保的不可分性。如果债务被债务人的数位继承人继承,部分继承人的清偿行为并不能阻止债权人出卖全部信托物(D. 13,7,8,2)。如果债务人分期偿还债务,并且约定如果债务人未在规定期间清偿每期债务,债权人得出卖信托物,这意味着只有当所有的债务都过清偿期后,债权人才可就全部信托物实施出卖行为,即使只有其中的一期债务未清偿,如果当事人约定“如果任何金钱未在规定的期间清偿”,意味着一旦出现某期债务未在规定的期间清偿,债权人可立即出卖全部信托物以实现其债权(D. 13,7,8,3)。[2]

2. 遵守当事人约定的出卖方式

前文已经阐明,当事人订立的出卖简约的主要内容为出卖信托物的方式,贝提卡铜板中载有,“提求斯或其继承人可以在他们选定的时间和地点将土地和奴隶整体出卖或者只出卖其中的一部分”,庞培要式买卖告诉我们,“允许蒂齐蒂亚·马勒噶里斯或其继承人将奴隶在庞培市场上公开出卖”。问题是债权人是否有义务遵守出卖简约规定的出卖方式?古典时期法学家在这一问题上存在争议。有法学家认为,出卖方式是为债权人的利益而订立的,所以债权人不受它约束;有法学家认为,出卖方式也涉及债务人的利益,因为债务人可

---

〔1〕 Otto Lenel, *Palingenesia Iuris Civilis*, Volumen Alterum, Lipsiae, Ex Officina Bernhardi Tauchnitz, 1889, p. 147.

〔2〕 D. 13,7,8,2 和 D. 13,7,8,3 两个片段的被添加情况,参见 Otto Lenel, *Palingenesia Iuris Civilis*, Volumen Alterum, Lipsiae, Ex Officina Bernhardi Tauchnitz, 1889, p. 147。

以请求返还超过被担保的债权部分价金。可能的情形是,最初出卖方式的约定完全是为了债权人的利益,但随着信托担保实践的发展,人们认识到出卖方式也是债务人的利益所在,因此,若债权人未以约定的出卖方式出卖信托物,债务人可提起信托之诉强迫债权人实施出卖行为或者他自己实施出卖行为。[1] 从贝提卡铜板到庞培要式买卖关于出卖方式的变迁也可以看出这一点:在贝提卡铜板中,出卖信托物的时间和地点完全交由债权人决定,说明此时出卖方式的约定完全是为债权人利益而设;但在庞培要式买卖中,当事人已将出卖地点具体化,并且强调以公开的方式出卖,确保通过出卖信托物获得较多的价金,这表明在订立出卖简约时债务人的地位上升,而不再是任由债权人选择的领域。

3. 履行诚信所要求的其他义务

至少从信托之诉的确立时起,法律要求债权人实施出卖行为必须符合诚信的要求,前提是当事人和法律都认识到实施出卖行为是双方利益的体现。然而,信托当事人是否尽到了诚信的要求需要法官在个案中具体判断,具体内容多种多样,考虑到在信托之诉中,当事人不仅要对故意行为负责还要对其过失行为负责,因此,只要债权人在出卖行为中没有故意或过失地损害债务人的利益就应被认定为不违反诚信的要求。根据可得到的原始文献,债权人的出卖行为要符合如下要求。

首先,债权人应尽可能以更高的价金出卖信托物。这体现在前文已分析过的一个片段中,即如果债权人出卖[质押]〈信托〉财产并附以择优解除条款,交易不能被认为是诚信的,除非收取了增加的价金。但如果第二位买受人仅仅是为了阻止出卖而没有买受意图,债权人可以安全地将财产卖给第一位买受人。(D. 18,2,10)所谓择优解除条款是指,在买卖中如果在一定期限内出卖人遇到更高的出价,则可以解除已达成的买卖契约,收回被出卖的物品,并将其卖给上述出价更高者。[2] 如果债权人在出卖信托物时附加了择优解除条款,遇到更高出价者,债权人必须解除与第一位出价者的买卖契约,将信托物卖给第二位出价更高者,否则就违背了诚信的要求,但出价更高者无实际

---

〔1〕 Alberto Burdese, *Lex Commissoria e Ius Vendendi nella Fiducia e nel Pignus*, Torino, G. Giappichelli Editore, 1949, p. 53.

〔2〕 参见黄风编著:《罗马法词典》,法律出版社 2002 年版,第 126 页。

购买意图的除外。

其次,债权人不得以出卖未成年人信托给他的物的价金满足自己的债权。《保罗论点集》第 1 卷第 9 题第 8 段证明了这一点:未成年人可以请求全部返还以对抗债权人出卖他质押或信托的物,但不能对抗他父亲用于担保的物,在后一种情形下,债权人的出卖行为是必要的。这意味着,虽然债权人可以有效地出卖未成年人用于担保的以信托名义转让给他的物,但未成年人有权请求全部出卖所得,而不仅是超过债权数额的部分价金。如果债权人将出卖信托物所得满足被担保的债权,就违背了诚信的要求,要对信托之诉负责。

### (三)债权人对买受人承担的义务

债权人作为出卖人要承担法律规定的所有义务。

1. 移转信托物所有权的义务

D.20,5,13. 保罗:《论法令》第 1 卷:债权人基于自己的权利出卖[质押]〈信托〉物,必须[转让他的权利]〈以(微价)要式买卖或拟诉弃权转让它〉,如果他占有[质押]〈信托〉物,无论如何应交付占有。

该文本在《学说汇纂》中是用来讨论质押物出卖的,但有学者认为,它在古典时期讨论的是信托物的出卖问题。[1] 这一文本毫无疑问地告诉我们,债权人有义务将其享有的信托物所有权移转给买受人,如果他占有信托物,还负有移转信托物占有的义务。在移转所有权前,他还可能承担看管(custodia)的责任。[2] 然而,笔者对学者们的还原成果是有疑问的,债权人必须以要式买卖或拟诉弃权的方式出卖信托物吗?在保罗生活的时代产生债的效力的合意性"买卖"已经发展成熟起来,以此为取得原因的交付也可以实现所有权移转的目的。

〔1〕 这一文本是否经过添加存在争议,勒内尔持否定态度,参见 Otto Lenel, *Palingenesia Iuris Civilis*, Volumen Prius, Lipsiae, Ex Officina Bernhardi Tauchnitz, 1889, p. 960。更多的学者持肯定态度,参见 Ernestus Levy, Ernestus Label, *Index Interpolationum*, Tomus Ⅰ, Weimar, Hermann Böhlaus Nachfolger, 1929, p. 396。Alberto Burdese, *Lex Commissoria e Ius Vendendi nella Fiducia e nel Pignus*, Torino, G. Giappichelli Editore, 1949, p. 66。

〔2〕 参见[英]巴里·尼古拉斯:《罗马法概论》(第 2 版),黄风译,法律出版社 2004 年版,第 195 页。

2. 追夺担保义务

在买卖中,出卖人应保证买受人对标的物所有权的获得,这是买卖的本质所在。为此,如果出卖人所转让之物存在权利瑕疵,以致买受人可能因标的物受追夺(evictio)而丧失全部或部分权利,且这种丧失不是起因于买受人的过错时,出卖人必须就此对买受人承担一定的责任,这就是出卖人的追夺担保义务(auctoritas)。[1] 信托物的出卖人是否承担追夺担保义务存在争议,否定论者的论据在于贝提卡铜板中明确地指出出卖人不承担此义务。笔者认为,贝提卡铜板记载的信托简约是债务人和债权人之间的约定,调整的是他们之间的利益关系,出卖人不承担追夺担保义务的规定解决的是对买受人承担此义务的内部分担问题,与买受人无关。

根据通说,这一义务最早为《十二表法》第6表第3条所规定。[2] 但《十二表法》中的追夺担保义务是在特定的语境中规定的,在《十二表法》的时代,当转让人未以要式的方式转让要式物时,受让人本来不能取得市民法的所有权,但通过取得实效的制度设置,转让方式的瑕疵得以弥补,具体表现为usus(对物的使用或对权利的行使)。一定期间经过后,受让人便取得了要式物的所有权,但在时效期间内,由于受让人尚未取得所有权,买受人要在相同的期间内保证受让人所受让之物的完整性不受第三人的权利请求的影响,即承担追夺担保义务,一定的期间经过后,受让人取得受让物的所有权,转让人的追夺担保义务也就终止了。如果受让人是不能利用取得时效制度取得要式物所有权的外邦人,转让人就要永久承担追夺担保义务了。[3] 然而追夺担保义务还在一般的意义上使用,也就是出卖人有义务担保其享有对其通过要式买卖出卖的标的物的所有权,确保转让的所有权不存在瑕疵,否则买受人有权提起追夺担保之诉,要求出卖人退还双倍的价款。[4]

公元前3世纪末至2世纪初,在古罗马出现了只产生债的效力的合意性买卖契约,为了履行交付价金的义务,买受人应当移转价金的所有权,而出卖

---

〔1〕[意]彼德罗·彭梵得:《罗马法教科书》,黄风译,中国政法大学出版社2005年版,第253页。

〔2〕李飞:《〈十二表法〉第六表第3条和第4条解读——以Auctoritas为中心》,载[意]桑德罗·斯奇巴尼、徐涤宇主编:《罗马法与共同法》(第1辑),法律出版社2012年版,第44页。

〔3〕同上书,第47页。

〔4〕Federico Del Giudice, *Dizionario Giuridico Romano*, V Edizione, Edizioni Simone, 2010, p. 22.

人只是需要“移转占有”（当然还有对追夺进行担保的义务），他并没有义务要移转标的物的所有权。[1] 罗马买卖的这种特殊结构也为罗马法学家自己所注意，不断地寻找办法摆脱这种不完善性，设法使出卖人必须不仅转移占有，而且也彻底地移转所有权。对这种债契约的法律承认似乎不早于共和国时代末期，但是，在物被移转之后，出卖人也就履行了所有的义务；如果买受人发现给他的物是他人的，甚至真正的所有人通过司法途径对该物提出返还请求或者将其追回，出卖人均不负有责任。为此，当事人可以为买卖附加专门的要式口约，它们最初时为“再允诺”（repromissio）和“所有权担保”（satisdatio secundum mancipium），后来这种专门的要式口约为“关于合法拥有的要式口约（stipulatio habere licere）”或者“双倍罚金要式口约”（stipulatio duplae）。双倍罚金要式口约立即成为最常见的做法，人们用它承诺：在发生真正的追夺情况下，即当买受人因判决而实际丧失物时，将向其返还双倍的已支付价款。[2] 到公元1世纪末期，甚至在当事人未订立要式口约的情况下，也承认买受人可以得到赔偿，方式为直接提起一种被称为买受之诉的诉讼，追夺担保成为一项法定的义务。相对于追夺担保之诉和双倍罚金要式口约，买受之诉的保护范围更广，除了标的物被追夺的情形外，还包括对作为买卖标的物的奴隶不存在恶习及品行良好的担保、对买受人在今后占有中的优势地位的保证和买受人遭受利益损失却不能提起追夺担保之诉的其他情形，并规定恶信排除出卖人在某些情形下的追夺担保责任的约定无效。因为买受之诉为诚信诉讼，尤里安甚至主张故意隐瞒买受人出卖他人物品的出卖人应当承担责任，并接受买受之诉，不必等待追夺，因为这意味着他在实行诈欺。[3]

3. 瑕疵担保义务

虽然信托担保的原始文献并没有留下关于作为出卖人的债权人承担瑕疵担保义务的记载，但作为出卖人承担的法定义务，债权人当然不能豁免。值得

---

〔1〕 参见马里奥·塔拉曼卡：《在债的效力和所有权转让之间的买卖行为》，陈汉译，载费安玲主编：《学说汇纂》（第2卷），知识产权出版社2009年版，第45页、第46～47页。

〔2〕 参见[意]彼德罗·彭梵得：《罗马法教科书》，黄风译，中国政法大学出版社2005年版，第286页。

〔3〕 参见李飞：《〈十二表法〉第六表第3条和第4条解读——以Auctoritas为中心》，载[意]桑德罗·斯奇巴尼、徐涤宇主编：《罗马法与共同法》（第1辑），法律出版社2012年版，第45页。

注意的是，这里的瑕疵指的是物的瑕疵，权利的瑕疵通过追夺担保制度解决。

在要式买卖中，出卖人根据他的声明(dicta et promissa)承担瑕疵担保义务，后来法学理论将这种责任扩大适用于故意隐瞒。[1] 也就是说，出卖人只对其恶信承担责任，若出卖人诚信，则没有责任。在买卖契约中，起初出卖人对物品中的任何瑕疵都不承担责任，除非他通过要式口约明确表示承担这样的责任。诚信观念的发展赋予这一规则以新的内涵，让出卖人对任何他知晓、但没有加以说明的瑕疵承担责任，这是由于诚信是买卖契约自身所固有的。西塞罗在《论义务》中的一段话为我们提供了这方面的证据，如果待出售的房屋有某种缺陷，出卖人知道此等缺陷，其他人不知道那房屋是有害的，反而认为那房屋是有益于健康的，不知道所有房间里都爬着蛇，建筑材料也不好，可能倒塌，出卖人应将房屋的这些缺陷告知买受人，否则他是有意识地引导别人陷入谬误，不符合诚信的要求。[2] 因此，出卖人不能脱离上述责任缔结契约。在古典法中，人们也可以在必要时基于物的瑕疵提起买受之诉对抗出卖人。

出卖人的瑕疵担保义务的进一步发展出现在营造官告示中。营造官在行使对市场的司法管辖权时发布了一些调整买卖奴隶和牲畜活动的告示，要求出卖人说明一切物理瑕疵，在买卖奴隶的情形下还须说明其他缺陷(例如，奴隶是外逃者，或者负有损害赔偿的责任)。如果他没有说明的瑕疵出现，当买受人在 6 个月内提起诉讼时，可以通过"解除买卖契约之诉"(actio redhibitoria)要求废除买卖契约；当买受人在 12 个月内提起诉讼时，可以通过"减价之诉"(actio quanti minoris)要求获得已支付价金与有缺陷奴隶或牲畜的实际价值之间的差价。在这两种诉讼中，出卖人是否知晓瑕疵是无关紧要的，这里实行严格责任。经过一个至今仍不大清楚的过程，营造官告示规定的这种责任也扩展到市场外的买卖，[3] 不过在古典时期，这两种诉权并不使用于奴隶和牲畜之外的财产买卖，也就是说，作为信托担保的主要标的物的土地并不受上述诉权的约束。

---

[1] 参见[意]彼德罗·彭梵得：《罗马法教科书》，黄风译，中国政法大学出版社 2005 年版，第 286 页。

[2] 参见[古罗马]西塞罗：《西塞罗文集》(政治学卷)，王焕生译，中央编译出版社 2010 年版，第 449 页。

[3] 参见[英]巴里·尼古拉斯：《罗马法概论》(第 2 版)，黄风译，法律出版社 2004 年版，第 196 页。

### (四)债务人对债权人承担的义务

1. 债务人清偿义务的消灭

D.46,3,26. 彭波尼:《萨宾评注》第35卷:如果债权人出卖了[质押]〈信托〉的土地并且获得了他应得的金额,债务人从被担保的债的关系中解脱出来。即使债权人正是免除买受人支付价金的义务或者与买受人订立了更新要式口约,债务人仍然解脱。但如果债权人出卖[质押]〈信托〉的奴隶存在被撤销的危险,债务人不能解脱,出卖其他物品也是如此。

勒内尔认为,彭波尼在这一文本中实际上讨论的是信托而不是质押。[1]该文本告诉我们,如果被担保的债权从出卖信托物的价金中已经获得了满足,债务人将从此债中解脱,不再负清偿义务,即使债权人正式免除了买受人支付价金的义务或与买受人就价金的支付订立了更新要式口约。问题是,如果债权人仅仅与买受人订立了买卖信托物的协议,债务人能否解脱?答案是否定的,债务人必须等待出卖人支付价金,但乌尔比安认为可以授予债务人针对买受人的诉权,要求出卖人履行支付价金的义务。(D.13,7,24,2. 这一文本出自乌尔比安《告示评注》第30卷,因此,在古典时期它讨论的是信托而非质押)文本最后告诉我们,如果信托物的买卖协议存在被撤销的危险,债务人的清偿义务并不消灭,否则风险就不公平地由债权人承担。值得注意的是,这里并不包含信托物被追夺的情形,因为追夺担保责任并不导致买卖无效。

2. 债务人对债权人因追夺担保而遭受损失的补偿义务

前文已经指出,虽然形式上债权人作为出卖人要对买受人承担追夺担保责任,但实际承担人是债务人,债权人因承担追夺担保责任而遭受的损失有权向债务人追偿。[2]

---

〔1〕 Otto Lenel, *Palingenesia Iuris Civilis*, Volumen Alterum, Lipsiae, Ex Officina Bernhardi Tauchnitz, 1889, p. 148.

〔2〕 值得注意的是,学者埃尔伯否认债权人可以向债务人追偿,但其观点并没有得到其他学者的支持。Federica Bertoldi, *Il Negozio Fiduciario nel Dritto Romano Classico*, Modena, Mucchi Editore, 2012, p. 195.

D.13,7,22,4. 乌尔比安:《告示评注》第30卷:如果债权人在出卖[质押]〈信托〉物时允诺两倍罚金(事实上这是实际发生的,如果他因追夺担保被起诉和判处),他能否通过[质押]〈信托〉反诉获得补偿?他可以获得补偿,前提是他实施出卖行为时无故意和过失并且尽到了善良家父的注意。换句话说,如果他对出卖行为漠不关心,仅仅获得他能够获得的,甚至未对追夺担保做出允诺,那么他不能获得补偿。

这一出自乌尔比安《告示评注》第30卷的文本,根据前文阐明的理由在古典时期涉及的应该是信托担保。债权人在与买受人订立的买卖协议中,关于追夺担保达成了双倍罚金要式口约,事后买受人买受的信托物被追夺,买受人根据要式口约向债权人主张双倍的价金,债权人补偿买受人后,可以提起信托反诉向债务人追偿,前提是他必须在买卖行为中无故意和过失并尽到了善良家父的注意。问题是,在这种情形下债权人还是不是信托反诉的适格原告?乌尔比安在这一问题上出现了观点不统一的情况,他在《告示评注》的同一卷书中认为,债权人提起的应该是信托反诉的扩用诉权(actio utilis)。笔者认为,乌尔比安的第二种观点更有道理,因为随着债权人的债权从信托物的出卖价金中获得了满足并且将超过债权额部分价金返还债务人,信托担保关系即告终结,与之伴随的诉权也告消灭。此后,债权人追偿因追夺担保而遭受的损失,作为信托担保关系衍生出来的关系,执法官可以参照信托反诉的模式提供司法保护,也即保护债权人的实际上是信托诉讼的扩用诉讼,而不是信托诉讼本身。

债权人有权向债务人追偿因追夺担保而遭受的损失的原因在于,信托物的权利瑕疵是债务人造成的,与债权人无关。但如果瑕疵是债权人造成的,譬如,债权人于担保期间在信托物上设立役权等负担,致使买受人不能取得完整的所有权,债权人向债务人行使求偿权就显得没有道理。笔者认为,同样的理论也应适用于债权人承担瑕疵担保的情形,尽管并没有原始文献为此提供佐证。

### (五)债权人对债务人承担的义务

#### 1. 对超过债权额部分价金及其利息的返还义务

庞培要式买卖中当事人明确约定如果出卖信托物的价金超过债权额,债权人或其继承人应将余额返还给借贷人或其继承人,后者也有权提起信托之诉向债权人或其继承人主张返还。后来，债权人对超额部分的返还义务演变成了信托担保的应有之义，当事人不必为此作出明确约定。

D. 13,7,6,1. 彭波尼:《萨宾评注》第 35 卷:如果债权人出卖[质押]〈信托〉的土地获得的价金超过被担保的债权数额，并且利用超额部分生息，他必须将所获利息返还债务人，即使他自己使用超额部分也须向债务人支付利息。但如果他仅以寄托的名义持有，则不负支付利息的义务。

勒内尔认为，彭波尼在这一文本中讨论的实际是信托担保而不是质押。[1] 彭波尼认为，债务人不仅有权主张返还超过债权额的那部分价金，还有权对债权人利用超额部分获得的收益主张返还。信托担保中债权人返还超额部分的规则是，一旦他实际获得了价金就必须立即返还，[2] 如果债权人未立即返还而是利用超额价金实施了生息行为，如消费借贷，债权人也必须将所获利息返还，即使他自己使用超额价金从事经营行为，也须支付利息，唯一的例外是债权人为债务人无偿保管超额价金。在寄托的情形下，当事人约定的返还超额价金的时间到来后，债权人迟延返还，也需要为迟延履行期间支付利息。[3]

接下来要讨论的是债务人的继承人能否向债权人主张超额价金，对于这个问题，罗马法向我们展示的是一个奇怪的规则。

Paul. Sent. ,2,17,15。如果质押或信托物被出卖，没有任何诉权被授予债务人的继承人对抗债权人，除非遗嘱人声明诉权被移转给他们。

结合 Gai. 2,220 来看更能发现其奇怪之处。盖尤斯告诉我们，如果债务人对其以信托名义转让之物实行先取遗赠，其继承人必须以偿还债务的方式赎回该物，从而使这种遗赠的受益人先提取到该物。这意味着债务人的债务可以由其继承人继承，但对超额价金的请求权无法继承，除非债务人明确将请

〔1〕 Otto Lenel, *Palingenesia Iuris Civilis*, Volumen Alterum, Lipsiae, Ex Officina Bernhardi Tauchnitz, 1889, p. 146.

〔2〕 D. 13,7,24,2.

〔3〕 D. 13,7,7.

求权转让给继承人,事实上,庞培要式买卖就是这样做的,在信托简约中明确指出将超额价金返还给借贷人或其继承人。与此形成鲜明对比的是,债权人的继承人可以出卖信托物,即使出卖简约只允许特定的债权人出卖,除非债权人的继承人遭到了明确地排除。(D. 13,7,8,4。勒内尔认为彭波尼在这一文本中实际上讨论的是信托担保而不是质押)[1] 对于这一矛盾的一种可行的解释是,起初所有基于信托简约的请求都是不可移转的,除非明确指出继承人享有请求权,这一规则一直持续到塞维鲁时期,随后明确提及继承人的要求式微,只要不明确排除继承人,信托简约的效力都可以扩及于他们。出现这一转变的原因在于实践的需要,显然债权人死亡后信托简约中未明确提及的继承人,无法享有已经到其手中的信托物带来的担保利益是荒谬的。[2] 因此,塞维鲁时期之前保罗的文本阐述的还是旧规则,而塞维鲁时期的乌尔比安的文本已经体现了新的规则。

2. 对剩余信托物的返还义务

信托担保的债权人有权选择出卖全部或部分信托物以实现其债权,如果债权人出卖部分信托物,则应将剩余部分返还给债务人。

D. 13,7,8,1. 彭波尼:《萨宾评注》第 35 卷:数位奴隶被[质押]〈信托〉,债权人以特定的价格出卖了部分奴隶并且约定他对追夺担保负责。尽管他的债权已经获得了满足,他仍然可留置未出卖的奴隶直到债务人保证补偿他可能因对追夺担保负责而遭受的损失。

勒内尔认为,彭波尼在这一文本中实际上讨论的是信托担保而不是质押。[3] 文本虽然承认如果债务人提起信托之诉主张返还未出卖的奴隶,债权人不得拒绝,但如果债务人不保证补偿债权人可能因追夺担保而遭受的损失,债权人可以留置未出卖的奴隶。留置在这里是一种程序性的制度,用来对抗

---

〔1〕 Otto Lenel, *Palingenesia Iuris Civilis*, Volumen Alterum, Lipsiae, Ex Officina Bernhardi Tauchnitz,1889,p. 147.

〔2〕 Alberto Burdese,"La Menzione degli Eredi nella 'Fiducia cum Creditore' ",in *Studi in Onore di Siro Solazzi*,Napoli,Casa Editrice Dott. Eugenio Jovene,1949,p. 341.

〔3〕 Otto Lenel, *Palingenesia Iuris Civilis*, Volumen Alterum, Lipsiae, Ex Officina Bernhardi Tauchnitz,1889,p. 147.

债务人的返还请求权,同时也间接地强制债务人提出保证,通过这一程序性工具实现债务人与债权人之间的利益平衡。

## 三、拍卖

信托担保当事人为了尽可能多地获得价金往往会采用拍卖(auctiones)的方式出卖信托物。拍卖在古代西方世界曾得到广泛的适用,在古罗马,拍卖分为官方拍卖(auctiones pubbliche)和私人拍卖(auctiones private)。前者是由官方实施的拍卖,如拍卖战俘、公共物品等,后者是由私人实施的,对信托物的拍卖即属于这一范畴。两种拍卖方式可能各有其独立的起源,不存在源流关系,但在发展过程中相互借鉴、相互影响。[1] 拍卖的公开性可以弥补古罗马因专业买卖经纪人的缺失造成的价格形成过程中的不合理性,[2]但国家要征收拍卖税(centesima rerum venalium),该税为奥古斯都在内战后所创,税率为1%,所征金额归入军事国库。在提贝流斯皇帝(Tiberius Claudius Nero,公元前42~前37年)时期,由于卡巴多恰王国成为罗马的行省,财富输入使减轻罗马人的税负成为可能,此税的税率降为0.5%。卡利古拉完全废除此税。尼禄皇帝(Nero Claudius Drusus Germanicus,公元37~68年)时代重新征收。[3]

如果钱庄(argentarius)的债务人不能在规定的时间偿还信托担保的消费借贷,钱庄主一般会将信托物委托给讨债钱庄主(argentarius coactor)实施拍卖。遗憾的是,流传下的罗马法学家作品对私人拍卖的讨论非常稀少,但信托担保非常幸运,正如上文所述,碑铭文献为研究的展开提供了扎实的基础,本书以这些文献为基础介绍罗马人拍卖信托物的操作过程。

根据卡莫德卡教授的研究,苏尔毕求斯的庞培档案中对拍卖信托物最重要的分别为编号为85、90、91、92四份档案,事实上它们是拍卖过程中所张贴

---

[1] Mario Talamanca, "Contributi allo Studio delle Vendite all' asta nel Mondo Classico", *Atti della Accademia Nazionale dei Lincei: Classe di Scienze Morali, Storiche e Filologiche*, Roma, 1954, p. 107.

[2] Nunzia Donadio, "Le 'Auctiones' Private all' epoca di Plauto", in Eva Cantarella, Lorenzo Gagliardi, *Diritto e Teatro in Grecia e a Roma*, Milano, LED Edizioni Universitarie, 2007, p. 120.

[3] 参见徐国栋:《罗马人的税赋——从起源到戴克里先登基》,载《现代法学》2010年第5期。

公告的存档,其中后三份档案是一次拍卖过程中的三份公告。笔者认为,在分析这四份档案之前,将它们完整地展示出来是必要的。

TPSulp. 85.[1]

Tab. Ⅰ,pag. 2 – Tab. Ⅱ,pag. 3(graphio,scriptura interior)

Ti(berio)Claudio Caesare Aug(usto)Ⅵ[2]
L(ucio)Calventio Vetere co(n)s(ulibus)
Ⅲ non(as)Octobr(es).
Puteol(is)in foro in porticum(!)Augusti
Sextiana in parastatica libellus
adfixus fuit,in quo scriptum erat
id quod infra scriptum est:
"Homo Felix,homo Carus,homo
Ianuarius,mulier Primigenia,
mulier Primigenia iunior,
puer Ampliatus,quae mancipia
M(arcus)Egnatius Suavis C(aio)Sulpicio

Pag. 3

Cinnamo f(idei)f(iduciae)c(ausa)HS n(ummo)I pro HS XXⅥ mancipio
dedisse dicebatur,
ven⟨i⟩b(unt)pr(idie)idus Octobres primas Putiolis
in foro ante chalcidicum Caesonian(um)
h(ora)Ⅲ.
Fiducia proscribi coepta est ex XⅦ k(alendas)Octo(bres)
Ti(berio)Claudio Caesare AugustoV

---

〔1〕 G. Camodeca, *Tabulae Pompeianae Sulpiciorum* (*TPSulp*). *Edizione Critica dell' Archivio Puteolano dei Sulpicii*, Ⅰ,Roma,Quasar,1999,p. 191.

〔2〕 原文为 V,卡莫德卡教授此处显然出现了笔误,因为 V 表示的是 500,这份档案的结尾处也出现了同样的情形。

L(ucio) Calven[t]i[o] V[etere co(n)]s(ulibus)".

…

译文如下:[1]

提贝流斯·克劳丢斯·恺撒·奥古斯都第五次并与路求斯·卡尔文求斯·维图斯共同担任执政官那一年[2]的10月5日。[3]

拍卖公告被张贴在由绥克斯求斯建造的位于波佐利集议场的奥古斯都柱廊的布告栏内,公告的内容如下:

"奴隶菲利克斯、奴隶卡鲁斯、奴隶亚努阿流斯、女奴波莉米基尼娅、女奴小波莉米基尼娅、少年奴隶阿姆波里亚图斯,他们被主人马尔库斯·埃尼亚求斯·苏阿维斯为了26000塞斯特斯以信托的名义通过微价要式买卖转让给了卡尤斯·苏尔毕求斯·齐纳姆斯,他们将在10月14日[4]的三点钟在集议场的切索尼亚努斯门廊前被卖给杰出的波佐利人。信托物自9月15日[5]被宣告拍卖。提贝流斯·克劳丢斯·恺撒·奥古斯都第五次并与路求斯·卡尔文求斯·维图斯共同担任执政官。"

……

TPSulp. 90:[6]

Tab. Ⅰ, pag. 2 – Tab. Ⅱ, pag. 3 (graphio, scriptura interior)

P(ublio) Petronio Turpiliano

---

[1] 译文根据汉语的表达习惯并未严格按照原文中的行排列,其余三份档案的翻译亦同。

[2] 公元51年。

[3] 原文nonas在儒略历(由恺撒所创,自公元前45年1月1日起实施)中指的是第3、5、7、10个月的第7天,其他各月的第5天,nonas前的Ⅲ表示从10月7日往前数3天,7日包括在内,因此是10月5日。

[4] 原文idus在儒略历中指的是第3、5、7、10个月的第15天,其他各月的第13天,idus前的pridie表示10月15日的前一天,因此是10月14日。

[5] 原文为XVII kalendas Octobres,表示10月之前的第17天,在儒略历经过奥古斯都的改革,9月属于小月,长30天,因此是9月15日。

[6] G. Camodeca, *Tabulae Pompeianae Sulpiciorum (TPSulp). Edizione Critica dell' Archivio Puteolano dei Sulpicii*, Ⅰ, Roma, Quasar, 1999, p. 199.

L(ucio) Iunio Caesennio Paeto co(n)s(ulibus)
XIV k(alendas) Martias. Puteolis in portic-
u Augusti Sextiana in parastatic-
a libellus adfixus fuit, in quod(!) erat
scriptum id quod est infra:
"Mulier Fortunata, quam Marci –
a Aucta C(aio) Sulpicio Oniro fidei fi-
duciae causa HS n(ummo) I mancipas-
se diceretur, venibit Ⅲ[1] no-
nas Martias primas

pag. 3

Puteolis ante chalcidicum
Caesonianum sub praecone
pecunia praesenti.
F[i]ducia, q(ua) d(e) a(gitur), proscribi coepta est
pr(idie) nonas Febru[a]r(ias),
(vac.)
[p(ublio)] Petronio Turpiliano
L(ucio) Iunio Caesennio co(n)s(ulibus)".
…

译文如下：

普布流斯・贝特罗纽斯・图勒彼利亚努斯和路求斯・尤纽斯・切塞纽斯・贝图斯共同担任执政官那一年的2月16日。[2]

拍卖公告被张贴在由绥克斯求斯建造的位于波佐利集议场的奥古斯都柱

---

[1] 该处原文为Ⅲ，卡莫德卡教授显然是出现了笔误，因为Ⅲ表示3000。同样的情形也出现在第91份和第92份档案中，下文不再注明。

[2] 原文为XIV kalendas Martias，字面意思是3月的前14天，经过奥古斯都改革后的儒略历2月平年28天，闰年29天，普伯流斯・贝特罗纽斯・图勒彼利亚努斯和路求斯・尤纽斯・切赛纽斯・贝图斯共同担任执政官那一年是公元61年，是平年，因此为2月16日。

廊的布告栏内,公告的内容如下:

"女奴福勒图娜塔被主人马勒恰·奥克塔以信托的名义通过微价要式买卖转让给了卡尤斯·苏尔毕求斯·欧尼鲁斯,她将在3月5日在拍卖人的主持下以现金的方式在集议场的切索尼亚努斯门廊前被卖给杰出的波佐利人,信托物自2月4日被宣告拍卖。普布流斯·贝特罗纽斯·图勒彼利亚努斯和路求斯·尤纽斯·切塞纽斯·贝图斯共同担任执政官。"

……

TPSulp. 91:[1]

Tab. Ⅰ, pag. 2 – Tab. Ⅱ, pag. 3 (graphio, scriptura interior)

P(ublio) Petronio Turpiliano, L(ucio) Iunio (vac.) co(n)s(ulibus)
Caesennio Paeto Ⅷ k(alendas) Martias.
Puteolis in porticu Augusti Sextiana
in parastatica libellus adfixus
fuit, in quo scriptum erat id quod
est infra:
"Mulier Fortunata, quam Marcia
Aucta C(aio) Sulpicio Oniro fidei fidu-
ciae causa HS n(ummo) I mancipasse
diceretur, venibit Ⅲ n(onas) Mar-
tias primas

pag. 3

Puteolisin foro ante chalcidi-
cum Caesonianum sub prae-
cone pecunia praesenti.
F[i]ducia, q(ua) d(e) a(gitur), proscribi coepta est
ex ante diem Ⅲ nonas Martias, (!)
P(ublio) Petronio Turpiliano L(ucio) co(n)s(ulibus)

---

[1] G. Camodeca, *Tabulae Pompeianae Sulpiciorum (TPSulp). Edizione Critica dell' Archivio Puteolano dei Sulpicii*, Ⅰ, Roma, Quasar, 1999, pp. 200 – 201.

Iunio Caesennio Paeto."

…

译文如下：

普布流斯·贝特罗纽斯·图勒彼利亚努斯和路求斯·尤纽斯·切塞纽斯·贝图斯共同担任执政官那一年的2月22日。

拍卖公告被张贴在由绥克斯求斯建造的位于波佐利集议场的奥古斯都柱廊的布告栏内，公告的内容如下：

"女奴福勒图娜塔被主人马勒恰·奥克塔以信托的名义通过微价要式买卖转让给了卡尤斯·苏尔毕求斯·欧尼鲁斯，她将在3月5日在拍卖人的主持下以现金的方式在集议场的切索尼亚努斯门廊前被卖给杰出的波佐利人，信托物自3月5日被宣告拍卖。普布流斯·贝特罗纽斯·图勒彼利亚努斯和路求斯·尤纽斯·切塞纽斯·贝图斯共同担任执政官。"

……

TPSulp. 92:[1]

Tab. Ⅰ, pag. 2 – Tab. Ⅱ, pag. 3 (graphio, scriptura interior)

P(ublio) Petroni[o Tu]rpiliano
[L(ucio)] Iunio [Caese]nnio co(n)s(ulibus)
P[r(idie)] no[n(as) Febr(uarias). Put(eolis)] in [porticu Aug(usti)] Sex-
[tiana in p]aras[ta]tic[a libel]lus
[adfixus fuit] in quo [scriptu]m erat
[id] quo[d] est in[fra: "Mulier] For-
tunata, qua⟨m⟩ M[ar]ci[a Auc]ta
[C(aio)] Sulpicio On[iro f(idei)] f(iduciae) c(ausa) [HS n(ummo)] I

[1] G. Camodeca, *Tabulae Pompeianae Sulpiciorum (TPSulp). Edizione Critica dell' Archivio Puteolano dei Sulpicii*, Ⅰ, Roma, Quasar, 1999, pp. 202 – 203.

[man]cipass[e] d[ic]ere[tur],
[venibit Ⅲ] non(as) Mar[t(ias) prim(as)]

pag. 3

P[uteo]lis in foro ante chalcidi-
[c]um C[ae]so[ni]anum(!) sub prae-
[cone] p(ecunia) p(raesenti). F[iduci]a, qua de agi-
tu[r], prosc[ripta e]s[t] ex ante di-
em Ⅲ non(as) Martias, (!)
P(ublio) Petronio Turpiliano
L(ucio) Iunio Caesennio(!) co(n)s(ulibus)."

…

译文如下：

普布流斯·贝特罗纽斯·图勒彼利亚努斯和路求斯·尤纽斯·切塞纽斯·贝图斯共同担任执政官那一年的2月4日。

拍卖公告被张贴在由绥克斯求斯建造的位于波佐利集议场的奥古斯都柱廊的布告栏内，公告的内容如下：

"女奴福勒图娜塔被主人马勒恰·奥克塔以信托的名义通过微价要式买卖转让给了卡尤斯·苏尔毕求斯·欧尼鲁斯，她将在3月5日在拍卖人的主持下以现金的方式在集议场的切索尼亚努斯门廊前被卖给杰出的波佐利人，信托物自3月5日被宣告拍卖。普布流斯·贝特罗纽斯·图勒彼利亚努斯和路求斯·尤纽斯·切塞纽斯·贝图斯共同担任执政官。"

……

苏尔毕求斯庞培档案自被发现以来，不断地得到学者的研究和考证，因此，档案的文本在不同研究者手中也会有所不同，原因在于蜡质木板上的内容有时并不是清晰可辨的。对本书而言，学者们争论的焦点在于上述四份档案中出现的日期的意义之理解上，而破解这一问题的关键在于弄清四份档案中都出现的"fiduica proscribi coepta est 或者 fiducia qua de agitur proscribi coepta est"一句的真实含义，其中，"proscribi"一词的含义又是关键中的关键。

Proscribi 的主动态动词不定式形式是 proscribere，有四重含义，分别为：(1)公布、宣布、颁发、发表；(2)公开标价、拍卖；(3)宣布没收；(4)列入黑名单。[1] 与本书有关的是第二个义项，但从法律上讲，其含义仍然是模糊的，因为宣告拍卖与通过拍卖将标的物交付给买受人具有完全不同的意义。意大利学者博维(Lucio Bove)认为 fiduica proscribi 所表达的含义同时包含二者，[2] 法国学者马克龙(Jean Macqueron)并不认同此观点，而是主张 proscribi 的含义只是宣告拍卖，而不包含后者。[3] 西塞罗《论义务》中的两个文本为我们分析 proscribere 的含义提供了宝贵的资料。

Cic. de off., 3, 16, 66. Ut, cum in arce augurium augures acturi essent iussissentque Ti. Claudium Centumalum, qui aedes in Caelio monte habebat, demoliri ea, quorum altitudo officeret auspiciis, Claudius **proscripsit** insulam [vendidit], emit P. Calpurnius Lanarius. Huic ab auguribus illud idem denuntiatum est. Itaque Calpurnius cum demolitus esset cognossetque Claudium aedes postea **proscripsisse**, quam esset ab auguribus demoliri iussus, arbitrum illum adegit quidquid sibi dare facere oporteret ex fide bona.[4]

译文如下：

Cic. de off.,3,16,66. 例如当占卜官准备从城堡上进行占卜，并且要求提图斯·克劳狄乌斯·肯图马卢斯拆除他建在凯利乌斯山冈的房屋，因为房屋的高度妨碍占卜时，克劳狄乌斯便对那房屋进行了拍卖宣告，普布利乌斯·卡尔普尔尼乌斯·拉纳里乌斯买了那座房屋，但克劳狄乌斯没有把占卜官们要求的事情告诉他。就这样，在卡尔普尔尼乌斯拆掉了那座房屋，并且得知克劳

---

[1] 参见谢大任主编：《拉丁语汉语词典》，商务印书馆 1988 年版，第 448 页。

[2] Lucio Bove, "Tabulae Pompeianae 19 – 22", *Labeo*, 1975, p. 17.

[3] Jean Macqueron, "Les Tablettes de Pompéi et la Vente des Sûretés Réelles", *Mélanges Roger Aubenas*, Montpellier, 1974, p. 520. 转引自 Felice Costabile, *L' auctio della Fiducia e del Pignus nelle Tabelle dell' agro Murecine*, Messina, Rubbettino Editore, 1992, p. 53。

[4] Leonardo Ferrero, Nevio Zorzetti (a cura di), *Opere Politiche e Filosofiche di M. Tullio Cicerone*, Volume Primo, Torino, UTET, 1974, p. 794.

狄乌斯是在占卜官们命令他拆掉那座房屋后才宣告拍卖的之后，仲裁人应该依据“按诚信所要求的给、为、供”做出裁断。[1]

在这一文本中，proscribere 与 emere 两词紧密相关，使人很容易认为它们分别表示“卖”和“买”。此外，在拉丁文本中添加了一个词 vendidit 解释 proscripsit，这显然是后世的抄书者对含义不甚明朗的 proscripsit 一词的解释，[2] 这使持“proscribere”一词表示实际交付拍卖标的物的学者的论据显得更充分。然而，这并不能排除存在其他解释的可能性，如果将 proscribere 解释成宣告拍卖而不是实际地交付拍卖物并不影响对这一文本的理解。尽管后世的抄书者将 proscripsit 解释成 vendidit，但这并不意味着西塞罗就是这么理解该词的。西塞罗在同一作品的另外一个地方就表达了相反的意见。

Cic. de off. ,3,13,55. Num te emere coegit, qui ne hortatus quidem est? Ille, quod non placebat, **proscripsit**, tu quod placebat, emisti. Quod si qui **proscribunt** villam bonam beneque aedificatam non existimantur fefellisse, etiam si illa nec bona est nec aedificata ratione, multo minus, qui domum non laudarunt.[3]

译文如下：

Cic. de off. ,3,13,55. 难道他强迫你买了？他甚至都没有劝说你。他只是宣告拍卖他不喜欢的东西，你买你喜欢的东西。既然如果人们宣告拍卖好的和建造好的房屋不被认为是欺骗，甚至尽管那房屋并不好，也没有很好地建

[1] [古罗马]西塞罗：《西塞罗文集》（政治学卷），王焕生译，中央编译出版社 2010 年版，第 454 页，译文根据拉丁原文进行了改动。

[2] Mario Talamanca, “Contributi allo Studio delle Vendite all' asta nel Mondo Classico”, *Atti della Accademia Nazionale dei Lincei: Classe di Scienze Morali, Storiche e Filologiche*, Roma, 1954, p. 133.

[3] Leonardo Ferrero, Nevio Zorzetti (a cura di), *Opere Politiche e Filosofiche di M. Tullio Cicerone*, Volume Primo, Torino, UTET, 1974, pp. 786 – 788.

造，那就更没有理由认为那些对自己的房屋没有称赞的人是欺骗了。[1]

显然，西塞罗在这一文本中使用"proscribere"一词并不是指实际交付拍卖物的出卖行为，而只是宣告拍卖自己的物品。文本第55段末尾的一句话更强化了这一认识："有什么比如果拍卖人根据主人的命令宣告'现在我出卖一座有害的房屋'更荒谬的呢？"此外，西塞罗在为切奇纳的辩护词(pro caecina)中给我们留下了更直接的证据，其中西塞罗谈到拍卖中交付标的物时使用了这样的表达：fundus **addicitur** Aebutio(pro caec.,6,15)，[2]也就是说，使用了addicere而不是proscribere表示土地的物理移转。

此外，"fiduica proscribi coepta est或者fiducia qua de agitur proscribi coepta est"一句本身也可以证明这一点。coepta的主动态动词不定式为coepere，意思是开始、着手，[3]这意味着这一句话表达的是拍卖的开始而不是结束，而交付拍卖标的物意味着拍卖的完结，因此，这句话的真实含义应为"信托物自……被宣告拍卖"。

我们回过头来分析上述四份档案，第85号档案告诉我们6位奴隶被宣告拍卖的时间是51年的9月15日，实施拍卖时间是10月14日，也就是说拍卖需要提前公告30天，以使更多的潜在买者能够了解拍卖物，以便能以较高的价格出卖。30天的公告期也得到了盖尤斯的佐证，Gai.3,79：如果是拍卖活人的财产，裁判官命令对该财产连续占有30天，并且发布拍卖告示。关于档案中出现的10月5日，学者们对这一时间的意义有不同的解读。有学者认为，这一时间是讨债钱庄制作蜡质木板的时间，一般拍卖公告张贴后需要过几天才被制作成蜡质木板存档，具体的张贴时间不详，[4]但晚近的学者认为，这一

[1] [古罗马]西塞罗：《西塞罗文集》(政治学卷)，王焕生译，中央编译出版社2010年版，第450页，译文有改动。

[2] 在这里，西塞罗认为要式物在拍卖中可以通过不相关的中间人转让所有权，关于这一问题的讨论参见A. Corbino,"La 〈pro Caecina〉 di Cicerone e l' aquisto della Proprieta Mediante Intermediario Estraneo", *Studi in Onore di A. Biscardi*, Ⅲ, Milano, Cisalpino, 1982, p. 277ss。

[3] 参见谢大任主编：《拉丁语汉语词典》，商务印书馆1988年版，第104页。

[4] Felice Costabile, *L' auctio della Fiducia e del Pignus nelle Tabelle dell' agro Murecine*, Messina, Rubbettino Editore, 1992, pp. 69 – 70.

时间就是张贴拍卖公告的时间。[1] 本书采纳后一观点，不仅是因为后者是在批判前者的基础上形成的，更具真实性，还因为抱持这种理解可以更好地解释另外三份档案中相同性质的日期的意义。第 85 号档案所涉及的 6 位奴隶的拍卖在苏尔毕求斯庞培档案中并没有将全部过程告诉我们，这一点我们可以从另外三份档案的分析中获得满足。

第 90 号、第 91 号、第 92 号档案涉及的是对女奴福勒图娜塔的拍卖。先看第 90 号档案，女奴被宣告拍卖的时间是 61 年 2 月 4 日，实施拍卖时间是 3 月 5 日，公告期为 30 天，拍卖公告张贴的时间为 2 月 16 日。接下来看第 91 号档案，女奴被宣告拍卖时间是 3 月 5 日，实施拍卖时间也是 3 月 5 日，拍卖公告张贴的时间是 2 月 22 日。在这份档案中的 3 个日期出现了严重的冲突，不但拍卖公告期被压缩至零，甚至拍卖公告张贴的时间在宣告拍卖的时间之前，对这 3 个日期意义的解释在学者之间引起了讨论，实际上博维正是基于该档案的真实性预设而提出了被其他学者所诟病的理论的，但目前以卡莫德卡为代表的学者认为档案中宣告拍卖的时间是错误的，应该是 2 月 4 日。[2] 这就解决了该档案与其他档案以及盖尤斯《法学阶梯》之间的冲突。最后看第 92 号档案，女奴被宣告拍卖的时间同样也是错误的，应该是 2 月 4 日，实施拍卖的时间是 3 月 5 日，拍卖公告的张贴时间是 2 月 4 日。

以上日期可以用一个表 1 清楚地表示：

**表 1　档案所涉日期一览**

| 事项 \ 日期 \ 档案 | 第 85 号 | 第 90 号 | 第 91 号 | 第 92 号 |
| --- | --- | --- | --- | --- |
| 宣告拍卖 | 51 年 9 月 15 日 | 61 年 2 月 4 日 | 61 年 2 月 4 日 | 61 年 2 月 4 日 |
| 张贴 | 51 年 10 月 5 日 | 61 年 2 月 16 日 | 61 年 2 月 22 日 | 61 年 2 月 4 日 |
| 实施拍卖 | 51 年 10 月 14 日 | 61 年 3 月 5 日 | 61 年 3 月 5 日 | 61 年 3 月 5 日 |

因此，第 90 号、第 91 号、第 92 号档案的按时间顺序排列应为第 92 号、第

---

〔1〕 G. Camodeca, *Tabulae Pompeianae Sulpiciorum* ( *TPSulp* ). *Edizione Critica dell' Archivio Puteolano dei Sulpicii*, Ⅰ, Roma, Quasar, 1999, p. 192. Federica Bertoldi, Ⅱ *Negozio Fiduciario nel Dritto Romano Classico*, Modena, Mucchi Editore, 2012, p. 85.

〔2〕 G. Camodeca, *Tabulae Pompeianae Sulpiciorum* ( *TPSulp* ). *Edizione Critica dell' Archivio Puteolano dei Sulpicii*, Ⅰ, Roma, Quasar, 1999, p. 202.

90号、第91号。从苏尔毕求斯庞培档案中可以发现,一次拍卖过程要在集议场的相同位置张贴3次内容相同的拍卖公告,第一次张贴与第二次张贴的时间间隔是11天,第二次张贴和第三次张贴的间隔是5天。问题是为什么第三次张贴与实施拍卖之间要间隔11天,按照正常的逻辑此次间隔天数应该短于5天或者与其持平,是否其间还须张贴拍卖公告我们无从知晓。经过此过程,信托物就可以合法地在集议场的固定位置在拍卖人的主持下被出卖。

如果债务人在拍卖公告期内死亡,且不存在继承人、遗产占有或者任何其他的合法接班人,按照罗马法的规定,在这种情形下要拍卖死者的所有财产,这种拍卖属于官方拍卖,而不是私人拍卖,问题是在这种情形下同时出现了与死者有关的官方拍卖和私人拍卖,该如何处理?苏尔毕求斯庞培档案中的第86号和第87号档案为我们展示了处理规则,这两份档案与第85号档案是相关的,遗憾的是这两份档案都严重残缺。

TPSulp. 86:[1]

Tab. Ⅰ, pag. 2(graphio, scriptura interior)

Ti(berio) Cl[a]ud[io] Caesare Aug(usto) V
L(ucio) Ca[l]ventio Vetere co(n)s(ulibus)
X k(alendas) Novembr(es).
Puteolis in foro in porticum(!)
Aug(usti) Sextiana in parastatica
libellus adfixus fuit, in
quo scriptum erat id quod
est infr[a]:
"Sponsores et creditores M(arci) Egnati
Suavis ex colonia Puteolis,
cuius heres non extat,

…

[1] G. Camodeca, *Tabulae Pompeianae Sulpiciorum (TPSulp). Edizione Critica dell' Archivio Puteolano dei Sulpicii*, Ⅰ, Roma, Quasar, 1999, p. 193.

译文如下：

提贝流斯·克劳丢斯·恺撒·奥古斯都第五次并与路求斯·卡尔文求斯·维图斯共同担任执政官那一年的10月23日。

拍卖公告被张贴在由绥克斯求斯建造的位于波佐利集议场的奥古斯都柱廊的布告栏内，公告的内容如下：

波佐利殖民地的马尔库斯·埃尼亚求斯·苏阿维斯的保证人和债权人，他死后不存在继承人……

这份档案的其他部分是残缺的，并不能从中读出有效信息，但即便如此，该档案也能为本书的研究提供有益的帮助。可以确定的是这份档案保存的是裁判官发布的拍卖死者马尔库斯·埃尼亚求斯·苏阿维斯遗产的公告，证据有如下两点：第一，西塞罗在《为昆克修斯辩护》中，他主张昆克修斯的财产不可能按照裁判官的命令被占有，也就是被拍卖，原因之一是"没有继承人的人"(cui heres non exstabit)这一前提对他不适用，[1]这与档案中出现的"cuius heres non extat"是基本一致的；第二，同样是在《为昆克修斯辩护》中，西塞罗为反驳对方没有按照命令占有昆克修斯的财产，使用归谬反证法，"如果你按照命令占有了昆克修斯的财产，那么我要问：为什么这些财产没有出售？为什么没有见到其他保证人和债权人(sponsores et creditores)？昆克修斯没有欠其他人钱吗？有，债权人有好几位，因为他的兄弟盖尤斯留下了一大笔债"。[2]西塞罗的论述中出现了与档案中相同的表达。因此，笔者认为这份档案保存的应该是51年10月23日张贴的裁判官为债权人的利益拍卖死者遗产的公告，盖尤斯告诉我们此类拍卖的公示期为15天(Gai. 3,79)。

---

〔1〕 Cic. pro quinct. ,19,60.

〔2〕 [古罗马]西塞罗：《西塞罗全集·演说词卷》(上)，王晓朝译，人民出版社2008年版，第28～29页。

第87号档案[1]的残缺程度让人扼腕，可以解读的信息是51年10月30日债权人卡尤斯·苏尔毕求斯·齐纳姆斯的代理人卡尤斯·苏尔毕求斯·埃乌提库斯在波佐利集议场中用于拍卖的地方见到了6位将被拍卖的奴隶，但

---

〔1〕 TPSulp. 87：

a) Tab. Ⅰ，pag. 2 (graphio, scriptura interior)

Ti(berio) Claudio Caesare Aug(usto) V
L(ucio) Calventio Vetere co(n)s(ulibus)
Ⅲ non(as) Novembr(es).
Puteolis in foroante chalcidicum
Caesonianum C(aius) Sulpicius Eutychus,
"qui se proc(uratorem) esse dicebat C(aii) Sulpici Cinnami"
testa[t]us est mancipia hominem
[Felicem] et ho[m]ine[m Carum et]
[hominem Ia]nuarium et mulierem
Pr[imigenia]m et mulierem
Primigeniam iuniorem et
puerum [Ampli]at[u]m, quae
mancipia M(arcus) Egnatius Suavis C(aio)
Sulpicio Cinnamo fidei

b) Tab. Ⅱ, Pag. 3

fiduciae causa[HS n(ummo) I pro HS X] ⅩⅥ
obligasse [dicitur], mancipia[ - - - ]
[ - - - ]praeconi subiecisse
Hominem Felicem so + + + + + + nis
et [ - - - ] mulierem
Primigen[iam et puerum] Ampliat[um]
[ - - - ]mulierem
Primigen[ia]m [iuniorem - - - ]
mulierem[ - - - ] homin[em]
Carum[ - - - ]
qu[ - - - ]
eundem [ - - - ]as
in nundinas proximas distul[isse?]
vendition[em].
Act[um].

Cfr. G. Camodeca, *Tabulae Pompeianae Sulpiciorum (TPSulp). Edizione Critica dell' Archivio Puteolano dei Sulpicii*, Ⅰ, Roma, Quasar, 1999, pp. 194 – 195.

档案的最后一句话是清楚的,也就是拍卖推迟到下一个集市日进行。正常情况下,拍卖应该在 10 月 14 日进行,但由于债务人死亡,且无继承人,按照法律规定应该为了所有债权人的利益拍卖遗产,信托物的拍卖不得不往后推迟,待遗产拍卖完毕再实施。

# 第三章 与朋友信托

## 第一节 与朋友信托概述

与信托担保相比,与与朋友信托有关的原始文献更是稀少,除了在第一章第二节中分析过的波埃修斯的《西塞罗〈地方论〉评注》外,只有盖尤斯在其《法学阶梯》中涉及过它,甚至可以断言,与朋友信托这一概念就是盖尤斯创造的。而盖尤斯为我们留下的也仅有一句话,“信托关系……或者是与能够比较安全地保管我们物品的朋友建立的”,波埃修斯的论述是对这句话的解释和扩充。盖尤斯简洁的定义为后世学者探讨与朋友信托奠定了基础,同时也埋下了争议的种子。

### 一、与朋友信托与信托担保的关系

1889年利益法学派的代表人物菲利普·黑克(Philipp Heck)发表了*De fiducia cum Amico Contracta*《论与朋友信托合同》一文,他主张与朋友信托是信托担保的一种形式,也就是说,前者也服务于债务担保的目的。黑克认为,盖尤斯在其《法学阶梯》中表达的真实意思为:在信托担保中,对债务人来讲,由于债权人享有信托物的所有权,债务人很可能收不回信托物,相反在与朋友信托中,信托物在朋友手中的安全的,因此,在信托担保中债务人并不把信托物的所有权移转于债权人,而是移转于一位“朋友”,他对信托物享有所有权的目的在于担保债务的清偿，从而剥夺债权人处分信托物的可能性。[1] 根据黑克的观点，与朋友信托实际上是信托担保的配套制度，不具有独立性，也就是说，罗马法中的信托只有信托担保一种类型。

黑克的立论依据在于对保罗和马尔切勒两个矛盾片段的解读，这两个片段在前文[2]已经提及，分别是 Paul. Sent. ,2,13,3 和 D. 13,7,34。前者否认信托担保中的债务人可以向债权人出卖信托物，后者在《学说汇纂》中讨论的是质押关系中债务人可以向债权人出卖质押物，但勒内尔主张该片段经过了添加，马尔切勒实际上讨论的信托担保，也就是说，在信托担保中债务人可以向债权人出卖信托物。黑克接受了勒内尔的观点，为调和片段之间的冲突，他认为，在 D. 13,7,34 中出卖人并非债务人，而是债务人的一位"朋友"，也就是说，债务人与其"朋友"建立与朋友信托关系，项下的信托物担保债权人债权的实现，在债务人不能清偿债务的情形下，他的"朋友"可以出卖信托物于债权人，并以价金清偿被担保的债务，如此就避免了作为所有权人的债权人购买自己物的矛盾。然而黑克的观点是危险的，且不论勒内尔的还原是否正确，他建构的信托担保模式与贝提卡铜板、庞培要式买卖等碑铭文献相冲突。因此，黑克发表其论文后遭到了欧尔特曼等学者的严厉批评，他的观点昙花一现后，便无人理睬。

可见，与朋友信托和信托担保是两种独立的信托类型，根据盖尤斯的用法，两者涵盖了所有的信托应用领域。

## 二、与朋友信托的外延

虽然盖尤斯在 Gai. 2,60 将所有的信托分为信托担保和与朋友信托，并且与朋友信托的功能在于"安全地保管我们的物品"，但自 18 世纪以来研究罗马法中信托的学者普遍认为还存在其他功能的信托。[3] 这样，就产生了一个问题，这些其他功能的信托如何纳入盖尤斯的体系？显然信托担保只有担保的功能，因此，解决问题的着力点就放在了对与朋友信托的解释上。

---

〔1〕 Federica Bertoldi, "La Fiducia cum Amico", in Leo Peppe (a cura di), *Fides, Fiducia, Fidelitas: Studi di Storia del Dritto e di Semantica Storica*, Padova, CEDAM, 2008, pp. 57 – 58.

〔2〕 参见第二章第三节。

〔3〕 Federica Bertoldi, "Alcune Osservazioni sulla Fiducia nella Letteratura Romanistica", in Maurizio Lupoi (a cura di), *Le Situazioni Affidanti*, Torino, G. Giappichelli Editore, 2006, p. 111ss.

不可否认的是，盖尤斯在《法学阶梯》中并没有专门讨论信托，而是在讨论时效收回时将信托作为证据使用，在这种情形下，是否对各种功能的信托进行穷尽性列举并不影响论证的效果。因此，后世学者普遍认为，盖尤斯打造与朋友信托概念的目的在于将所有非信托担保的信托形式都囊括进去，并不是一个技术性的概念，以“安全地保管我们的物品”为目的的信托只是与朋友信托的一种形式。[1] 凡是通过要式买卖或拟诉弃权的方式将标的物的所有权移转与他人，同时当事人达成协议，约定一定的条件成就时后者应当返还标的物的情形都可以被称为信托，信托关系的建立以信义为基础，并且受到法律以信托之诉或信托反诉提供的保护。与朋友信托的具体类型将在本章的第二节详细分析。

## 三、与朋友信托的限制

虽然与朋友信托能为信托人带来较大的便利，特别是以“安全地保管我们的物品”的与朋友信托。某人可以各种动机建立这种信托关系，譬如，某人暂时离开财产所在地去国外旅行，避免财产因政治原因被没收，甚至也可能基于非法原因将财产移转给“朋友”。

但如果信托人设立的信托的关系有害于债权人的利益，要受到恢复原状(restitutio in integrum)和诈欺给付令状(interdictum fraudatorium)的限制，它们是裁判官授予的在债务人破产的情形下保护债权人的手段。

恢复原状由破产财团保佐人(curator bonorum)在财产被债务人占取后拍卖之前实施，确保破产财产的完整，便于以较高的价格拍卖。诈欺给付令状由破产财产拍卖后债权依然未获满足的债权人向裁判官申请，要求受托人返还信托物。无论采用哪种手段撤销与朋友信托，都必须以受托人明知信托人的诈欺意图为前提。

---

〔1〕 Federica Bertoldi, *Il Negozio Fiduciario nel Dritto Romano Classico*, Modena, Mucchi Editore, 2012, p. 113.

## 第二节　与朋友信托的类型

### 一、与朋友信托与“寄托和使用借贷”

寄托(depositum)在罗马法中是要物契约的一种，表现为受寄托人保管寄托人交付的动产，且根据寄托人的要求随时返还标的物的契约，此种契约可能自公元前2世纪始才由裁判官根据事实之诉进行保护，公元前1世纪末演变为市民法上的诉讼。使用借贷(commodatum)在罗马法中也是要物契约的一种，表现为出借人将某物无偿借给借用人使用，后者负有返还该物品的义务，使用借贷直到公元前2世纪末才由裁判官根据事实之诉进行保护，公元前1世纪至公元1世纪逐渐演变为市民法上的诉讼形式。有学者认为与朋友信托可以实现寄托和使用借贷的功能，也就是说，在它们不被法律承认之前，当事人通过与朋友信托达到同样的目的。[1] 此结论的得出主要是学者研究添加的结果。

勒内尔及以后的学者普遍认为，《学说汇纂》的编纂者在一些片段中用depositus vel commodatus(寄托和使用借贷)替换了原始文本中的fiducia。譬如：

D.45,3,6.彭波尼：《萨宾评注》第48卷：奥菲流斯正确地指出通过[交付]〈要式买卖〉或[寄托和使用借贷]〈以信托名义的要式买卖〉的所得归发出指示的主人所有，卡修斯和萨宾也是这么认为的。

文本中的奥菲流斯是公元前1世纪的法学家，然而，这一文本必须结合前一片段才能理解，D.45,3,5认为共有奴隶的所得归全体共有人所有，如果根据某位共有人的指示获得的物，归发出指示的主人所有。因此，D.45,3,6应

---

[1] Federico Del Giudice, *Dizionario Giuridico Romano*, V Edizione, Edizioni Simone, 2010, p.207. 参见[意]彼德罗·彭梵得：《罗马法教科书》，黄风译，中国政法大学出版社2005年版，第277页。

该也是谈论同样的问题,但奴隶根据寄托和使用借贷并不能为主人取得任何东西,原因是两者都不需要移转所有权。为此,勒内尔认为这一片段应该经过了添加,〔1〕原始的文本讨论的应该是信托,考虑到盖尤斯对信托的两分法,这里只能是与朋友信托。

被作同样添加的片段还有 D. 13,6,18,1(盖尤斯《行省告示评注》第 9 卷)、〔2〕D. 15,1,27pr.(盖尤斯《行省告示评注》第 9 卷)、〔3〕D. 27,3,5(乌尔比安《萨宾评注》第 43 卷)〔4〕等。

后世学者对《学说汇纂》中存在的这种类型的添加并不持有异议。然而,与朋友信托是否具有寄托和使用借贷的功能,在学者之间争议颇多。就寄托的功能而言,学者尼迈耶、卡罗瓦以及欧尔特曼持否定态度,他们认为,寄托并不是从与朋友信托中发展而来,它们是两个完全平行的制度。〔5〕不过笔者认为,尽管两者不存在源流关系,但不能否认与朋友信托具有与寄托类似的功能,普劳图斯的喜剧《一坛金子》以及盖尤斯对与朋友信托的说明和波埃修斯的进一步阐释已经清楚地说明了这一点,事实上,这也是大多数学者的意见。

就使用借贷的功能而言,尽管学者对盖尤斯与朋友信托定义的非技术性基本没有争议,但是否意味着与朋友信托可以实现使用借贷的目的?从经济利益平衡的角度很难作出肯定性回答。在以寄托为目的的与朋友信托中,受托人纯粹是为了信托人的利益管理信托物并确保它的安全,因此,将信托物所

〔1〕 Otto Lenel, *Palingenesia Iuris Civilis*, Volumen Alterum, Lipsiae, Ex Officina Bernhardi Tauchnitz,1889,p. 136.

〔2〕 D. 13,6,18,1:若[质押、使用借贷或寄托]〈信托〉物在接受人手中遭到损毁,不仅可以提起正在讨论的诉讼还可以提起阿奎流斯法上的诉讼。但是提起一种诉讼意味着其他诉讼的消灭。

〔3〕 D. 15,1,27pr.:特有产之诉适用于女奴和家女,尤其是如果她们从事一些普通交易的时候,譬如缝补,尤里安认为[寄托或使用借贷]〈信托〉之诉也适用于她们。如果主人或家父知道她们用特有产中的商品从事交易,可以针对主人或家父提起分配之诉,更不用说如果主人或家父授权她们从事交易或者从中获利的情形了。

〔4〕 D. 27,3,5:如果监护人不返还被监护人的父亲[寄托或使用借贷]〈信托〉给他的物品,他不仅要对[寄托或使用借贷]〈信托〉之诉负责,还要对监护之诉负责。如果他负有返还义务地接受钱款,大多数人认为可以通过[寄托或使用借贷]〈信托〉之诉或者请求返还之诉请求返还,这是正确的,因为他不正当地接受了钱款。

〔5〕 G. Rotondi, "Contributi alla Storia del Contratto di deposito nel Diritto Romano", in *Scritti Giuridici*, *II*, *Studi sul Diritto Romano delle Obbligazioni*, Milano, 1922, p. 22.

有权移转给受托人具有实际的合理性。但使用借贷完全是为了借贷人的利益而缔结的，出借人并不能从其中获得任何收益，在这种情形下，出借人将借贷物的所有权移转给借贷人就显得不合逻辑。[1] 如果以与朋友信托的方式达到使用借贷的目的，会徒增出借人丧失借贷物的风险，对他极其不利。因此，笔者认为仅仅依据《学说汇纂》编纂者将古典时期文本中的 fiducia 添加成 depositus vel commodatus 并不足以证成与朋友信托具有使用借贷的功能。

那么，接下来就要对《学说汇纂》编纂者作出这种添加的原因进行解释。编纂者添加的原因不仅在于尊重历史的现实，更重要的是服务于立法目的，也就是使古典时期的文本符合他们生活时代有效的法律。[2] 由于与朋友信托和寄托具有相似甚至相同的功能，且在法律结构上也具有相似性，寄托属于要物契约，寄托人需要将标的物交付受托人，受托人根据他们的协议保管并且随时根据寄托人的要求返还标的物，所以两者享有相同的法律规则并不令人感到意外。也就是说，编纂者将 fiducia 添加成 depositus 具有现实基础。同时，不应该忽视在优士丁尼法中虽然寄托和使用借贷的利益分配状态不同，但它们都属于要物契约的范畴，在法律结构上具有共同的特征。如果编纂者想利用与朋友信托的规则打造要物契约的规则，将 fiducia 添加成 depositus vel commodatus 在逻辑上就是合理的。

然而，编纂者在达到上述目的的同时，也留下了一些瑕疵。譬如：

D. 16,3,1,47. 乌尔比安：《告示评注》第 30 卷：因为在这个诉讼中只对故意负责，问题是：如果[受寄托人或使用借贷人]〈受信托人〉的继承人在没有注意到寄托或使用借贷的事实的情形下出卖了标的物，被继承人是否负责？因为他没有故意，所以将不对标的物负责。如果他后来得到了价金是否应当负责？较好的意见是他应当负责，因为他因没有返还他得到的东西而构成故意。

该文本开头所指涉的诉讼是寄托之诉，在寄托关系中，受寄托人不能从中

[1] Carlo Longo, *Corso di Diritto Romano, la Fiducia*, Milano, Giuffrè Editore, 1933, p. 151.

[2] Pierluigi Zannini, *Spunti Critici per una Storia del Commodatum*, Milano, Giuffrè Editore, 1983, p. 36.

获得任何收益，所以他只对故意行为负责，过失行为造成的寄托物损毁灭失并不承担责任。而在使用借贷关系中，使用借贷人不仅要对故意负责，即使轻微过失也要负责，因为他同样承担着看管标的物的义务。然而，文本将使用借贷人的责任限于故意，这显然是不符合罗马法一般原则的，所以学者认为，该文本经过了添加，原来讨论的应该是与朋友信托。[1] 需要注意的是，将与朋友信托添加成寄托使这一规则也同样适用于寄托，而使用借贷的出现是因为编纂者基于它在优士丁尼时代与寄托之间的共同特征而增加进去的，然而这一文本所涉及的规则正好体现了两者的差异。这是编纂者的疏忽造成的，从而也为后世学者发现添加提供了线索。最后，该文本告诉我们，与朋友信托的受信托人只对故意负责并不与第一章第三节得出的受信托人在信托之诉中，既对故意负责也对过失负责的结论并不矛盾，第一章第三节主要以信托担保为分析对象，而它与朋友信托在利益分配状态上并不相同，因此，在责任承担上也有区别。

## 二、与朋友信托与赠与

### （一）D.39,6,42pr.

塞娅以赠与的名义通过一系列［交付］〈要式买卖和拟诉弃权〉将其全部财产转让给她的血亲提求斯，同时为她保留用益权，并且约定，如果提求斯先于她死亡，财产无论如何将重归她所有；如果她死亡后提求斯的子女还活着，财产将归他们。因此，如果提求斯的继承人提起请求返还之诉要求返还某一财产，故意抗辩将有效地对抗他们。然而，如果诚信诉讼被提起，问题是塞娅是否需要作出当她死亡后财产将归提求斯子女所有的允诺。强制执行一个与提求斯的子女有关的尚未生效的赠与是有问题的。……

这一文本出自帕比尼安《解答集》第13卷，涉及两个赠与关系，分别是塞娅与提求斯之间的赠与关系和塞娅与提求斯的子女之间可能的赠与关系，后一个赠与关系与本书无关。

---

〔1〕 Ernestus Levy, Ernestus Rabel, *Index Interpolationum*, Tomus Ⅰ, Weimar, Hermann Bohlaus Nachfolger, 1929, p. 272.

第一,根据《梵蒂冈残篇》第47a段,在古典时期扣除用益权的所有权转让只能通过要式买卖或拟诉弃权的方式实施,而不能通过交付进行。因此,文本中的“交付”应该是《学说汇纂》的编纂者添加的结果,考虑到塞娅实施的是将其全部财产的概括赠与,可能既包括要式物又包括略式物,文本在帕比尼安手中应该是“要式买卖和拟诉弃权”。

第二,文本所涉及的第一个赠与关系的案情如下:赠与人塞娅将其全部财产通过要式买卖和拟诉弃权的方式以赠与的名义转让给她的血亲提求斯,同时为自己保留用益权,并约定,如果提求斯先于她死亡,被赠与财产的空虚所有权将返还给她。提求斯后来确实先于她死亡,她又重新成为被赠与财产的所有人。如果提求斯的继承人提起请求返还之诉要求返还被赠与财产,她可以诈欺抗辩对抗他们,如果提求斯的继承人拒不返还被赠与财产的空虚所有权,她可以提起诚信诉讼要求履行返还义务。

第三,通过对案情的分析,我们可以发现,第一个赠与关系的基本结构,通过要式行为移转标的物的所有权,同时附加一个返还协议,这难道不是信托的典型结构吗?与信托担保一样,所谓的返还义务并不是一定会发生的,而是取决于特定条件的成就,在本案中取决于提求斯先于塞娅死亡。其实,在文本中帕比尼安已经作了有益的暗示,塞娅要求返还赠与财产的空虚所有权而提起的诚信诉讼,不正是信托反诉吗?因为在古典时期,如果赠与关系消灭,赠与人只能提起请求给付之诉要求返还赠与财产。[1] 而请求返还之诉并不属于诚信诉讼的范畴,而是属于严法诉讼。

第四,该文本中以与朋友信托的形式实施的赠与与死因赠与(donatio mortis causa)不同。死因赠与在罗马法中有两种表现形式:第一种形式是处于死亡危险中(如疾病、航海冒险、出征等)的赠与人将一件或多件物品的所有权移转与受赠人,同时约定如果赠与人渡过难关或者受赠人先死,要将赠与物返还赠与人;第二种形式是通过附停止条件的所有权移转而设立,如果赠与人没有渡过难关或者先于受赠人死亡,赠与物的所有权移转于受赠人。[2] 需要注意的是,文本中第二个赠与关系是死因赠与,以塞娅先于提求斯的继承人死亡

---

〔1〕 参见[意]彼德罗·彭梵得:《罗马法教科书》,黄风译,中国政法大学出版社2005年版,第319页。

〔2〕 Mario Talamanca, *Istituzioni di Diritto Romano*, Milano, Giuffrè Editore, 1990, p. 778.

为停止条件。不管何种形式的死因赠与都以赠与人担心大限将至为前提,而文本中以与朋友信托的方式实施的赠与并不以此为前提。不过,以与朋友信托的方式实施的赠与与第一种形式的死因赠与确实具有共同的特征,所以考察与朋友信托与死因赠与的关系是必要的。通过解读原始文献,[1]可以发现早期的死因赠与很可能是与朋友信托的一种形式,但随着时间的推移,死因赠与逐渐具有了独立性,在古典时期,两者已经是完全独立的制度。[2]文本中以与朋友信托的方式实施的赠与虽然因受赠人的死亡作为解除条件而与死因赠与搅和在一起,但解除条件与受赠人死亡之间的关系并不必然如此,然而由于资料的匮乏,并不能对两者之间的区别给予详细具体的说明。

(二)D. 24,1,49

苏尔毕求斯问马尔切勒,如果一位妇女为了在其家父死亡后给——处于家父权下的他们共同的——儿子一块土地,通过[交付]〈要式买卖〉转让给儿子的父亲,并且约定他死后返还给儿子。您认为这种形式的赠与应被认定为无效吗?如果有效,是否允许妇女在后悔时要求返还土地?回答是:如果仅仅具有赠与的外观和名头(如果可以这么说),也就是说妇女同时希望丈夫能从中受益,[交付]〈要式买卖〉是无效的;但如果她仅仅利用丈夫管理土地,并且这样做的目的在于她可以撤销赠与或土地及其全部收益能移转给儿子,为什么不能有效呢?正如交易是通过一位家外人缔结的一样[也就是说,她在同样的情形下将土地交付给一位家外人]。

该文本出自马尔切勒《学说汇纂》第7卷,马尔切勒是古典时期的法学家,曾是庇乌斯和马可·奥勒留皇帝君主顾问委员会成员。该文本中赠与的标的物是土地,属于要式物,因此,在古典时期不可能通过交付实现所有权的移转,而应该通过要式买卖。[3] 此外,该文本的最后一句属于解释性重复,且没有

---

[1] 关键的原始文献有 D. 39,6,3 和 Boet. In Top. ,10,41 – 45。

[2] Federica Bertoldi,"La Fiducia cum Amico",in Leo Peppe(a cura di),*Fides,Fiducia,Fidelitas:Studi di Storia del Dritto e di Semantica Storica*,Padova,CEDAM,2008,pp. 72 – 73.

[3] Otto Lenel,*Palingenesia Iuris Civilis*,Volumen Prius,Lipsiae,Ex Officina Bernhardi Tauchnitz,1889,pp. 603 – 604.

必要。最重要的是,大多数的学者认为该文本谈论的是一种信托。[1] 也就是说与朋友信托在赠与关系中的另外一种应用方式。

该文本涉及的案件为:一位妇女想赠予儿子一块土地,通过要式买卖的方式将土地转让给儿子的家父(也就是她的丈夫),同时约定,她丈夫死后应将土地返还给他们的儿子。关于该赠与形式的效力,马尔切勒认为,如果她丈夫在生存期间可以获得土地的收益,该赠与形式将无效。因为赠与发生时她儿子尚处于她丈夫的家父权下,如果直接实施赠与,意味着土地将归她丈夫所有,实际的被赠与人是其丈夫,而不是儿子,这将因违反禁止夫妻间赠与的《琴求斯法》(Lex Cincia)而无效。但如果排除她丈夫从土地的获益能力,他只能管理土地,并将土地的全部收益以及土地在他死后返还给儿子,那么这种赠与形式是有效的。事实上,在后种情形丈夫只是其妻子实现意志的工具。

通过与朋友信托的方式,该妇女实现了赠与其处于家父权下的儿子土地的目的,并且成功规避了禁止夫妻之间赠与的法律。在这种信托中,受信托人的"返还义务"指向的不是信托人而是第三人,除非在信托人反悔的情形。受信托人不能从信托中获益,仅仅是为了实际受益人的利益而管理信托物。因此,该信托与罗马法中的其他信托相比,具有独特性,但与现代法中的管理信托在结构上具有契合性。

## 三、与朋友信托与解放奴隶

### (一)D. 17,1,27,1

如果我通过[交付]〈要式买卖〉给你一个奴隶,为的是你在我死后解放他,这就创设了[债]〈信托之债〉。然而,还可以产生有利于我的诉因,譬如我后悔所做之事,想要收回该奴隶。[2]

拉丁原文如下:

---

〔1〕 Federica Bertoldi,"La Fiducia cum Amico",in Leo Peppe(a cura di),*Fides,Fiducia,Fidelitas:Studi di Storia del Dritto e di Semantica Storica*,Padova,CEDAM,2008,p. 74.

〔2〕 该文本的翻译参考了李飞的译文。参见[古罗马]优士丁尼:《学说汇纂(第17卷)·委任与合伙》,李飞译,中国政法大学出版社2014年版,第55页。

Si servum **ea lege** tibi [ tradidero ] 〈 mancipio dedero 〉, ut eum post mortem meam manumitteres, constitit [ obligatio ] 〈 fiduciae obligatio 〉: potest autem et in mea quoque persona agendi causa intervenire, veluti si paenitentia acta servum reciperare velim.

这一文本出自盖尤斯《行省告示评注》第 9 卷,被收录在《学说汇纂》第 17 卷第 1 题"委任之诉及委任反诉"中,然而该文本放在委任的背景下理解是有问题的。首先,根据罗马法中解放奴隶的规则,只有主人享有解放奴隶的权利,因为解放者必须享有被解放奴隶的所有权,而文本中所使用的"交付"方式在古典时期并不能实现作为要式物奴隶的所有权移转,因此,交付(traditio)应该是《学说汇纂》编纂者添加的结果,原始的文本中应该是基于要式买卖移转(mancipio dedero);其次,该文本中的 ea lege 在古典法的语境中指的是附加于要式买卖的简约,而不是像委任一样的有名契约。[1] 此外,隆戈还认为古典时期的委任因委任人死亡而解除,所以文本中受任人需要在委任人死亡后实施解放是不可能的,为此他还举了 Gai. 3,158 作为例证,不过 Gai. 3,158 谈论的是委任他人在他人死后做某事的委任是无效的,而 D. 17,1,27,1 涉及的是委任他人在委任人死后做某事,两者是不同的。事实上,在罗马法中,委任原则上因委任人的死亡而撤销,但也存在例外,譬如,盖尤斯在《行省告示评注》第 10 卷中就认为,如果我委任你在我死后为我的继承人购买一块土地,我的继承人可以对你提起委任之诉,[2]也就是说,这是一种有效的委任。

无论如何,勒内尔[3]及以后的学者普遍认为该片段实际讨论的是信托,即与朋友信托的在解放奴隶中的应用,被学者称为解放信托(fiducia manumissionis causa)。文本中提到的"债"应该是基于信托简约产生的"信托之债",这意味着信托人的继承人可以提起信托之诉对抗受信托人。该文本的第二部分谈论的是信托人可以通过信托之诉请求返还转让的奴隶,也就是说受信托人承担返还义务,这种返还义务既不同于具有寄托功能的与朋友信托

〔1〕 Carlo Longo, *Corso di Diritto Romano, la Fiducia*, Milano, Giuffrè Editore, 1933, pp. 160 – 161.

〔2〕 D. 17,1,13.

〔3〕 Otto Lenel, *Palingenesia Iuris Civilis*, Volumen Prius, Lipsiae, Ex Officina Bernhardi Tauchnitz, 1889, p. 214.

也不同于具有赠与功能的与朋友信托,它其实是撤销解放信托的后果,而不是受信托人的主要义务。因此,贝洛奇认为,该文本中所讨论的解放奴隶的方式只是与与朋友信托相似的制度,而不是与朋友信托的一种应用方式。[1] 但大多数学者还是追随此前格罗索提出的观点,[2]认为这种解放奴隶的方式是信托的一种应用形式,因为在这种解放奴隶的模式中可以适用信托之诉,所以属于与朋友信托的范畴。

根据现有原始文献,解放信托可以追溯至盖尤斯之前的奥克塔维努斯(Octavenus)。

D.40,1,13。彭波尼:《普劳提》第1卷:疯子的奴隶不能被他的宗亲保佐人解放,因为解放奴隶不属于财产管理的范畴。然而,奥克塔维努斯认为如果疯子因遗产信托而负有解放奴隶的义务,无疑宗亲保佐人应将奴隶通过[交付]〈要式买卖〉转让,为的是让受让人解放他。

该文本中的奥克塔维努斯是1世纪的法学家,由于保佐人并不能解放被保佐人的奴隶,若被保佐人基于遗产信托而负有解放奴隶的义务,奥克塔维努斯认为保佐人可以将奴隶转让给第三人,让后者实施解放。因此,文本中的"交付"应该是《学说汇纂》编纂者添加的结果,彭波尼使用的应该是"要式买卖"。[3] 根据诺德拉文的见解,在该文本所涉及的情形下,作为奴隶受让人的第三人并不能从奴隶身上获得任何收益,因为他获得奴隶后很快就要丧失奴隶的所有权,所以他也不必支付获得奴隶的对价,但他负有解放该奴隶的义务。总之,这种奴隶的解放形式只能是解放信托。[4] 有学者认为,解放信托

---

〔1〕 Nicla Bellocci, *LA Struttura della Fiducia*, Ⅱ, *Riflessioni Intorno alla Forma del Negozio dall' epoca Arcaica all' epoca Classica del Dritto Romano*, Napoli, Casa Editrice Dott. Eugenio Jovene, 1983, pp. 88 – 90.

〔2〕 Giuseppe Grosso, *Sulla Fiducia a Scopo di "Manumissio"*, Roma, Attilio Sampaolesi Editore, 1929, pp. 38 – 41.

〔3〕 Otto Lenel, *Palingenesia Iuris Civilis*, Volumen Alterum, Lipsiae, Ex Officina Bernhardi Tauchnitz, 1889, p. 79.

〔4〕 Bert Noordraven, *Die Fiduzia im Römischen Recht*, trad. ted., Amsterdam, 1999, pp. 73 – 74. 转引自 Federica Bertoldi. *Il Negozio Fiduciario nel Dritto Romano Classico*, Modena, Mucchi Editore, 2012, p. 53。

的产生是人们为了规避奥古斯都颁布的限制解放奴隶的《艾流斯和森求斯法》(Lex Aelia Sentia)[1]和《富菲尤斯和卡尼纽斯法》(Lex Fufia Caninia),[2]不过,罗马法学家普罗库鲁斯明确否定了具有诈欺法律效果的奴隶解放行为的效力。[3] 因此,笔者认为,解放信托在 D. 40,1,13 中仅为了使已经允诺给予奴隶自由权的遗产信托得以实施而采取的技术措施,除此之外,并不能从中得到更多的信息。

## (二)D. 17,1,30

如果我〈通过要式买卖〉给你一个奴隶,为的是让你解放他,此后我的代理人禁止你解放他。如果你解放了他,我是否可以提起[委任]〈信托〉之诉? 我回答:如果代理人有正当理由阻止解放这个奴隶——我先前接收他的唯一目的是解放他——比如此后发现他做假账或者曾策划谋害前主人的性命,若我不遵守代理人的指示,我将承受该诉讼;但如果代理人没有正当理由而指示不解放奴隶,即便我使他得到自由,也不得对我提起诉讼。[4]

这一文本出自尤里安《学说汇纂》第 13 卷,同样被收录在《学说汇纂》第 17 卷第 1 题"委任之诉及委任反诉"中,根据前文讨论的勒内尔的研究成果,尤里安在《学说汇纂》第 13 卷中讨论的是信托和寄托,委任是第 14 卷中讨论的问题。因此,尤里安在该文本中讨论的应该是信托。该观点也可以从《梵蒂冈残篇》第 334a 段中获得佐证。

---

[1] 该法制定于公元 4 年,由执政官卡图斯(S. Aelius Catus)和萨图尔尼努斯(C. Sentius Saturninus)提起,该法对解放奴隶的活动加以限制,该法规定,不得以欺诈自己债权人的方式解放奴隶;不满 20 岁的未成年人不得解放奴隶,也不得解放未满 30 岁的奴隶,除非证明存在正当原因。

[2] 该法颁布于公元前 2 年,由替补执政官杰米努斯(C. Fufius Geminus)和伽鲁斯(L. Caninius Gallus)提起,该法限制通过遗嘱解放奴隶,只允许按照一定的比例解放自己的奴隶,并且要求采取在遗嘱中逐个列名的方式实施解放。

[3] D. 40,9,7,1:如果某 20 岁以下的人想解放某奴隶,但并不具有委员会认可的合法原因,把该奴隶转让给你并要求你解放他。普罗库鲁斯认为他并未获得自由,因为法律被诈欺。(尤里安《乌尔赛尤斯·斐洛克斯评注》第 2 卷)

[4] 该文本的翻译参考了李飞的译文。参见[古罗马]优士丁尼:《学说汇纂(第 17 卷)·委任与合伙》,李飞译,中国政法大学出版社 2014 年版,第 61 页。

尤里安认为，如果某人通过要式买卖转让给你一个奴隶，为的是让你解放他，此后他的代理人禁止你解放他，除非你遵守代理人的指示，否则你要承受信托之诉。

这一文本与 D. 17,1,30 涉及的都是尤里安对同一问题的讨论，即奴隶的前主人后悔，通过代理人撤销以解放该奴隶为目的的转让行为，因此，D. 17,1,30 中提到的诉讼不应该是委任之诉而应是信托之诉。不过，尤里安在 D. 17,1,30 中认为，只有在存在正当理由的前提下，撤销解放才是合理的，而在 Vat. ,334a 和 D. 17,1,27,1 中允许自由撤销。

总之，解放信托在古典法中属于与朋友信托的一种应用形式，受信托人通过解放行为成为被解放奴隶的恩主，享有恩主的权利，譬如，恩主陷入贫困时有权从解放自由人处获得扶养、有权继承解放自由人的遗产、解放自由人对恩主有忘恩负义的行为时后者有权撤销解放等。

# 第四章 罗马法中信托在后世法中的命运

## 第一节 中世纪共同法中的 fiducia——名同实异

共同法时代的 fiducia 也被称为 fideicommissum confidential、fideicommissum fiduciarium 或 confidentia，是在遗嘱法的框架下产生的，它涉及指定一名不能从中获益的继承人或受遗赠人，后者需要根据遗嘱人的指示管理处分财产，此等指示有时暗含在遗嘱中，有时是完全默示的。这一制度安排可以服务于各种合法的或非法的目的，如为拯救灵魂而捐赠财产，如果受遗赠人是未成年人，这一制度安排还有代替烦琐的监护的功能，此外，这一制度安排也可以使非婚生子女、特定团体等无死因获得财产能力者获得财产，保护财产免受征收、逃避债权人的追索等。[1] 因此，共同法时代的 fiducia 在发生学上与罗马法中的遗产信托是相似的，fiducia 产生的原因在于遗产信托在罗马法时代已经完全法律化，在中世纪已经不能用来从事与法律目的相违背的行为。

---

〔1〕 Michele Graziadei, "The Development of Fiducia in Italian and French Law From the $14^{th}$ Century to the End of the Ancien Régime", in Richard Helmholz, Reinhard Zimmermann, *Itinera Fiduciae: Trust and Treuhand in Historical Perspective*, Berlin, Duncker &Humblot, 1998, p. 327.

这一制度起源于注释法学派法学家阿库修斯(Accursius)对D.36,1,48(46)[1]中"fiduciarium"一词的注释,他认为该词的含义是"基于对他的强烈信赖"(quia multum confidit de eo),评注法学家巴托鲁斯(Bartolus)也在同样的意义上使用该词。[2] 因此,遗嘱人与受托人(继承人或受遗赠人)之间的信赖是共同法时代fiducia的核心要素。巴托鲁斯及其随后的巴尔杜斯(Baldus)通过对罗马法相关片段的评注确立了该制度的基本框架。首先,两位评注法学家认为如果某人为了他人的利益被指定为继承人或受遗赠人,就被认为是fiducia的当事人,但他们明确指出受托人与受益人之间的关系可以具有不同的性质(如委托),无论如何,即使当事人之间是遗产信托关系,一些与此制度有关的规则(譬如《法尔其丢斯法》四分之一特留份)也不适用于他们,因为他们不能从中获益。这是共同法时代fiducia与优士丁尼罗马法中遗产信托制度的区别,巴尔杜斯认为为受益人"管理"(minister)财产是受托人的使命,具有慈善的性质(pia causa)。其次,巴尔杜斯认为,在fiducia中财产的所有权属于受托人,但由于他不能从中获益,他仅被认为是一位"中间人",但这一制度安排不能被认为是无效的,因为当事人之间不存在伪装(simulatio)。按照巴尔杜斯的理解,所谓的伪装交易仅仅是一个虚假行为,不产生任何效果,fiducia与之不同。[3] 最后,关于fiducia的有效性确立了如下规则:(1)如果在正式书面遗嘱中涉及fiducia,那么fiducia就是有效的;(2)在某些情况下被遗嘱人告知其意愿的人的声明是有效的;(3)受益人可以针对允诺执行遗嘱人意愿的人提起合同暴力(vi contractus)之诉;(4)受益人也可以要求履行渊源于遗嘱人遗嘱的非正式声明的自然债务;(5)未执行遗嘱人非正式意愿可以被解释为一种诈欺,要受到诈欺之诉的惩罚;(6)受益人也可以诉诸教会法,主张受托人违背誓言;(7)要求中间人(受托人)向特定第三人移转财产的指令只能来自

[1] D.36,1,48(46):Seius saturninus archigubernus ex classe britannica testamento fiduciarium reliquit heredem valerium maximum trierarchum, a quo petit, ut filio suo seio oceano, cum ad annos sedecim pervenisset, hereditatem restitueret...

[2] Maurizio Lupoi,"Trust and Confidence", *Law Quarterly Review*, April, 2009, p.261.

[3] 对此,17世纪的德·卢卡(Carolo Antonio De Luca)持相反的观点,他认为受托人是"伪装成真正继承人的人",因此,由fiducia遗留的财产应由真正的继承人直接获得而不是受托人。

遗嘱人的意志,否则无效。[1] 在整个共同法时代,fiducia 在法律从业者和法官眼中是一个与上述规则相关的概念,它是深植于罗马法传统的制度安排,遵循自罗马法以降的“对人之诉”和“对物之诉”确立的基本法律框架。

15 世纪末 16 世纪初,以校勘、整理和评注罗马法原始文献(主要是《国法大全》)为学术旨趣的人文主义法学派诞生了,人文主义者布德(Guillaume Budé)借助西塞罗的作品,首先指出阿库修斯在“fiducia”一词的词源考证上的错误,同时将罗马法中的 fiducia 介绍给学术界,但人文主义学者对罗马法中 fiducia 的挖掘并没有触动当时有效的遗嘱法中的 fiducia。此外,共同法时代 fiducia 的有效性还对教会法中的圣职信托(confidentia beneficialis)产生了积极的影响。在中世纪,教会圣职是重要的财产形式,但也容易掉入世俗的贪婪之中,为避免遭到买卖圣职罪的指控,教会将圣职转让给受托人,受托人为教会或教会制定的第三人的利益担任圣职,受托人为他们持有因圣职而得的所有收入,并不能从中获得收益。教会法院承认圣职信托的效力,强迫受托人履行相关义务。

在共同法时代,遗嘱法中发展起来的 fiducia 在意大利和法国南部一直维持其效力。在《法国民法典》制定之前,fiducia 主要为了未成年人的利益而设,当时有一种法定的“尊者监护”(garde noble)制度,它允许监护人从管理被监护人(未成年人)的财产中获得额外好处,从而经常损害未成年人的利益,而 fiducia 则成为人们规避适用这一制度的手段。当时的法学理论认为,当该未成年人死亡或者已达到设立文件所规定的年龄时,fiducia 必须终止。[2] 在法国大革命后制定的《法国民法典》试图摆脱旧制度中的继承模式,在此背景下法典并没有涉及 fiducia,可能的原因是该制度无助于法律控制家庭财产,fiducia 继续以习惯的形式存在。1865 年的《意大利民法典》也没有将其纳入。

总之,中世纪共同法时代的 fiducia 并不是在罗马法中 fiducia 的基础上发

---

〔1〕 Michele Graziadei, “The Development of Fiducia in Italian and French Law From the 14th Century to the End of the Ancien Régime”, in Richard Helmholz, Reinhard Zimmermann, *Itinera Fiduciae: Trust and Treuhand in Historical Perspective*, Berlin, Duncker &Humblot, 1998, pp. 341 – 342.

〔2〕 参见吕富强:《论法国式信托——一种对本土资源加以改造的途径》,载《比较法研究》2010 年第 2 期。

展起来的，而是评注法学家创新的结果。但无论如何，共同法时代的 fiducia 也是罗马法传统的产物，在精神气质上与罗马法中 fiducia 是相通的。

## 第二节　大陆法系国家对罗马法中信托的引入——以法国法为中心

信托在英美法国家扮演着非常重要的角色，是盎格鲁－撒克逊人的守护天使，冷漠地、无所不在地陪伴着他们，从摇篮到坟墓。[1] 信托以其在应付市场经济纷繁复杂问题的灵活性和实用性得到世界各国的青睐，随着经济的全球化，1984 年海牙国际私法会议通过了《海牙信托法公约》，[2] 它的目的虽然是制定关于信托的准据法的一些共同的冲突法原则，并不打算把信托概念引入大陆法系国家的国内法，但也客观上推动了大陆法系国家确立信托制度。英美法中的信托在发展过程中，逐渐形成了明示信托（express trust）、慈善信托（charitable trust）、拟制信托（contructive trust）以及归复信托（resulting trust）诸类型，但这些类型是建立在类推的判例原则、罗列式的关联方法和法律决疑术之上的，而不是建立在“将所有可以设想到的事实情景都在逻辑上纳入无缺陷的规则系统中”的系统化和“逻辑升华”意义上的理性化之上的。[3] 就大陆法系国家而言，意欲建立的主要是具有财产管理功能的英美法中的明示信托。

大陆法系国家建立信托制度有两种途径。一是借鉴英美法中的信托，如日本、韩国、中国等，然而英美法中的信托是以衡平为基础在特殊的司法体系下发展起来的，与大陆法系国家的民法体系存在冲突，尤其体现在英美法中信托表面上的“双重所有权构造”与大陆法系国家的排他性所有权制度之间，如何化解这些矛盾和扞格，将继受的信托制度融入既有的法律体系，法律工作者

---

〔1〕 Pierre Lepaulle, *Traité Théorique et Pratique des Trust en Droit Interne, en Droit Fiscal et en Droit International*, Paris, 1932, p. 113. 转引自［英］D. J. 海顿：《信托法》，周翼、王昊译，法律出版社 2004 年版，第 2 页。

〔2〕 需要注意的是，法国虽然签署了《海牙信托法公约》，但并未批准该条约。法国立法者引入罗马法中信托的目的在于创设一种可以与英美法信托相竞争的制度。

〔3〕 参见［德］马克斯·韦伯：《经济与社会》（下册），林荣远译，商务印书馆 1997 年版，第 209～214 页。

殚精竭虑。[1] 二是通过改造本国既有的与英美法信托类似的制度，使之具有与英美法信托近似的功能，这是传统欧陆国家的首选。不过，信托法在这些国家基本都是以判例和学说的形式存在，并没有成文化，如德国、瑞士等，但法国以立法的方式引入信托制度，[2] 并得到《罗马尼亚民法典》(2009 年通过，2011 年生效)的追随。[3]

## 一、理论基础

《海牙信托法公约》以英美法中的信托为基础，但考虑到大陆法系国家的传统，该公约第 2 条为信托下了一个非常宽泛的定义，“信托系指某人即委托人——在生者之间或因死亡——为受益人的利益或者某一特定的目的将财产置于受信托人控制之下而设立的法律关系。信托具有如下特征：该项财产为独立的财产，而不是受信托人自有财产的一部分；以受信托人名义或以代表受信托人的另一个人的名义持有信托财产；受信托人有根据信托的条件和法律所加于他的特殊职责，管理、处分或使用财产的权利和应尽的义务。财产授予

---

[1] 值得注意的是，英国学者托尼·奥诺雷(Tony Honoré)认为衡平和双重所有权构造并不是英美法信托的本质构成要素。See Tony Honoré, “Trusts: The Inessentials”, Joshua Getzler, *Rationalising Property, Equity and Trusts: Essays in Honour of Edward Burn*, Oxford, Oxford University Press, 2003, pp. 7 – 20. 我国亦有学者探讨双重所有权的虚伪性，参见吴一鸣：《英美物权法——一个体系的发现》，上海人民出版社 2011 年版，第 77 ~ 81 页。

[2] 值得注意的是，法国学者 Aldo Berlinguer 认为意大利通过 2005 年 12 月 30 日第 273 号法律及其修订(2006 年 2 月 23 日第 51 号法律)确立了信托制度。这两部法律的内容被纳入《民法典》，作为第 2645 条之三，具体内容为：“根据第 1322 条第 2 款，以公文书的形式实施的在不超过 90 年或在自然受益人的生命的期限内将在公共登记簿登记的动产或不动产为了值得保护的无能力人、公共管理、其他团体或自然人的利益而独立持有的行为可以通过登记而使之具有对抗第三人的效力。不仅财产授予人，任何人——即便在授予人生存期间——都可以为了实现上述利益而实施该行为。授予的财产及其孳息只能用来实现上述目的且只能作为因此而所负之债的执行对象，但第 2915 条第 1 款规定的情形除外。”该条涉及的是意大利民法中的“目的行为”(negozio di destinazione)，其实质是确立为了特定功能和目的的财产。该制度与信托的关系在意大利学者间并未取得一致意见，否定者如 Erica Pertile，他认为该制度即使与《海牙信托法公约》规定的信托相比，也存在较大的差别。具体参见 Erica Pertile, *La Nuova Disciplina degli Atti di Destinazione: L' art. 2645 – ter C. C.*, Tesi di Dottorato, Venezia, Università Ca' Foscari, 2010, pp. 175 – 179。

[3] 参见《罗马尼亚民法典》第 773 条至第 791 条。亦可参见 Luminita Tuleascǎ, “The Concept of the Trust in Romanian Law”, *Romanian Economic and Business Review* 2, 2011, pp. 150 – 159。

人保留某些权利和权力以及受信托人本身得享有作为受益人的权利这一事实,并不一定与信托的存在相矛盾”。该定义排除了英美法信托中的双重所有权构造这一与大陆法系国家的所有权制度存在严重冲突的要素,只要符合该定义的制度就被承认为信托,也就是说,《海牙信托法公约》所承认的信托并不是纯正的英美法中的信托。法国立法者意欲打造的信托制度即以该定义为蓝本,以信托财产的所有权绝对移转和受让人的所有权受到信托简约限制为特征的罗马法中的信托只要稍加改造就可以符合上述要求。值得注意的是,按照法国人的理解,罗马法中存在三种形式的信托,除信托担保和与朋友信托外,还有以转让财产为目的的“转给信托”,即遗产信托,[1]也就是说,法国人将罗马法中的 fiducia 和 fideicommissum 作了同一化理解。如果按照今人的观念从制度结构和理论基础来看,这种理解并无不妥,但正如本书所指出的,这种理解并不符合罗马人的观念。当然,信托在罗马法实践中的功能并不与《海牙信托法公约》所指称的信托相契合,不过信托只是当事人达到特定目的和实现特殊利益安排的法律工具,功能上的不同并不构成实质性的障碍。

改造罗马法中信托的工具是财团理论。财团的理论系由 19 世纪法学家奥布里(Aubry)和劳(Rau)所创设,财团是一种权利总和(universalité de droit),集合了一系列的权利和债务,这些因素的集合产生了新的实体,而且该实体不受其组成部分变化的影响。总和是内聚的因素,它能够接纳新的组成因素,而且即使集合中的某些部分灭失,总和依然存在。换言之,财团是一个“容器”。传统观点认为,每个人都有财团,也只能有一个财团,因为获得有经济价值的权利和承担义务的能力是不可分的,从某种意义上说,财团与人是同一的,“财团是单一的,就像人是单一的一样”。[2] 任何人以其财团的全部财产为其所负债务承担责任。法国学者皮埃尔·勒波勒(Pierre Lepaulle)于 1928 年最早将英美法的信托与财团理论联系起来,认为信托财产构成一个独

---

[1] 参见 2006 年 10 月 11 日法国上议院有关信托立法的专门委员会提交的《关于〈信托法案草案〉的报告》,第 9 页,注释 1。转引自李世刚:《论〈法国民法典〉对罗马法信托概念的引入》,载《中国社会科学》2009 年第 4 期。

[2] [法]雅克·盖斯旦、吉勒·古博:《法国民法总论》,陈鹏等译,法律出版社 2004 年版,第 150 ~ 160 页。

立的财团,与受托人的个人财团相分离。[1] 在《魁北克民法典》、苏格兰信托法中都能觅得这种理论的踪迹,但勒波勒对英美法信托的解释并不科学,遭到一些学者的批判,批评者认为勒波勒所主张的英美法信托可以脱离受托人而存在,其实是受托人的地位通常并不具有人身性而具有公共性的观念的表面现象,此外,财团说并不能正确解释信托债权人与信托财产的关系。[2] 但勒波勒的理论可以有效地使并不区分信托财产和受信托人财产的罗马法中的信托符合《海牙信托法公约》对信托的界定,移转的信托财产构成一份与受托人的个人财团相分离的独立财团,属于"指定用途的财团"(le patrimoine d' affectation)。

在此基础上,法国立法者通过《关于建立信托制度的法律》所引进的信托是一种运作(opération),具体指一名或数名信托设立人(constituant 或称 fiduciant)将某些现有的或将来的财产、权利或担保或者某种现有的或将来的财产、权利或担保的整体移转给受信托人,受信托人将这些财产与其本人的财产分开持有,并按照确定的目的为一个或数个受益人的利益实施管理行为的活动。[3] 在该定义中,立法者使用了"运作"这一模糊的词汇,并没有揭示出人们设立信托的原因,表明立法者将信托视为一个可以达到各种目的的法律工具,信托并不是僵硬的,而具有延展性。但也并非任何当事人追求的目的都被法律所承认,以赠予为目的的信托(fiducie-libéralité)被法律以违背公共秩序的名义明令禁止,因为立法者对通过信托实施赠予而规避税收征管的法律感到恐惧,申言之,法国立法者并没有承认罗马法中的遗产信托,法国所引入的只是本书所研究的信托。总之,在法国式信托中,受信托人必须扮演积极的角色,禁止其仅仅作为财产的"二传手",信托财产的移转行为仅仅是保障受信托人积极展开活动的一个工具。

---

[1] Pierre Lepaulle, "An Outsider's View Point of the Nature of Trusts", *Cornell Law Quarterly* 1, 1928, p. 55.

[2] Lionel Smith, "Trust and Patrimony", *Estates, Trusts and Pensions Journal* 4, 2009, pp. 332 – 354.

[3] 《法国民法典》第 2011 条。法国将 2007 年公布生效的《关于建立信托制度的法律》纳入《民法典》,作为第三编"取得财产的各种方式"的第 14 题,从第 2011 条至第 2031 条。

## 二、法国式信托的具体内容

### （一）信托当事人

在信托关系中涉及三方当事人，分别是信托设立人、受信托人和受益人，法国信托法分别对他们的主体资格进行了规定。

1. 信托设立人。《法国民法典》第 2014 条规定，只有依法当然应交纳公司所得税或者选择交纳公司所得税的法人才能作为信托的设立人。这意味着，只有法人才可以成为信托的关系的设立人，自然人不具有设立人的主体资格，反映了立法者为了便于监管，防止利用信托从事非法活动、逃避缴税的心态，但也严重限制了信托的适用范围。因此，2008 年 8 月 4 日通过《有关经济现代化的法律》废除了该条，允许自然人和私营企业设立信托关系，但未得到保佐人帮助的被保佐人、处于监护之下的成年人以及未成年人不具有信托设立人资格。

2. 受信托人。《法国民法典》第 2015 条规定，只有《货币与金融法典》第 511 - 1 条所指的信贷机构，该法典第 518 - 1 条列举的机构与服务部门、第 531 - 4 条所指的投资企业以及《保险法典》第 310 - 1 条所指的保险企业，才能具有受信托人的资格。通过该条文，我们可以断定，受信托人必须是在财产保值和增值上有所作为、实力雄厚的专业机构。因为这类机构的专业性，普通人很难理解其经营活动，这带来了如何协调信托与保护普通信托设立人的问题，尤其是受信托人同时持有多个信托财团的情形。如何处理这一问题，还需要修改相关法律和司法经验的积累。此外，《货币与金融法典》第 518 - 1 条所列举的服务部门包括律师事务所，也就是说，律师事务所具有受信托人资格。法律要求律师必须对当事人保密，同时还要求信托必须登记，保持透明度，为解决这一矛盾，2009 年 1 月 30 日通过《与信托有关的几种措施的法令》要求律师不得援引保密规则对抗信托的主管当局。

3. 受益人。法律并未对受益人资格作出限定，自然人和法人都可以作为受益人，同时信托设立人或受信托人也可以作为受益人或受益人之一。不过在信托合同中必须指明受益人的身份或诸受益人的身份，在不指明受益人时，应写明据以指定受益人的规则。

此外，《法国民法典》第 2017 条还规定了信托保护人。在英美法中信托保护人的核心职责是在执行信托的过程中作出对受益人来说最有利的决定。在法国法中,除非信托合同另有约定,信托设立人得于任何时候指定第三人负责确保其在履行合同范围内的利益,第三人可以享有法律给予信托设立人的权力,信托设立人是自然人时,必须要设立保护人。显然,该条文的预设是信托设立人是受益人或受益人之一的情形,法律为保护受益人的利益再增加一个砝码。

### (二)信托的设立方式

《法国民法典》第 2012 条第 1 款规定,财产信托依法律的规定设立或者依合同设立。这意味着,如果当事人不依这两种方式设立信托将是无效信托,排除了当事人通过遗嘱、单方行为等方式设立信托的自由。法国法将法律作为与合同并列的信托设立方式为研究者带来了困惑,因为这并不意味着存在一种“法定信托”的形态,同时,依据法律设立信托也与该款后段相抵触,后段要求财产信托必须明示。因此,在解释学上应该对这一规定作如下理解,法律保留了将一些当事人并非以信托的名义从事的财产移转行为认定为信托的可能性,排除法官对此类行为的自由裁量权,同时也意味着信托合同并非是规制当事人行为的唯一规则来源,即使当事人通过信托合同设立信托,也要受到法律的规制。[1] 因此,信托主要通过合同的方式设立,下面详细分析信托合同的诸方面。

1. 信托合同的形式

《法国民法典》并没有一般性地要求信托合同必须采用书面形式,也无关于形式效力的规定。然而根据相关条文,信托合同必须采用书面形式,否则不产生效力。并且,根据该法典第 2019 条的规定,信托合同及其附加条款应在其订立起 1 个月内在受信托人的总机构住所地税务机构进行登记,否则无效,也就是说,在税务机构的登记是信托合同的生效要件之一。然而,这一登记的目的在于国家加强对信托的监管,防止因信托行为而偷逃税款,而不在于对信

[1] Massimo D' Auria, " Il Contratto Fiduciario: il Caso Francese", in Angelo Barba, Duccio Zanchi (a cura di), *Autonomia Privata e Affidamenti Fiduciari*, Torino, G. Giappichelli Editore, 2012, pp. 149 – 150.

托合同进行公示。[1] 同时,国家设立财产信托登记簿记载与信托有关的信息。

2. 信托合同的标的

《法国民法典》所规定的信托合同是一个转让所有权的合同,信托让与就是所有权转让,从起草人到学者对此都深信不疑;立法者将信托规范嵌入《法国民法典》第3编"取得所有权的不同方式"之下即为明证。[2] 值得注意的是,法律允许信托设立人保留对移转至信托财产中的商业营业资产或从事职业用的不动产的使用权或收益权,也就是说,信托设立人可以仅移转空虚所有权而设立信托。在信托合同的标的上,法国法中的信托与罗马法中的信托存在显著的区别,在后者,信托当事人的协议无论在盖尤斯之前还是之后都无关信托物所有权的移转,而仅对所有权移转后的利益状态作出安排,而法国法将之改造为一个所有权移转的合同。

3. 信托合同的标的物

根据《法国民法典》第2011条的规定,信托合同的标的物可以是现在或将来的财产、权利或担保,也可以是它们的整体,即由多项财产捆绑在一起,共同构成信托财产。法条将权利和担保进行并列列举是令人吃惊的,因为担保同样是一种权利,其实,立法者这么做只是为了强调可用于设立信托的财产具有广泛性,并不意味着担保权利可以和主债权分离、单独转让。[3] 因为信托合同是一种移转所有权的合同,因此,移转作为信托财产的标的物要遵循法律为它们确立的移转规则,如债权的移转,只有由债权转让人或受信托人向债务人进行通知起,才对被转让债权的债务人产生效力,如果移转的是不动产或者不动产物权时,还应当按照法律规定的条件进行公示,否则无效。此外,信托合同的标的物也可以是夫妻共同财产制下的财产或共有财产,但在此情形下,信托合同应当以公证文书的形式作成。

遗憾的是,法律基于政策的考量不允许债务可以成为信托合同的标的物,虽然债务也可以构成财团。这不利于企业利用信托工具清理负债,减轻财务负担。

---

〔1〕 参见李世刚:《法国担保法改革》,法律出版社2011年版,第209页。

〔2〕 参见李世刚:《论〈法国民法典〉对罗马法信托概念的引入》,载《中国社会科学》2009年第4期。

〔3〕 参见李世刚:《法国担保法改革》,法律出版社2011年版,第205~206页。

4. 信托合同的内容

《法国民法典》第 2018 条对信托合同的必要条款进行了列举:(1)移转的财产、权利或担保,如移转的是将来的财产、权利或担保,这些财产、权利或担保应当是可确定的;(2)财产移转的期间;(3)信托设立人或诸信托设立人的身份;(4)受信托人或诸受信托人的身份;(5)受益人或诸受益人的身份,或者在不指明受益人时,应写明据以指定受益人的规则;(6)受信托人或诸受信托人的任务及其管理和处分权力的范围。上述条款的缺失将导致信托合同的无效。

5. 信托合同的终止

第一,信托合同因期限届满而终止,但最长期限不得超过 99 年,自信托合同签字之日起算。

第二,信托合同因解除而终止。只要受益人尚未接受信托合同,信托设立人可解除该合同,即使受益人接受了信托合同,经他同意或法院判决,设立人也可以解除合同。但法律并未赋予受信托人单方面解除信托合同的权利。

第三,信托合同基于客观原因而终止。譬如,设立信托的自然人死亡,或者作为受信托人的律师死亡。

第四,信托合同因受信托人解散或撤销资格而终止。如果受信托人实行裁判清算或者解散,或者因转让或合并而消失,信托合同终止。如受托人是律师,在其被暂时禁止从业,在律师公会被注销登记或排除登记时,信托合同也告终止。

第五,信托合同因全体受益人放弃受益而终止,但如果合同已规定其继续存在的条件,不在此限。

第六,信托合同因信托的目的实现而终止。

信托合同终止后,受信托人应将信托财产中现存的财产、权利或担保返还给信托设立人,如果信托合同因信托设立人死亡而终止,应将信托财产返还至其遗产。

### (三)受信托人的法律情势

在罗马法信托中,受信托人因信托物所有权的移转行为而享有信托物的完整所有权,但若抛开镶嵌信托的罗马法制背景,信托设立人的利益处于严重的危险之中,因为对受信托人所有权的债权性限制对信托设立人利益的保护是远远不够的。为此,如何保护信托设立人的利益、防止受信托人滥用其所有权成为后世学者研究罗马法中信托的主要课题。其实,从英美法信托的产生和发展历史来看,正是为解决同样的问题,发展出了受益人的衡平法所有权、信托财产的独立性等配套制度安排。[1] 法国法在借鉴英美法信托经验的基础上在这一问题上进行了尝试。

法国法尊重罗马法中信托的基本框架,通过信托移转所有权意味着受信托人可以凭借其所有权管理处分信托财产,信托设立人需要将其享有的权利移转于受信托人,以便后者完成委托为他的任务。这尤其体现在受信托人与第三人的关系上,受信托人对信托财产享有"完整的权利"。一方面,第三人没有调查受信托人的身份和权利范围的义务;另一方面,信托合同的登记并不意味着受益人可以针对受信托人的处分行为对抗第三人,如果受信托人超越信托合同赋予他的管理和处分权利的范围处分信托财产,除非第三人知晓其权利范围,否则第三人获得的权利受法律保护。在这种情形下,受益人只能对受信托人提起债权性质的诉讼,后者必须对其过错行为承担责任。[2] 在大多数情形下,这种债权性责任对受益人的利益保护是不够的,因此,法律又设置了其他手段保护受益人的利益。

首先,受信托人承担记载并报告其管理活动的义务。受信托人为信托财产的利益开展活动时,应当作出明确记载。信托合同必须对受信托人向受益人或信托设立人报告其管理活动的条件、频率作出明确规定,受信托人应该根据信托合同的规定或者应受益人或信托保护人的要求随时报告其管理活动。

其次,如果受信托人不履行职责或者使信托给他的利益受到危害,信托设立人、受益人或信托保护人均可请求法院任命一名临时受托人或者请求更换受信托人。

最后,最为重要的是,法国法引入了信托财产独立性的规则,信托财产构成一个独立的财团,不与受信托人的自有财团相混同。因此,受信托人的个人债权人无权对信托财产提出要求,即使受信托人陷入破产清算程序,信托财产

---

〔1〕 Mirzia Bianca, *La Fiducia Attributiva*, Torino, G. Giappichelli Editore, 2002, pp. 4 – 5.

〔2〕 Massimo D'Auria, "Il Contratto Fiduciario: il Caso Francese", in Angelo Barba, Duccio Zanchi (a cura di), *Autonomia Privata e Affidamenti Fiduciari*, Torino, G. Giappichelli Editore, 2012, p. 158.

也不受影响。只有因保管或者管理信托财产而产生的债权的债权人才能扣押信托财产,需要注意的是,信托财产的独立性并不意味着因信托设立人和受信托人对因信托财产而产生的债务承担有限责任,除非信托合同对此有明确的约定并且债权人以书面形式接受这一合同条款。

虽然受信托人在第三人的关系上对信托财产享有完整的权利,但综观整个信托制度,他对信托财产享有所有权是为了完成一定的任务,并不能从信托财产中获益,并且与他自己的财产分开持有。鉴于受信托人手中的所有权具有目的性和临时性,法国学者常称为“被目的化和被变型的所有权”或“特别用途的所有权”,法国《下院报告》则借用学者口吻将其表述为“降级的所有权(propriété dégradée)”。[1] 有意大利学者称其为“为他人利益的所有权”。[2] 总之,与《法国民法典》第544条规定的“最绝对地享用和处分物的权利”之所有权形态存在差别,构成所有权一般规则的例外。

## 三、信托担保的特殊规则

法国于2007年颁布生效的《关于建立信托制度的法律》采用统一的信托制度体系,而罗马法中的信托不仅包括在今人看来具有财产管理功能的与朋友信托还包括信托担保。信托担保在法国被称为fiducie-sûreté,一直受到学者的关注,并在实践中以“金钱”或者“债权”为客体得到零星的适用,而《关于建立信托制度的法律》在制度设计上以前者为主轴,问题是,很多信托的一般规范其实并不适合于信托担保。[3] 于是,2009年1月30日法国又通过了《与信托有关的几种措施的法令》,其中的一项重要内容就是增加了与信托担保有关的特殊规则。它们被置入《法国民法典》第4编“担保”中,以动产或权利为客体的信托担保被纳入该法典第2372-1条至第2372-5条,以不动产为客体的信托担保被纳入该法典第2488-1条至第2488-5条。信托担保的有关规则与信托的一般规则构成特别法与一般法的关系,不过在《法国民法典》中被称为“以担保名义让与所有权”(la propriété cédée à titre de garantie)。

---

〔1〕 参见李世刚:《论〈法国民法典〉对罗马法信托概念的引入》,载《中国社会科学》2009年第4期。

〔2〕 Angelo Saturno, *La Proprietà nell' interesse Altrui nel Diritto Civile Italiano e Comparato*, Napoli, Edizioni Scientifiche Italiane, 1999, pp. 20-31.

〔3〕 参见李世刚:《法国担保法改革》,法律出版社2011年版,第216~217页。

所谓信托担保是指动产所有权、不动产所有权或权利依据信托合同以担保某项债务的名义让与给债权人或第三人，被担保的债务清偿后，债权人或第三人应将财产或权利返还给信托人。信托担保合同除了应当遵循上文所讨论的信托合同的一般规则外，还有自己的特点。首先，信托合同应当明确载明信托担保的目的，写明受其担保的债务以及转移至受托人概括财产内的用于担保的财产或权利的价值。其次，信托担保中作为信托人的自然人死亡并不导致信托合同的终止。

此外，为了提高信托担保的使用价值，立法者允许信托人针对同一财产或权利可再负担信托担保。也就是说，被让与的财产或权利随后仍可用于担保初始信托合同所指债务以外的其他债务，信托人不仅可以向原来的债权人提供此种担保，而且可以向新的债权人提供此项担保，即使前一债权人尚未得到清偿。当信托人是自然人时，他交付信托的财产或权利只能在新的担保设立之日新债务的价值限度内用于担保新债务。新增加的担保同样需要订立信托合同，并且应当满足信托合同生效的登记和公示要求，否则无效。被担保债权的顺位按照信托合同登记日期确定。问题是同一财产进行多次信托担保以担保不同的债务，意味着信托财产所有权的多次转让，况且某一财产设立一次信托担保后，财产的所有权已经移转于受信托人或第三人，原所有人无权再进行第二次转让，那么如何再次设立信托担保呢？遗憾的是，《法国民法典》并没有在这一问题上作出回答。

在受担保的债务未得到清偿的情况下，就需要实现信托担保。信托担保的实现一般是债权人取得用于信托担保的财产或权利的自由处分权，若债权人不是受托人，债权人得要求受托人向其交付相关财产或权利，并自由处分之。若当事人在信托合同中约定出卖用于信托担保的财产或权利，并以其价金满足债权，债权人必须遵从之，若债权人不是受托人，债权人得要求受托人出卖相关财产或权利，并向其交付价金之全部或一部。无论以何种方式实现信托担保，都不允许损害信托人和其他债权人的利益，都应当履行对财产或权利的价值进行客观评估的义务，评估应当由当事人协商指定或法院指定的鉴定人为之，若用于信托担保的财产或权利对应着有组织的市场的官方牌价，则以该市价确定其价值。如果财产或权利的价值超过受担保的债务的数额，应将超额部分返还信托人，但可扣除此前因保管或管理用于信托担保的财产或权利所支付的费用。若受托人是第三人，按同样的规则处理。

与罗马法中的信托担保相比，法国法中的信托担保在以下几方面进行了改革。第一，受托人不以债权人为限，这就使债权人从管理用于信托担保的财产或权利的义务中解放出来，更加符合当前金融机构从事放贷业务的要求。第二，用于信托担保的财产或权利与受托人的财产相分离，具有独立性。第三，法国法为了维护交易安全和监管的需要，信托担保受到严格的登记公示制度的约束，这在罗马法中是缺乏的。第四，法国法中的信托担保严禁罗马法中的解除约款。第五，法国法允许针对同一财产或权利设立多重的信托担保，这在罗马法中是不可能实现的。尽管有这些改革，但不能排除罗马法中的信托担保与法国法中的信托担保具有一脉相承的关系，罗马法信托担保的基本结构得到了法国法中信托担保的遵循。还需要注意的是，法国通过2006年的担保法改革抛弃了动产占有质原则，允许在登记的前提下设立不转移占有的动产质权。笔者认为，就动产而言，法国法中不转移占有的动产质权与信托担保并不存在替代关系，而是为当事人提供了更多制度选择空间，考虑到动产登记的困难，信托担保可以有效地弥补不转移占有的动产质权留下的适用空白。无论如何，法国法中确立的信托担保适用的实际效果还需要实践的检验。

## 四、法国引入罗马法中信托的意义

法国将罗马法中的信托进行现代化改造并成文化处理，使罗马法中的信托获得了新的生命。无论如何，法国式信托为法国人的民商事实践提供了一个新的制度选择，将以习惯、判例和法理的形式存在的信托规则立法化有效地减少了纠纷的发生。然而，与英美法信托相比，法国式信托具有很强的政府干预色彩，表明法国政府对于法律上确认信托制度持相当谨慎的态度，主要原因可能是有关当局担忧信托可能成为逃避遗产税、赠与税和洗钱的工具。[1] 为防范此等规避，信托法规定：出于公共政策目的，向受益人实施赠与之目的的信托合同无效；信托的设立、变更均应在税务署登记后才发生相关效力；对受信托人的主体资格进行严格的限制。但法国式信托能否达到立法者赋予其的"与英美法信托展开竞争的能力"，亟须实践的检验，不过立法者也在不断地根据实践经验调整完善相关规则。

---

〔1〕 参见吕富强：《论法国式信托——一种对本土资源加以改造的途径》，载《比较法研究》2010年第2期。

法国的信托立法对我国信托法的完善也有一定的借鉴意义。首先,在方法论上,法国法在引入信托法的过程中坚持维护国内法的内部和谐,在现有法的框架下消化吸收英美法信托中的合理要素,构建具有法国特征的信托制度。而我国《信托法》在借鉴英美法信托的同时,如何与既有的法律传统相协调的问题上还有诸多需要探讨之处,但无论如何都不应为了借鉴英美法信托而将我国以继受大陆法系国家的物权制度为基础形成的物权制度整个抛弃,或者搞两套制度体系。在此背景下,何不在保证信托发挥作用的前提下,合理吸收英美法信托的相关要素构建我国的信托制度?当然,我国并无法国法传统中存在的罗马法中的信托制度,然而,同为大陆法系国家,罗马法中的信托与我国的法律制度体系并不存在根本性的冲突。总之,法国立法者对借鉴英美法信托带来的制度冲突的恐惧应引起我国信托法研究者的注意。其次,在法国式信托中,信托财产的所有权完整地移转给受信托人,而受益人享有的仅仅是债权性质的权利。而我国《信托法》却回避了信托财产的所有权归属这一重大问题,我国《信托法》第2条规定:“本法所称信托,是指委托人基于对受托人的信任,将其财产权委托给受托人,由受托人按委托人的意愿以自己的名义,为受益人的利益或者特定目的,进行管理或者处分行为。”可见,《信托法》只是要求委托人在设立信托时将其财产权“委托给”受托人,并没有明确规定为“转让给”受托人,对于是否可以将“委托给”理解为“转让给”,至今没有正式的立法解释和司法解释。此外,我国《信托法》对受益权的属性也没有准确的定位。[1] 这无疑为信托制度的运作增加了法律风险,甚至发生由于受托事务而导致纠纷时诉讼主体适格上的司法实践障碍。最后,无论是英美法信托还是罗马法信托都是一种信任关系,即使在法律完善时期,信任并不体现在法律中,但它依然是信托制度有效运转的前提。然而,在我国经济生活和其他社会生活中,诚信缺失已成为一种比较普遍的严重社会问题,甚至已成为一定程度的诚信危机。因此,完善我国的诚信体系建设和培育诚信观念才是使信托制度在我国有效运转的前提性工作。

---

〔1〕 参见于海涌:《英美信托财产双重所有权在中国的本土化》,中国政法大学出版社2011年版,第11页。

## 第三节　信托担保在近现代法中的遗迹

摘除罗马法中的特有因素，信托担保的实质是权利绝对转移型担保，在近现代法中还能找到这种担保机制的存在。然而，由于所处法制环境的差别，近现代法中的权利绝对型担保制度与信托担保在具体规则设置上并不相同，甚至在同时代的不同法律文化地理区域，权利绝对转移型担保制度也具有自己的特色。

### 一、信托担保与德国法

#### （一）动产“占有质”原则的形成

动产与不动产的财产二分法在罗马法中并不重要，信托担保的客体既可以是动产也可以是不动产。但在日耳曼法对物的划分中，动产与不动产的区分大概是最重要的，日耳曼法中的物保制度也因此被分为动产质和不动产质，所谓的“质”是日耳曼法用来描述它所有的物保的词汇。[1] 在日耳曼法上，动产质的最初形态是占有质，也就是所谓的古质，因而，动产质的成立以债权人取得对质物的占有为要件，法谚云：无拳即无质权（Ohne Faust kein Pfand），意谓债权人如不握有质物，他的质权即不成立也。[2] 13世纪末期，为满足不便转移占有的动产的担保化需要，占有质原则开始松动，开始承认非占有动产质，也就动产新质。唯它设立时须经证人到场，并登载于都市公簿（Stadtbuch）耳。[3]

但在德国普通法时代，动产“占有质”原则逐渐确立。原因有二：第一，随着商品交易的扩张和对物之信用的重视，信用经济迅速发展，因此，在商品交易中，除了保护交易相对人的利益外，对交易安全的保护得到了重视，因而占有便被赋予保护第三人的新功能，在这样的经济背景下非转移占有的动产担保被视为侵害信用和交易的危险源；第二，域外立法也对德国普通法产生了影

[1] 徐同远：《担保物权论：体系构成与范畴变迁》，中国法制出版社2012年版，第46页。

[2] 李宜琛：《日耳曼法概说》，胡旭晟、夏新华勘校，中国政法大学出版社2003年版，第141页。

[3] 同上书，第143页。

响,1804 年《法国民法典》和 1811 年《奥地利民法典》都确立了在动产之上设立担保必须转移占有的原则。在这样的经济和法律背景下,1861 年实施的《德意志普通商法典》(旧商法典)第 309 条规定,动产质权的设定除须当事人之间合意外,还应当向债权人转移占有。[1]《德国民法典》的制定者也没有在动产"占有质"原则上作出突破。理由依然是对交易安全的维护,且立法者对物保制度的设计是以土地为核心的。立法者甚至认为虽然非转移占有的动产担保可以使没有土地的中下层人民因容易增加营业资本而便于他们走出经济贫困,但也容易在他们身上产生过度债务,使动产的信用降低的缺陷,且缺陷相较于优点更重要。[2] 这构成了《德国民法典》的原罪之一。值得注意的是,《德国民法典》施行后,德国通过特别法的方式允许一些动产设立"非占有质",譬如海底电缆、[3]农地耕作生产资料[4]等,但就绝大多数动产而言,并没有这一待遇。

### (二)"占有质"原则背景下的让与担保[5]

动产"占有质"原则的确立没有浇灭人们在动产上设立非转移占有型担保负担的热情,当事人利用"买卖"行为来实现担保目的:缔结附买回权的买卖契约,并利用租赁或使用借贷的名义以占有改定的方式继续对该动产进行使用收益。其中,当事人之间契约的主要内容是买卖契约,而担保目的则是通过附随于主契约的"买回"约款来实现;质言之,买卖是这种担保方法的基础法律行为。对于这种担保模式,德国法院的态度经历了由否定到认可的过程。德国法院最初认为,当事人只是为了担保的目的,通过买卖的外观形式规避法律的禁止性规定而已,当事人并无转让所有权的意思,是一种伪装行为,因此无效。

---

〔1〕 王闯:《让与担保法律制度研究》,法律出版社 2000 年版,第 74 ~ 75 页。

〔2〕 同上书,第 81 ~ 82 页。

〔3〕 1925 年颁行的《关于海底电缆质权的法律》。

〔4〕 1926 年颁行的《促进农地用益租赁人资金融通的法律》。

〔5〕 关于该制度(Sicherungsübereignung)的译名问题:孙宪忠教授在《德国当代物权法》中将其翻译为"担保让与",申卫星教授和王洪亮教授在鲍尔、施蒂尔纳的《德国物权法》(下册)中将其翻译为"担保性所有权让与",日本学者一般翻译为"让渡担保",我国台湾地区的学者则一般称为"让与担保",我国大多数学者采用我国台湾地区的译法,笔者遵从学术界的习惯译法,尽管"担保让与"和"担保性所有权让与"更加符合 Sicherungsübereignung 的字面意思。

一般认为,帝国法院在1880年10月9日的一份判决中,首次具体地承认了"为担保目的之买卖"的有效性。该判决内容的事实概要为:A以1000马克的价格将其所有的动产卖给B,A同时以使用借贷的名义继续占有使用该动产,并约定A在3个月内享有买回权,买回价金为1000马克,如果逾期不行使买回权,则该动产任由B处分。由于A在约定期限内并未行使其买回权,因此B请求交付该动产。但A提出如下抗辩:"当事人的真意并非买卖行为,A并无将所有权和占有转让给B的意思,只不过是为担保B的债权而赋予B以担保权而已;由于法律对动产担保权仅仅承认占有担保而禁止设定非占有型动产担保权,所以转移动产占有并非A的真正意思。其次,当事人是为了避免A的其他债权人扣押该财产,才依据占有改定的方式转移占有,并以附买回权的买卖契约进行伪装,当事人之间并无买卖契约的效果意思"。帝国法院最后判决B胜诉,判决理由为:债务人为了债权担保目的而依真正的意思通过买卖方式将标的物让与债权人,债权人虽然成为真正的所有权人而具有所有权的全部权能,但以所谓"设定担保的经济目的"作为附随约定,且此项约定是根据债权人在一定的条件下负担有将标的物返还给债务人或以标的物收益或卖得价金的全部或一部返还债务人的义务而达成,它不仅是法律所允许的行为,而且也是日常惯常之行为,当事人的经济意图只能通过该方法达成,所以同意B的请求。[1] 笔者认为,这份判决的意义在于否认了附买回条件的买卖的伪装性,承认了买卖的效力,但附买回条件的买卖与保全型物保还有较大的差异,原因是前者虽然也有一定的担保功能,但并不以当事人之间有效的债权债务关系为前提,形式上将借贷行为与担保设定行为融合成一个行为。

实践中的问题吸引了法学研究者的注意。法学研究者里格尔斯贝格1880年依据罗马法中的信托担保打造出来了信托行为理论,所谓信托行为就是当事人为达到一定的目的而采取超过必要限度的手段的法律行为,特点在于经济目的和与其相应的法律手段之间存在矛盾和距离。因此,与脱法行为以规避法律为目的相对,信托行为是为了达到法律所许可的目的,里格尔斯贝格由此而主张应当承认所有权移转的法律形式所产生的法律效果,质言之,他是通过依据所有权的构成而导引出当事人的交易行为并非虚伪行为的理论。在让与担保中,所有权等权利虽然通过信托行为而完全转移给债权人,但是债权人

〔1〕 参见王闯:《让与担保法律制度研究》,法律出版社2000年版,第77页。

受到“不能在信托目的之外利用标的物”的债权性约束，即“让与担保＝所有权转移＋债权的约束”。[1] 该学说奠定了德国让与担保理论的基础，也为此后的法院判决所援引，著名的判决发生在1904年3月11日。该判例事实概要是：A出资28000马克参加B所经营的手工业，在法律形式上，A以其出资金额买受B的一套起重机设备，但是该套设备始终由B占有，双方约定在合作关系终结时，B负有交付28000马克及取回标的物的权利义务。其间，B将原有起重机设备整套换新，并继续维持与A之间的契约关系。其后，B的债权人C为了自己的债务之清偿而扣押该套起重机设备，A则以该套标的物为其所有为由提起第三人异议之诉。第一、二、三审法院均判决A胜诉，帝国法院的判决理由大略如下：“A对B的出资性质为消费借贷，当事人缔结的契约是为担保借贷金额而为真意之所有权让与后，再依此所有权让与而达到担保目的之让与担保，即属于信托行为，此项担保方式是为以往普通法、普通邦法（ALR）以及判例所承认的有效行为，也是《德国民法典》第216条第2项所容许的行为，所有权让与人与受让人所缔结的合意并非买卖而是为了担保而进行的真正让与所有权的合意”。[2] 里格尔斯贝格的信托行为理论奠定了该判决的基础，明确否定当事人交易行为的买卖性，而是以担保为目的的所有权让与。随后，1906年4月10日帝国法院的一份判决明确肯定了让与担保当事人之间存在债权债务关系。在此基础上，判例和学说不断完善和发展让与担保的规则，《德国民法典》对它采取了一种放任的态度，形成了一种由司法裁判发展起来的一种新的物保形态。

在让与担保的发展历程中，除信托行为理论外，学理上还有其他的理论认识，譬如相对的所有权转移说、[3] 授权说、[4] 附解除条件说（期待

---

〔1〕 参见王闯：《让与担保法律制度研究》，法律出版社2000年版，第42页、第80页。

〔2〕 同上书，第82页。

〔3〕 该学说的持论者以德·容（De Jonge）、雅格（Jager）以及魏因贝格（Weinberger）为代表，他们认为让与担保中的所有权只在对第三人的外部关系上发生转移，但在当事人之间的内部关系上并不发生转移，债权人享有的只是管理他人财产的权限。

〔4〕 该学说的持论者以海曼为代表，该说主张债务人仍然保留有标的物的所有权，让与担保之设定只不过是将担保物的换价权或处分权授予债权人而已，债权人虽然在外观上是所有权人，但当事人之间并没有真正转移所有权的意思。

权说)、[1]质权说[2]等理论建树,但信托担保理论依然是德国让与担保领域的通说,担保设定人将他的物上所有权通过完全移转给被担保人,所有权的转让是通过物权合意以及对占有改定的合意而进行的,这样一来,债务人可以保留对标的物的直接占有和用益,被担保人是担保物的唯一的所有权人,但要通过担保合同负有合同义务。[3] 虽然如此,法律还是对里格尔斯贝格的理论进行了变通。在债务人陷入支付不能的情形下,被担保人的权利被作为质权一样对待,也就是说,他对标的物不享有取回权,而仅享有别除权,根据德国新的《支付不能法》,标的物的变价权只能由支付不能管理人统一行使,而不再交由被担保人自己行使。[4] 在被担保人陷入支付不能的情形下,如果债务人清偿了被担保的债权或者担保的目的以其他方式消灭后,担保提供人享有取回标的物的权利,如果被担保人的债权人对担保物强制执行,担保提供人可以提起强制执行异议之诉。[5] 也就是说,担保提供人与被担保人之间的债权债务关系在特殊情形下也会产生物权法上的效果。

由于时代的不同,让与担保的标的物与罗马法中的信托担保已有很大的不同。德国学者对让与担保的标的物范围的认识并不完全一致。《普兰特简明法律评论》中认为,让与担保的标的物可以是动产(包括动物、有价证券、飞机等)、集合财产(如库存货物),禁止质押物在不违反公序良俗、不诈欺的情

---

[1] 该学说的首倡者是阿尔弗雷德·舒尔策,他不是根据罗马法上的信托,而是根据日耳曼法上受托人制度来说明信托行为,日耳曼法上受托人制度的特征在于委托人附解除条件地将信托财产的物权转让给了受托人,也即在信托事务完成或受托人滥用权利时,信托财产应重新归于委托人,如果当事人没有约定条件的,视为默示约定转让附解除条件,所附解除条件是对受托人权利在物权上的限制。这种信托与罗马法信托不同,罗马法信托中,信托财产的所有权利都转让给了受托人,对受托人的限制是债法上的。参见孙静:《德国信托法探析》,载《比较法研究》2004 年第 1 期。申言之,受信托人不仅受到当事人之间的债权的约束,而且也受到物权的限制,即受托人所取得的所有权具有附解除条件的物权效力。日耳曼法上的受托人制度被意大利学者称为日耳曼法上的信托。

[2] 德国学者黑克认为让与担保是一种违反本来应当遵循公示原则的"隐藏的质权",后世的蒙策尔和吉尔克支持黑克的主张。

[3] Hans Josef Wieling, *Sachenrecht*, Springer, 1994, p. 233. 转引自王娜:"德国法中的让与担保制度",载米健主编:《中德法学学术论文集》(第 1 辑),法律出版社 2003 年版,第 453 页。

[4] [德]鲍尔、施蒂尔纳:《德国物权法》(下册),申卫星、王洪亮译,法律出版社 2006 年版,第 627 ~ 628 页。

[5] 同上书,第 634 ~ 635 页。

形下,可以作为让与担保的标的物,整体的房屋设施也是这样。鲍尔和施蒂尔纳认为,标的物可以是独立的动产(也包括担保设定人在未来能够取得的物)、集合物(库存货物)、基于附条件让与产生的期待权。比洛(Bülow)认为,让与担保的标的物可以是各种形式的动产,尤其是企业财产,其中包括物的主要组成部分,如果当事人协商同意,担保标的物也可以包括从物或者不动产的暂时附着物。[1] 但与让与担保产生的法律背景相适应,标的物主要是动产。动产的占有质原则虽然可以满足公示的要求,有益于交易安全,但对当事人来讲,无异于一种巨大的负担。对质权人来说,因为无权使用收益质物,因此,占有质物没有任何经济利益,同时保管质物的义务对他来讲又是一种负担;对出质人来说,由于丧失了对质物的占有,也就丧失了使用收益质物的经济利益,尤其当质物是生产或生活必需品时,出质意味着一场灾难,从整个社会来讲,质物意味着退出了生产流通领域,从而造成社会总体价值的浪费甚至耗空。这就是理论上所讲的动产占有质的僵硬性,随着市场经济的发展,这种缺陷就表现得越明显,从而形成了"质权困难之时代"。而动产的让与担保通过占有改定的制度设计可以有效地解决这一困难,所以德国在破解质权的时代难题上成了"执牛耳者",并被其他国家或地区所效仿。

最后,德国法中的信托担保(Sicherungstreuhand)概念与罗马法中的信托担保在本质特征上是相同的,受托人对外是完全的所有权人,但在对信托人之内部关系上,他负有仅只能按照约定的方式,行使其受托人权利的债法义务。德国法中信托担保主要包括动产让与担保、债权让与担保以及所有权保留。[2] 前两种类型是权利绝对转移型担保,属于罗马法中信托担保的范畴,但所有权保留并不属于罗马法中的信托担保,尽管所有权保留在《十二表法》中已初露端倪,该法第7表第11条规定,出卖并经交付的物,除非买受人付清价款或以其他方式提供担保,不能取得其所有权。[3]

德国让与担保制度也被日本移植。起初日本接受德国的信托行为理论,之后随着日本民法的发展,学说和判例将被担保人享有的权利形塑为一种担

---

[1] 参见王娜:《德国法中的让与担保制度》,载米健主编:《中德法学学术论文集》(第1辑),法律出版社2003年版,第456～457页。

[2] 参见[德]鲍尔、施蒂尔纳:《德国物权法》(下册),申卫星、王洪亮译,法律出版社2006年版,第41页。

[3] 参见《〈十二表法〉新译本》,徐国栋等译,载《河北法学》2005年第11期。

保权,担保物的所有权依然归属于担保提供人,[1]且提出了相应的公示方法。经过日本改造的让与担保已经不属于罗马法中信托担保的范畴。

## 二、信托担保与欧盟法

为了单一市场内资本的自由流动,提高资本市场的稳定性和成本效益,2002年欧洲议会和欧盟理事会通过了《金融担保品协议指令》(Financial Collateral Arrangements Directive,以下简称《指令》),对本书而言,《指令》的意义在于承认权利转移型金融担保品协议(title transfer financial collateral arrangement),并要求各个成员国予以执行,也就是将担保财产的所有权完全移转于债权人,他可以有效地处分担保财产。《指令》的适用主体包括:公共团体、银行、受监管的金融机构、受监管的集中交易方以及与它们从事交易的非自然人主体。[2] 显然自然人不包括在内。

《指令》规定的担保方式仅适用于货币资产和金融工具,前者包括记入账户的任何货币资产或者要求偿还金钱的类似权利,如货币市场存款,[3]后者包括公司股票、与股票类似的其他公司证券、债券、可以在资本市场进行交易的其他债务工具、能够以认购、购买或交易形式获得的股票、债券或其他证券、其他可正常交易证券以及用于现金结算的可正常交易证券(包括集体投资中的份额、货币市场工具以及与上述两种有直接或间接关系的债权或权利,但不包括仅用于支付手段的证券)。[4]

关于这种担保形式的实现方式,《指令》规定,如果当事人在担保合同中约定了违约轧差(close-out netting)条款,各成员国应该保证该条款的可执行性。所谓轧差是一种特殊的抵销制度,违约轧差是指交易一方违约,交易各方立即终止尚待履行合同(executory contract)交易,对已交易的部分进行的轧差操作,各合同产生的损失和收益相抵销后,一方向另一方仅支付(或申报)一个余额。也就是说,允许被担保债权的价值与担保品的价值进行抵销,担保品接受人仅仅将超额部分返还提供人即可,如此就大大降低了担保实现的成本。但

---

〔1〕 参见[日]近江幸治:《担保物权法》,祝娅等译,法律出版社2000年版,第252页。

〔2〕 Financial Collateral Arrangements Directive. Art. 1(2).

〔3〕 Financial Collateral Arrangements Directive. Art. 2(1)(d).

〔4〕 Financial Collateral Arrangements Directive. Art. 2(1)(e).

各成员国的法律在执行违约轧差的条件上扮演着重要的角色,[1]譬如,确定何时对担保品进行估价。

罗马法中的信托担保与《指令》所规定的权利转移型担保形式的共同特征在于,担保财产完全由提供人转移给债权人,当被担保的债务被清偿后,债权人负有返还义务。需要注意的是,债权人的返还义务并不以原来的货币资产或金融工具为必要,譬如,货币资产的返还只要是同一币种的相同数额即可。在担保的实现方式上,基于作为后者适用对象的金融资产的特殊性,规定了更高效的违约轧差制度,但不允许罗马法中"解除约款"的适用。由于《指令》确立的仅是框架性的规则,具体细节还需要各成员国根据本国特点自己确定。

## 三、信托担保与阿根廷法

阿根廷于 1995 年 1 月 9 日生效的第 24441 号法律规定了信托制度(fideicomiso),该制度设计以罗马法中的信托为基础,[2]比前文讨论的法国信托立法要早十几年的时间。然而,该法律规定的信托制度主要适用于商业投资领域,并不涉及信托担保。2014 年 10 月 1 日通过的《国家民商法典》(该法典将于 2016 年 1 月 1 日生效)将第 24441 号法律基本纳入其第 3 编("对人权")第 4 题("有名合同")的第 30 章"信托合同"中,同时增加了信托担保的规定。

《国家民商法典》第 1666 条规定,信托合同是指,被称为信托人(fiduciante)的一方移转或同意移转财产所有权给被称为受托人(fiduciario)的另一人,后者有义务为了合同所指定的被称为受益人(beneficiario)之人的利

---

〔1〕 Thomas Rudolf Maria Pius Keijser, *Financial Collateral Arrangements*, Hague, Kluwer Law International, 2006, pp. 81 – 82.

〔2〕 值得注意的是,拉丁美洲三部具有代表性的民法典(《阿根廷共和国民法典》、《巴西新民法典》以及《智利共和国民法典》)中,只有《阿根廷共和国民法典》采用了罗马法中信托的模式,另外两部民法典采用的是日耳曼法上的 fiducia 模式。《巴西新民法典》关于信托的规定参见该法典第 1361 条至第 1368 条,尤其是第 1361 条,内容为:"债务人为担保目的移转给债权人的特定物的可解除的所有权,视为信托所有权。"参见《巴西新民法典》,齐云译,中国法制出版社 2009 年版,第 208 页。《智利共和国民法典》关于信托的规定参见该法典第 733 条至第 763 条,尤其是第 733 条第 1 款。内容为:"所有权如附有依条件成就的事实而移转于他人的负担,称信托所有权。"参见《智利共和国民法典》,徐涤宇译,金桥文化出版(香港)有限公司 2002 年版,第 171 页。

益做某事,并且在一定的期限或条件下将之移转给最终接收人(fideicomisario)。受托人可以是任何自然人或法人,最终接收人可以是受益人或受益人指定的人,但不得是受托人。该法第1680条对信托担保作了特别规定,内容为:“如果信托的设立是为了担保,受托人可以对进入担保财产的金钱提出全部主张,甚至通过司法或司法外的途径实现其债权或信托权,以偿付其被担保的债权。对于被用于担保的其他财产,受托人可以根据合同条款处分它们,并且在没有约定的情况下,可以以私人方式或司法方式采取某些措施,旨在使此等财产取得尽可能高的价值。”可见,在信托担保的实现方式上,阿根廷法区分担保财产的类型分别作出规定,担保财产若为金钱,可以直接偿付被担保的债权;若为金钱之外的其他财产,必须以此等财产的价值实现债权,而不得以担保财产直接实现债权。

## 四、信托担保与我国法

信托担保与我国法的关系是以让与担保的继受及其理解为中心展开的,在不同法域又表现出不同的特征。[1] 其中,以1999年开始实施的《澳门商法典》最具特色,该法典对信托让与担保(让与担保)进行了专门立法。该法典的第917条第1款规定,信托让与担保将被让与动产之可解除之所有权及占有移转于债权人,该移转得附随或不附随被让与动产之实际交付,而债务人转

〔1〕 从比较法的视角,有必要对我国传统习俗中的典制作一番说明。在我国明清时期,“典卖合一”的交易形式极为盛行,典制即意味着“活卖”,所谓“活卖”是指附有“回赎”约款的土地买卖,活卖的目的并不在于土地归属的永久性移转,而具有鲜明的工具性意义,该意义使得当事人可以在买卖的框架下实施并无买卖意思的经济交易——这就是“借买卖之名,行担保之实”。申言之,活卖中出卖人出卖其物,意在价金之取得,即筹措款项的目之实现;而“回赎”约款的存在,则表明出卖人无意于永久性地保留其所得之价款,而有日后“返还”之考虑。因此,该项价款事实上具有“借款”的性质。进而,买受人所取得的“可得回赎”的物之归属,其意义就在于当“回赎”事实没有发生时,买受人手中的“所有权”,可以使其安居“业主”的法律地位:这不但可以对买受之物实施“自主占有”下的支配,而且可以在出卖人无力还款时抵消该项交易的风险,即发挥担保作用。可以说,典制就是一种“附赎回权的买卖”,典权在实质上是一种可解除的所有权,具有担保之功能,是一种“所有权担保”形态。然而,我国民国“民法典”将典权定位为一种用益物权,这是典卖绝对分离的结果,背离了“典卖合一”的习俗。2007年大陆地区颁布实施的《物权法》并无将典制纳入,从而使以“所有权担保”为内在机理的典权交易,获得了回归传统上“典卖合一”之交易方式的可能性。参见张翔:《论典制习惯及其在成文民法上的重构》,载《法律科学》2008年第1期。

为该动产之持有人及受寄人，并须承担法律所规定之责任及负担。可见立法者是以上文提到的附解除条件说（期待权说）作为理论基础，也就是说，《澳门商法典》中所规定的信托让与担保不属于罗马法中的信托担保的范畴。

我国台湾地区为破解动产占有质原则带来的不便，早期台湾地区学者曾介绍、讨论或建议引进德国的让与担保制度，但实务上未被采用。[1] 最终因与美国在政治经济上的密切联系，以美国《统一动产抵押法》（Uniform Chattel Mortgage Act）、《统一附条件买卖法》（Uniform Conditional Sales Act）和《统一信托收据法》（Uniform Trust Receipt Act）为蓝本制定了"动产担保交易法"，该法于1963年公布，1965年施行，规定了动产抵押、附条件买卖和信托占有三种担保形式。而实务中涉及让与担保的民事争议从20世纪50年代起就不断出现，对于这些民事争议的审判，在经历了抵押权说、买卖说、变相担保说之后，最终在20世纪80年代中期确立了信托的让与担保说，[2]也就是说，权利（所有权）之（内外部）移转，加上信托行为的债之关系，且被担保人负有清算义务。[3] 总之，根据通说，我国台湾地区的让与担保制度隶属于罗马法中的信托担保的范畴。

我国学者除了将精力集中在让与担保的立法化问题外，学界对让与担保法律构造的认识也经历了两个阶段，20世纪90年代之前，源自德国的所有权移转构造说为主流，2000年以王闯博士的《让与担保法律制度研究》一书的出版为标志，学者们对于来自日本的担保权构造说有所了解，在该书的影响下，相当多的学者转而支持以该理论作为让与担保制度构建之基础。[4] 2007年的《物权法》并未将让与担保纳入其中，所以从司法裁判中观察我国大陆地区对让与担保的理解就是一个较可行的办法。

案例一：[5]1996年12月8日中国出口商品基地建设陕西公司（以下简称基地公司）与海南寰岛进出口公司（以下简称寰岛公司）签订了一份《关于进口铬矿开证代理协议》，寰岛公司为进口9500吨铬矿委托基地公司代开信用证。同时双方约定，寰岛公司未将开证金额全部归还前，基地公司为该批铬矿

---

〔1〕 参见王泽鉴：《民法学说与判例研究》（第8册），中国政法大学出版社1997年版，第283页。

〔2〕 参见向逢春：《让与担保制度研究》，法律出版社2014年版，第8页。

〔3〕 参见谢在全：《民法物权论》（下册），中国政法大学出版社1999年版，第908页。

〔4〕 参见向逢春：《让与担保制度研究》，法律出版社2014年版，第9页。

〔5〕 该案例来自最高人民法院（1999）经终字第496号判决。

的合法所有人，之后，双方约定对于由该批铬矿加工出的1300吨铬铁归基地公司所有，以担保开证金额的偿付。寰岛公司未能在信用证到期之日向基地公司支付信用证项下的全部款项，基地公司为追回款项而提起诉讼。该案经陕西省高级人民法院和最高人民法院两审终审。陕西省高级人民法院在一审时认定基地公司与寰岛公司签订的关于进口铬矿开证代理协议及其他补充协议，意思表示真实，且不违反法律，应确认为有效协议。最高人民法院在终审时也认定了寰岛公司与基地公司所达成协议的有效性，同时认定双方达成的由进口铬矿加工出的1300吨铬铁的所有权归基地公司以担保开证金额的约定属非典型的物的担保——所有权担保，《担保法》并未对这类担保的效力作出规定，因此，在不违反法律、法规禁止性规定的前提下，应当认可当事人这种约定的效力。

本案中“双方达成的未将开证金额全部归还前基地公司为该批铬矿的合法所有人的约定”属于进口押汇业务中的信托收据问题，无论陕西省高级人民法院还是最高人民法院都未对信托收据的性质作出评判，而仅仅是承认其效力。信托收据一般出现在信用证流程中，信用证的本质是进口商委托银行向出口商支付货款，出口商将货物付运之后取得提单，依据信用证交付包括提单在内的单据即为完成买卖合同义务，开证行代买方接收单据，同时以之质押，作为进口商对开证行债务的担保。[1] 需要进口商备款赎单时，可能出现进口商因为各种因素而在短期内难于备齐款项付款的情形。此时，从进口商方面看，只有通过将进口货物出售后才可能完全归还银行相关款项，但这首先需要尽早从银行方面取得提单。从银行方面看，如果在未付款的情形下将提单交付进口商，根据我国《担保法》关于质押制度的规定，将失去质权，对银行不利。因此，常见的做法是银行要求进口商出具信托收据，换取提单，以受托人身份持有并处置提单及其项下货物。关于信托收据的性质，1997年《中国银行国际结算业务基本规定》指出，信托收据实质上是客户将自己货物的所有权转让给银行的确认书，持有该收据即意味着银行对该货物享有所有权。在我国实务中，信托收据的主要内容有：进口商保证到期付款，承认在未付清货款前，货物所有权及其收益归银行，进口商以银行受托人身份代银行报关、提货、保险、

[1] 参见王艳冰：《信用证交易中信托收据下进口押汇的法律性质》，载《上海大学学报》（社会科学版）2004年第2期。

销售货物,所有销售收入必须存入银行指定账户不得动用等。[1] 可见,我国法中信托收据的性质是权利转移型担保,进口商将进口货物的所有权转移给银行以担保其已支付的货款。但需要注意的是,信托收据与罗马法中的信托担保还是有区别的,后者是伴随着借贷行为而设立的,如果债务人清偿了借款,债权人负有返还义务,而前者是债务人因借贷行为已经陷入支付不能的情形下设立的,债务人以出卖担保物的方式偿还借款,因此,当事人随着所有权移转而达成协议的主要内容就有所不同,前者以规范债务人的行为为中心,后者则以规制债权人的行为为中心。

本案中"双方达成的1300吨铬铁归基地公司所有的约定",最高人民法院则直接将其定性为一种非典型的物保——所有权担保。从学理上分析,最高人民法院实际上是认定了该约定的让与担保性质,遗憾的是,最高人民法院并没有使用"让与担保"这一术语。

案例二:[2]2007年11月10日,惠某军、胡某华夫妇因周转资金之需,经与李某允协商,签订"房地产买卖合同"一份,约定:惠某军、胡某华夫妇自愿将其坐落在邳州市电厂拆迁小区房地产一套出卖给李某允,房屋总价款为8万元,李某允付清房款后即对该房地产享有所有权和使用权;惠某军、胡某华夫妇于2008年11月10日前将该房地产交付给李某允,并协助李某允办理产权过户手续。同日,当事人之间又签订"补充协议"一份,约定:房屋产权和土地使用权虽属李某允所有,但必须租赁给惠某军、胡某华夫妇使用12个月,月租金1200元。惠某军、胡某华夫妇在租赁期满付清租金并退还卖房款后,李某允应无条件放弃该房地产的所有权和使用权,即该房地产买卖合同失效。租赁期满,惠某军、胡某华夫妇既不交清租金又不退还买房款的,李某允有权收回该房屋。合同签订后,李某允于当日支付被告"买房款"8万元。此间,惠某军以支付租金形式给付李某允8500元。期满后,惠某军、胡某华夫妇既未退还"买房款",也未交付该房屋。李某允遂于2009年3月5日诉至法院,请求判令惠某军、胡某华夫妇履行房屋买卖合同、返还房屋,支付租金损失及违约金。

对于本案,首先需要注意的是虽然江苏省邳州市人民法院认为,他们是按

[1] 参见李金泽:《我国银行信托收据有关法律问题探讨》,载《金融论坛》2001年第7期。

[2] 该案例来自江苏省邳州市人民法院(2009)邳民一初字第1077号判决。

照让与担保的原理审理此案,但本案中房屋的所有权并未转让,根据我国《物权法》第9条"不动产物权的转让未经登记不发生效力",所以在本案中李某允并未取得房屋的所有权,以其所有权担保债权的实现更是无从谈起。抛开这一瑕疵不谈,本案对于让与担保制度还是具有非常重要的意义的。审理法院否定了房屋买卖合同的效力,认为房屋买卖实为借贷关系,获取该借款、收回借款本息才是双方当事人实现合同的根本目的。因此,从某种意义上讲,该判决与德国帝国法院1904年3月11日的判决具有异曲同工之效。此外,审理法院还认为,李某允出租房屋所获得的租金实际是其出借金钱所获得的利息,若租金的数额超过了利息限制的法律,将不被支持。法院的这一观点非常有意味,所有权人从担保物中获得的孳息用来冲抵利息债权,作为其出借款项的收益,尽管当事人并没有约定利息,这意味着约定利息是借款合同的默示条款。然而《合同法》第211条规定,自然人之间的借款合同对支付利息没有约定或者约定不明确的,视为不支付利息。审理法院的做法显然是与该条文的精神相违背的。因此,罗马法学家保罗"债权人通过信托奴隶获得的任何收益都应当冲抵债务"这一观点依然具有积极意义,收益的清偿顺序应为因管理担保物所产生的费用(如果存在)、利息(如果存在)、本金。

案例三:[1]2010年9月14日朱某凯与韩某进签订借款协议,约定:"朱某凯向韩某进借款100万元(具体金额以借据为准),借期3个月,朱某凯以其持有的江苏省淮安市鸿凯工贸有限公司(以下简称鸿凯公司)70%股权作为抵押(借款时从工商局办理过户手续,还款时韩某进无条件过户还给朱某凯),朱某凯如到期不能按时归还借款则鸿凯公司的股权归韩先进所有。"朱某凯于同日向韩某进出具借条,内容为借到30万元,承诺于2010年12月14日前一次性还清。9月16日,朱某凯向韩某进出具借条,内容为借到50万元,承诺于12月16日前一次性还清。后来因债务偿还产生纠纷,朱某凯诉至法院,请求法院确认他和韩某进签订的鸿凯公司股权转让协议无效,并要求韩某进返还鸿凯公司的股权。

法院审理认为,当事人的真实意思是通过让与股权的方式担保债务的履行,而非一般的股权转让行为,双方约定以转让股权的方式作为债务的担保,系双方当事人合意,未违反法律及行政法规关于合同效力性的强制性规定,此

---

[1] 该案例来信江苏省淮安市淮阴区人民法院(2013)淮商初字第0295号判决。

种担保方式为合法有效的。现债务已到期,在原告未能完全清偿的情况下,要求确认股权转让协议无效、被告返还股权,此请求与当事人约定相悖,且无法律依据,法院不予支持。借款协议中"朱某凯如到期不能按时归还借款则鸿凯公司的股权归韩某进所有"的约定为流质条款,是无效条款,原告在依法清偿债务后,有权要求被告归还股权。本案中法院认可了以股权作为让与担保客体的有效性,但本案的意义在于否定了让与担保中流质条款的有效性,也就是说,我国司法实践中所认可的让与担保属于清算型让与担保,不承认罗马法中的解除约款(流质条款)的效力。

案例四:[1]2006 年 3 月 25 日,苏州市大韩针织染整有限公司(以下简称大韩公司)因欠上海申可商贸有限公司(以下简称申可公司)货款,而将其所有的不锈钢绳状染色机等设备转让与申可公司,同时又订立租赁合同,向申可公司租赁该被转让的机器设备由其占有使用,约定合同期满,租金结清,设备所有权归大韩公司。后因大韩公司不能按期付款,申可公司提起诉讼。原审法院(上海市虹口区人民法院)认为,我国现行法律未对让与担保制度作出规定,大韩公司关于让与担保合同等的辩称无法律依据不能成立,继而认为:大韩公司与申可公司就设备抵偿价款债务、对设备继续租赁使用、分期付款、违约责任等达成一致,相关合同均系当事人真实意思表示,于法不悖,当属有效,各方均应恪守履行。判决大韩公司支付所欠申可公司的租金、利息及违约金。该判决得到二审法院(上海市第二中级人民法院)的维持。从学理上讲,本案中当事人的行为是典型的让与担保设定行为,但两审法院都以法律未对让与担保做出规定为由直接否定当事人之间设定让与担保的行为,显然判决对大韩公司不公平。

上述 4 个案例是我国司法实践中出现的众多的涉及让与担保案例中的几例典型判例,总体而言,各级法院对让与担保制度并不陌生,但审判中的态度各异,以不违反法律、法规禁止性规定而承认其效力这有之,否定其效力者亦有之。笔者认为,最高人民法院(1999)经终字第 496 号判决应该成为审理让与担保纠纷案件的指导性案例,承认让与担保的效力,使之成为依靠司法裁判进行法律续造的范例。根据肯定让与担保的判决,我们可以知道我国对让与

---

[1] 该案例来自(2010)沪二中民四(商)终字第 313 号判决书(苏州市大韩针织染整有限公司等与上海申可商贸有限公司租赁合同暨保证合同纠纷上诉案)。

担保采用的是源自罗马法中信托担保的所有权绝对转移理论，特别是最高人民法院 1999 年的第 496 号判决使用“所有权担保”等字眼直接表明了这一点。在让与担保的设定上，我国实务界有采用所有权移转加回租的模式，而没有发现采用占有改定模式的判例，且租金承担着冲抵被担保的债务的功能，不过这种模式也具有较浓厚的罗马色彩。

# 结论

信托在罗马法的古典时期以及古典以前的时期扮演着重要的角色。信托人通过要式买卖或拟诉弃权的方式将标的物转让给受信托人，后者根据当事人的协议在一定条件下将标的物返还给信托人或第三人或实施特定的行为。信托的标的物既可以是要式物，也可以是略式物。虽然受信托人在法律层面上享有标的物的所有权，但该权利受到当事人达成的协议的债权性约束，当事人的真实意思是为达到某种目的而暂时性地移转标的物的所有权。

信托与信义密切相关，信托人正是基于对受信托人信义的信赖才与之订立信托关系，信义也塑造着当事人之间的法律地位。在信托关系中，当事人要达到比诚信更高的要求，也就是说当事人要“如同诚信的人们之间做事应该诚信无诈欺”。信托在未获法律保护之前，信义起着调整当事人行为的作用，也就是说，受信托人是否履行当事人达成的协议取决于其信义。这一时期的信托与法律是交叉关系，法律承认移转所有权的效力，但不承认当事人达成的协议的效力，而移转所有权并不是当事人追求的目的，后者需要信义来维护。信托之所以能够在早期的罗马社会中产生，除法律为当事人实现经济目的提供的工具有限外，还与当时社会对人的信义的强调有关，信义不仅是人事还是神事，人们从事违背信义的行为要受到神的惩罚。因此，早期的信托具有较强的宗教色彩，是一种宗教法律制度。信托中的信义并不是抽象的，而是具体的、情景化的，与当事人追求的目的密切相关，在不同类型的信托中，信义有不同的表现形式，不同的历史时段，信义在同一类型的信托中也有不同的呈现。随着信托之诉的引入，当事人之间的协议进入法律的视野，而不再仅由道德和宗教调整。在这一时期，信义并没有从信托制度中退出，仍然构成信托的基础。在实践层面，因为信托之诉属于诚信诉讼的范畴,裁判官要求承审员按照"如同诚信的人们之间做事应该诚信无诈欺"的要求确定当事人承担的义务。

盖尤斯之前,信托的结构呈现割裂的态势,包括通过要式买卖或拟诉弃权移转标的物所有权的物权性行为和当事人之间缔结的体现移转所有权目的的协议两部分。要式买卖和拟诉弃权是象征性的,受让人并不需要支付对价,为防止追夺的发生,信托人要发誓保证他对信托物享有所有权,在信托担保中,还要保证标的物上不存在其他担保负担。当事人通常会在移转行为前加上"以信托名义",然而,这并不能对受让人获得的标的物的所有权构成限制,他享有的是完整所有权,当事人之间的协议只能对他构成债权性限制,不具有物权性。在早期的信托中,当事人之间的协议处于标的物所有权的移转行为的附属地位,但随着信托获得法律的承认,两者的地位逐渐发生了对调,当事人之间的协议成为法律关注的重点,移转所有权的行为仅是一种成立性要素。盖尤斯已意识到信托的两个组成部分可以构成一个统一的整体,但这一工作最终由帕比尼安、乌尔比安和莫德斯丁完成了,他们认为,信托构成一种契约,从而产生债。但他们并没有说明信托属于何种契约,后世学者大多认为信托属于要物契约的范畴。笔者主张一种更谨慎的观点,认为信托是一种与要物契约非常类似的制度安排。总之,在罗马法中,信托在结构上是一个反常且不规则的制度安排,不能被纳入任何一种既有的制度范畴中。

早期的信托并不能通过《十二表法》第6表第1条"实施要式现金借贷或要式买卖的,按宣告的言辞具有法律效力"获得保护,但监察官的风纪监督权可以间接调整信托关系。罗马法对信托的真正保护始于公元前2世纪引入的信托之诉以及信托反诉,信托之诉属于权利之诉,承担信托之诉的后果是破廉耻,但信托之诉打击的对象不限于诈欺行为,过失行为也要承担信托之诉的后果。在信托中信托人可以随时通过时效收回其转让的信托物,除非在信托担保中受信托人以租赁或容假占有的方式让信托人继续占有使用信托物。并且,根据罗马人的法律和财产观念,这种时效取得虽然是针对他人的物实施的,但并不构成盗窃。

当事人订立信托的目的各异,不具有同一性,这与其他制度不同,信托实际上是一种工具,当事人凭此可以实现不同的利益安排。不过,家子解放、收养、信托买卖婚、信托监护、家产要式买卖、秤铜式遗嘱等不属于信托的应用形式。盖尤斯将信托概括为两种类型,分别是信托担保和与朋友信托,前者以担保债权人债权的满足为目的,后者是其他类型信托的统称。

罗马法中存在三种独立的实物担保形式,分别是给付质押、协议质押(抵押)以及信托担保。信托担保意味着债务人通过要式买卖或拟诉弃权的方式将信托物的所有权移转于债权人,同时,双方约定若债务人在规定的期限内清偿债务或者被担保的债权以其他方式获得满足,债权人应将信托物返还于债务人,虽然债权人获得了信托物的完整所有权,但该所有权用于担保的目的,并在实践中债权人以租赁和容假占有的方式允许债务人继续使用收益信托物。与其他两种实物担保形式相比,信托担保可以为债权人的债权提供更充分的保护。虽然债务人丧失了信托物的所有权,但他可以通过先取遗赠、嘱令遗赠、容许遗赠等方式遗赠信托物,不过,遗赠的有效实施需要遗赠人的继承人赎回该物。此外,债务人还可以在债权人同意的前提下更换信托物。债权人作为信托物的所有权人,享有所有权所具有的一切权能。然而,考虑到信托担保的目的,罗马法学家对债权人对信托物享有的所有权进行了不同于一般所有权的处理。保罗和帕比尼安在债权人指物遗赠信托物的问题上持有不同的观点,前者对遗赠行为不客加任何限制,而后者认为只有在债权人可以使用信托物的情形下才有权遗赠。债权人虽然可以使用信托物并收取孳息,但孳息的归属经历了由债权人获得到必须用来冲抵债务的变迁。同样的道理,债权人对信托物支出的必要费用有权向债务人追偿。总之,债权人享有的所有权具有一定的利他性。

若被担保的债权不能在规定的期限获得满足,就有以信托物满足债权的必要。解除约款是早期信托担保不可或缺的一部分,构成债权人履行返还义务的停止条件。在一般情形中,这对债务人非常不利,当事人逐渐通过约定出卖条款排除解除约款的效力。也就是说,信托担保的实现条件具备时,债权人通过出卖信托物实现债权,而不是以信托物抵债,若出卖信托物的价金不足以清偿债务,债务人负有继续清偿剩余债务的义务;若价金超过被担保的债权额,债权人应将超额部分返还债务人。为了获得更公平的价格,罗马人逐渐采用拍卖的方式出卖信托物。

不可否认,在罗马法中信托担保是信托的主要应用方式,留下的原始文献也最丰富。盖尤斯虽然认为与朋友信托是“与能够安全保管我们物品的朋友缔结的”,但后世学者认为,盖尤斯打造的与朋友信托的概念并不具有技术性,而只是一个“名头”,可以容纳除信托担保之外的其他信托应用形式,除盖尤斯例证的与朋友信托外,还包括以赠予为目的的与朋友信托和解放信托。在这些类型的信托中,信托的结构更复杂和多样化,返还义务或有或无,但都可以受到信托之诉的保护。

在后古典时期,随着要式买卖和拟诉弃权的衰落,信托也走向了历史的故纸堆。就信托担保而言,在古典时期,它与其他制度相互配合,较好地平衡了当事人之间的利益,债权人虽然享有信托物的所有权,但债务人可以使用条件宽松的时效收回制度对抗之,使债权人的所有权时刻处于危险中。为消除这种危险,债权人可以设置容假占有和租赁抗衡,当事人订立的在实现信托担保的情形具备时的出卖简约也起到了一定的抗衡作用。保护信托的信托之诉和信托反诉获得市民法的承认延续,并拓展了信托担保中的利益平衡。但这种衡平机制随着法律的发展逐渐被打破,重要的一点是不需要诚信的时效收回不再为人们所接受,衡平的流失是使信托担保不再被人们所接受的根本原因。

虽然作为有效的法律制度的罗马法中的信托消失了,但是罗马法中信托的机制被后世法律重新捡起。但须注意的是,中世纪共同法时代的 fiducia 与罗马法中的信托并不具有历史传承关系,前者是在新的历史条件下由评注法学家创造出来的。法国立法者利用罗马法中信托的机制打造了一种不同于英美法信托的信托的模式,在法国式信托中,信托财产完全移转的模式得到遵循,但信托财产已经与受信托人的个人财产相分离,具有独立性。此外,还赋予信托设立人或受益人与罗马法不同的法律武器保护其利益。

抛开信托担保特殊的罗马法背景,其实质是所有权转移型担保,在近现代法中依然能够觅得其踪迹。根据主流观点,德国法中的让与担保制度是以担保财产所有权的绝对转移为基础构建的,并在司法实践中被认可。法国在引入罗马法中信托的同时,还引入了罗马法中的信托担保,纳入《德国民法典》第 2372－1 条至第 2372－5 条以及第 2488－1 条至第 2488－5 条。2002 年欧洲议会和欧盟理事会通过的《金融担保品协议指令》承认以货币资产和金融工具为标的物的权利转移型金融担保品协议的效力。信托担保与我国法的关系是以让与担保的继受及其理解为中心展开的,在不同法域又表现出不同的特征。《澳门商法典》将让与担保制度成文化,但并不以罗马法中的信托担保为理论基础,我国大陆地区虽然在让与担保制度是否应成文化上进行过激烈的讨论,但司法实践对让与担保的认识并不统一，承认或否认其效力者各有之，就肯定其效力的法院判决而言，大陆地区对让与担保的理解与罗马法中的信托担保是一致的。

# 参考文献

## 一、著作

### (一)中文著作

1. 费安玲:《罗马私法学》,中国政法大学出版社2009年版。

2. 黄右昌:《罗马法与现代》,何佳馨点校,中国方正出版社2006年版。

3. 江平、米健:《罗马法基础》,中国政法大学出版社1987年版。

4. 李世刚:《法国担保法改革》,法律出版社2011年版。

5. 李宜琛:《日耳曼法概说》,胡旭晟、夏新华勘校,中国政法大学出版社2003年版。

6. 丘汉平:《罗马法》,朱俊勘校,中国方正出版社2004年版。

7. 沈达明:《法国/德国担保法》,中国法制出版社2000年版。

8. 孙宪忠:《德国当代物权法》,法律出版社2000年版。

9. 王闯:《让与担保法律制度研究》,法律出版社2000年版。

10. 王泽鉴:《民法学说与判例研究》(第8册),中国政法大学出版社1997年版。

11. 吴一鸣:《英美物权法——一个体系的发现》,上海人民出版社2011年版。

12. 徐国栋:《民法基本原则解释——诚信原则的历史、实务、法理研究》(再造版),北京大学出版社2013年版。

13. 徐国栋:《优士丁尼〈法学阶梯〉评注》,北京大学出版社2011年版。

14. 徐国栋:《罗马私法要论——文本与分析》,科学出版社2007年版。

15. 徐同远:《担保物权论:体系构成与范畴变迁》,中国法制出版社2012

年版。

16. 向逢春:《让与担保制度研究》,法律出版社 2014 年版。

17. 谢在全:《民法物权论》(下册),中国政法大学出版社 1999 年版。

18. 尹田:《法国物权法》,法律出版社 2009 年版。

19. 于海涌:《英美信托财产双重所有权在中国的本土化》,中国政法大学出版社 2011 年版。

20. 周枏:《罗马法原论》(上册),商务印书馆 2009 年版。

21. 周枏:《罗马法原论》(下册),商务印书馆 2009 年版。

22. 张天民:《失去衡平法的信托——信托观念的扩张与中国〈信托法〉的机遇和挑战》,中信出版社 2004 年版。

(二)译著

1. [英]D. J. 海顿:《信托法》,周翼、王昊译,法律出版社 2004 年版。

2. [英]H. F. 乔洛维茨、巴里 · 尼古拉斯:《罗马法研究历史导论》,薛军译,商务印书馆 2013 年版。

3. [古罗马]M. P. 加图:《农业志》,马香雪、王阁森译,商务印书馆 1986 年版。

4. [德]鲍尔、施蒂尔纳:《德国物权法》(上册),张双根译,法律出版社 2006 年版。

5. [德]鲍尔、施蒂尔纳:《德国物权法》(下册),申卫星、王洪亮译,法律出版社 2006 年版。

6. [英]巴里 · 尼古拉斯:《罗马法概论》,黄风译,法律出版社 2004 年版。

7. [意]弗朗切斯科 · 德 · 马尔蒂诺:《罗马政制史》(第 1 卷),薛军译,北京大学出版社 2009 年版。

8. [古罗马]盖尤斯:《法学阶梯》,黄风译,中国政法大学出版社 2008 年版。

9. [法]古郎士:《希腊罗马古代社会研究》,李玄伯译,张天虹勘校,中国政法大学出版社 2005 年版。

10. [德]汉斯 - 格奥尔格 · 伽达默尔:《诠释学 Ⅰ:真理与方法》,洪汉鼎译,商务印书馆 2016 年版。

11. [日]近江幸治:《担保物权法》,祝娅等译,法律出版社 2000 年版。

12. [德]卡尔·拉伦茨:《法学方法论》,陈爱娥译,商务印书馆 2004 年版。

13. [美]罗斯科·庞德:《法律史解释》,邓正来译,商务印书馆 2013 年版。

14. [意]罗道尔夫·萨科:《比较法导论》,费安玲等译,商务印书馆 2014 年版。

15. [德]马克斯·韦伯:《经济与社会》(下册),林荣远译,商务印书馆 1997 年版。

16. [意]彼得罗·彭梵得:《罗马法教科书》,黄风译,中国政法大学出版社 2005 年版。

17. [德]特奥多尔·蒙森:《罗马法史》(第 1 卷),李稼年译,商务印书馆 2010 年版。

18. [古罗马]西塞罗:《西塞罗文集》(政治学卷),王焕生译,中央编译出版社 2010 年版。

19. [古罗马]西塞罗:《西塞罗全集·演说词卷》(上),王晓朝译,人民出版社 2008 年版。

20. [古罗马]西塞罗:《论义务》,王焕生译,中国政法大学出版社 1999 年版。

21. [法]雅克·盖斯旦、吉勒·古博:《法国民法总论》,陈鹏等译,法律出版社 2004 年版。

22. [日]盐野七生:《罗马人的故事Ⅶ:恶名昭彰的皇帝》,彭士晃译,台北,三民书局 2001 年版。

23. [意]朱塞佩·格罗索:《罗马法史》,黄风译,中国政法大学出版社 2009 年版。

(三)外文著作

1. Alfredo Ascoli, *Le Origini dell' ipoteca e L' interdetto Salviano*, Livorno: Tipografia di Raff. Giusti Libraio-Editore, 1887.

2. Vincenzo Arangio-Ruiz, *Istituzioni di Dirtto Romano*, Napoli: Casa Editrice Dott. Eugenio Jovene, 1956.

3. Mirzia Bianca, *La Fiducia Attributiva*, Torino: G. Giappichelli Editore, 2002.

4. Nicla Bellocci, *LA Struttura della Fiducia*, *II*, *Riflessioni Intorno alla Forma del Negozio dall' epoca Arcaica all' epoca Classica del Diritto Romano*, Napoli:Casa Editrice Dott. Eugenio Jovene,1983.

5. Nicla Bellocci, *La Struttura del Negozio della Fiducia nell' epoca Repubblicana*, *I*, *Le Nuncupationes*, Napoli: Casa Editrice Dott. Eugenio Jovene, 1979.

6. Pietro Bonfante, *Corso di Diritto Romano*, *V*, *II*, *La Proprietà*, Milano: Giuffrè Editore,1926.

7. Biondi, *Contratto e Stipulatio*, Milano: Giuffrè Editore,1953.

8. Arnaldo Biscardi, *Appunti sulle Garanzie Reali in Diritto Romano*, Milano: Cisalpino-Goliardica,1976.

9. Alberto Burdese, *Manuale di Diritto Privato Romano*, Quarta Edizione, Torino: UTET,1993.

10. Alberto Burdese, *Lex Commissoria e Ius Vendendi nella Fiducia e nel Pignus*, Torino: G. Giappichelli Editore,1949.

11. Arnaldo Biscardi, *La Dottrina Romana dell' obligatio Rei*, Mliano: Giuffrè Editore,1991.

12. Federica Bertoldi, *Il Negozio Fiduciario nel Diritto Romano Classico*, Modena: Mucchi Editore,2012.

13. Stephen A. Barney, W. J. Lewis, J. A. Beach, Oliver Berghof, Muriel Hall, *The Etymologies of Isidore of Seville*, Cambridge: Cambridge University Press,2006.

14. W. H. Buckler, *The Origin And History of Contract in Roman Law Down to the End of The Republican Period*, London: C. J. Clay and Sons,1895.

15. Francisco Carolo Conradi, *De Pacto Fiduciae Exercitatio*, Ⅱ, Helmstadii: Typis Pauli Dieterici Schnorrii, Acad. Typogr,1733.

16. Francisco Carolo Conradi, *De Pacto Fiduciae Exercitatio*, Ⅰ, Helmstadii: Typis Pauli Dieterici Schnorrii, Acad. Typogr,1732.

17. Felice Costabile, *L' auctio della Fiducia e del Pignus nelle Tabelle dell' Agro Murecine*, Messina: Rubbettino Editore,1992.

18. Luigi Cariota-Ferrata, *I Negozi Fiduciari. Trasferimento Cessione e Girata*

*a Scopo di Mandato e di Garanzia. Processo Fiduciario*, Padova: CEDAM, 1933.

19. G. Camodeca, *Tabulae Pompeianae Sulpiciorum* ( *TP Sulp* ). *Edizione Critica dell' Archivio Puteolano dei Sulpicii*, Ⅰ, Roma: Quasar, 1999.

20. Carlo A. Cannata, *Profilo Istituzionale del Processo Privato Romano Ⅱ, Il Processo Formulare*, Torino: G. Giappichelli Editore, 1982.

21. Antonio Carcaterra, *Intorno ai Bonae Fidei Iudicia*, Napoli: Casa Editrice Dott. Eugenio Jovene, 1964.

22. Riccardo Fercia, "*Fiducia Contrahere*" *e* "*Contractus Fiduciae*": *Prospettive di Diritto Romano ed Europeo*, Napoli: Casa Editrice Dott. Eugenio Jovene, 2012.

23. Paolo Frezza, *Le Garanzie delle Obbligazioni*, *Volume Secondo*, *Le Garanzie Reali*, Padova: CEDAM, 1963.

24. Antonio Guarino, *Diritto Privato Romano*, Napoli: Casa Editrice Dott. Eugenio Jovene, 1994.

25. Paolo Federico Girard, *Diritto Romano*, Versione Italiana di Carlo Longo, Milano: Società Editrice Libraria, 1909.

26. Giuseppe Grosso, *Il Sistema Romano dei Contratti*, Terza Edizione, Torino: G. Giappichelli Editore, 1963.

27. Giuseppe Grosso, *Sulla Fiducia a Scopo di* "*Manumissio*", Roma: Attilio Sampaolesi Editore, 1929.

28. W. A. Hunter, *A Systematic and Historical Exposition of Roman Law in the Order of a Code*, Fourth Edition, London: Sweet & Maxwell, Limited, 1903.

29. David Johnston, *The Roman Law of Trust*, Oxford: Clarendon Press, 1988.

30. Thomas Rudolf Maria Pius Keijser, *Financial Collateral Arrangements*, Hague: Kluwer Law International, 2006.

31. Max Kaser, *Roman Private Law*, Third Edition, Trans. by Rolf Dannenbring, Pretoria: University of South Africa Muckleneuk, 1980.

32. Otto Lenel, *Das Edictum Perpetuum*, Leipzig: Verlag von Bernhard Tauchnitz, 1927.

33. Otto Lenel, *Palingenesia Iuris Civilis*, Volumen Prius, Lipsiae: Ex Officina Bernhardi Tauchnitz, 1889.

34. Otto Lenel, *Palingenesia Iuris Civilis*, Volumen Alterum, Lipsiae: Ex Officina Bernhardi Tauchnitz, 1889.

35. Luigi Lombardi, *Dalla "Fides" alla "Bona Fides"*, Milano: Giuffrè Editore, 1961.

36. Carlo Longo, *Corso di Diritto Romano, La Fiducia*, Milano: Giuffrè Editore, 1933.

37. Gaetano Marini, *I Papiri Diplomatici: Raccolti ed Illustrati*, Roma, 1805.

38. F. W. Maitland, *Selected Essays*, H. D. Hazeltine, G. Lapsley, P. H. Winfield, Cambridge: Cambridge University Press, 1936.

39. Pothier, *Pandectae Justinianeae in Novum Ordinem Digestae, cum Legibus Codicis et Novellis, quae Ius Pandectarum Confirmant, Explicant aut Abrogant*, Ⅳ, Paris, 1819.

40. Giovanni Pugliese, *Istituzioni di Diritto Romano*, Terza Edizione, Torino: G. Giappichelli Editore, 1991.

41. Quintus Asconius Pedianus, *Orationum Ciceronis Quinque Enarratio*, Oxonii: E Typographeo Clarendoniano, 1907.

42. Stefania Romeo, *L' appartenza e L' alienazione in Diritto Romano*, Milano: Giuffrè Editore, 2010.

43. Rudorff, *De Iuris Dictione Edictum: Edicti Perpetui Quae Reliqua Sunt*, Lipsiae: Apud S. Hirzelium, 1869.

44. Angelo Saturno, *La Proprietà nell' interesse Altrui nel Diritto Civile Italiano e Comparato*, Napoli: Edizioni Scientifiche Italiane, 1999.

45. Federico Carlo Savigny, *Sistema del Diritto Romano Attuale*, volume quinto, tradotto in italiano da Vittorio Scialoja. Torino: Unione Tipografico-Editrice, 1893.

46. Antonio Saccoccio, *Aliud pro Alio Consentiente Creditore in Solutum Dare*, Milano: Giuffrè Editore, 2008.

47. Isidoro Siviglia, *Etimologie o Origini, Libri Ⅰ-Ⅺ*, Volume Primo, Angelo Valastro Canale (a cura di), Torino: UTET, 2006.

48. Mario Talamanca, *Istituzioni di Diritto Romano*, Milano: Giuffrè Editore, 1990.

49. Pasquale Voci, *Istituzioni di Diritto Romano*, Quinta Edizione, Milano: Giuffrè Editore, 1996.

50. Alan Watson, *The Digest of Justinian*, volume 2, Philadelphia: University of Pennsylvania Press, 1985.

51. Heinrich Albert Zachariae, *Commentatio De Fiducia*, Engelhard-Reyher, 1830.

52. Pierluigi Zannini, *Spunti Critici per una Storia del Commodatum*, Milano: Giuffrè Editore, 1983.

## 二、论文

### (一)中文论文

1. 范秀琳、张楠:《〈尤利乌斯自治城法令〉译注》,载《古代文明》2007年第4期。

2. 胡大展:《论信托法的源流》,载《法学家》2001年第4期。

3. 李飞:《委托交付制度的历史与现实》,载《比较法研究》2014年第3期。

4. 李飞:《〈十二表法〉第六表第3条和第4条解读——以Auctoritas为中心》,载[意]桑德罗·斯奇巴尼、徐涤宇主编:《罗马法与共同法》(第1辑),法律出版社2012年版。

5. 李媚:《流质契约解禁之反思——以罗马法为视角》,载《比较法研究》2013年第5期。

6. 李世刚:《论〈法国民法典〉对罗马法信托概念的引入》,载《中国社会科学》2009年第4期。

7. 李金泽:《我国银行信托收据有关法律问题探讨》,载《金融论坛》2001年第7期。

8. 唐义虎:《论信托型担保》,载《云南大学学报》(法学版)2005年第5期。

9. 王娜:《德国法中的让与担保制度》,载米健主编:《中德法学学术论文集》(第1辑),法律出版社2003年版。

10. 王艳冰:《信用证交易中信托收据下进口押汇的法律性质》,载《上海大学学报》(社会科学版)2004年第2期。

11. 徐国栋:《罗马人的税赋——从起源到戴克里先登基》,载《现代法学》

2010年第5期。

12. 徐国栋:《盖尤斯、其〈法学阶梯〉、优士丁尼〈法学阶梯〉》,载《河北法学》2010年第6期。

13. 徐国栋:《中外罗马法教学比较中的罗马法史课程》,载徐国栋:《罗马法与现代意识形态》,北京大学出版社2008年版。

14. 徐国栋:《两大法学派争鸣什么? 如何争鸣?》,载《全国外国法制史研究会第27届年会论文集·罗马法与现代世界》,厦门,2014年。

15. 余章宝:《传统历史话语的颠覆——福柯〈知识考古学〉的后现代历史观》,载《厦门大学学报》(哲学社会科学版)2001年第2期。

16. 张翔:《论典制习惯及其在成文民法上的重构》,载《法律科学》2008年第1期。

17. 智河:《福柯系谱学探微》,载《国外社会科学》1997年第1期。

(二)中文译文

1.《〈十二表法〉新译本》,徐国栋等译,载《河北法学》2005年第11期。

2. [意]里卡尔多·卡尔迪利:《"善良之人"与"诚实信用"》,翟远见译,载《苏州大学学报》(法学版)2014年第1期。

3. [意]马里奥·塔拉曼卡:《在债的效力和所有权转让之间的买卖行为》,陈汉译,载费安玲主编:《学说汇纂》(第2卷),知识产权出版社2009年版。

4. [古罗马]西塞罗:《地方论》,徐国栋等译,载《南京大学法律评论》2008年春秋合卷。

5. [意]朱塞佩·法尔科内:《义务和法锁:追溯债的经典定义之起源》,齐云译,载徐国栋主编:《罗马法与现代民法》(第6卷),厦门大学出版社2008年版。

(三)外文论文

1. Lucio Bove, "Tabulae Pompeianae 19 – 22", *Labeo*, 1975.

2. Federica Bertoldi, "La Fiducia cum Amico", in Leo Peppe (a cura di), *Fides, Fiducia, Fidelitas: Studi di Storia del Diritto e di Semantica Storica*, Padova: CEDAM, 2008.

3. Federica Bertoldi, "Alcune Osservazioni sulla Fiducia nella Letteratura Romanistica", in Maurizio Lupoi (a cura di), *Le Situazioni Affidanti*, Torino: G. Giappichelli Editore, 2006.

4. Carlo Beduschi, "I Profili Giudiziali della Fides", in Leo Peppe (a cura di), *Fides, Fiducia, Fidelitas: Studi di Storia del Diritto e di Semantica Storica*, Padova: CEDAM, 2008.

5. Alberto Burdese, "La Menzione degli Eredi nella 'Fiducia cum Creditore'", in *Studi in Onore di Siro Solazzi*, Napoli: Casa Editrice Dott. Eugenio Jovene, 1949.

6. A. CORBINO, "La 'pro Caecina' di Cicerone e l'acquisto della Proprietà Mediante Intermediario Estraneo", in *Studi in Onore di A. Biscardi*, Ⅲ, Milano: Cisalpino, 1982.

7. Massimo D'Auria, "Ⅱ Contratto Fiduciario: il Caso Francese", in Angelo Barba, Duccio Zanchi, *Autonomia Privata e Affidamenti Fiduciari*, Torino: G. Giappichelli Editore, 2012.

8. Nunzia Donadio, "Le 'Auctiones' Private all'epoca di Plauto", in Eva Cantarella, Lorenzo Gagliardi, *Diritto e Teatro in Grecia e a Roma*, Milano: LED Edizioni Universitarie, 2007.

9. B. W. Frier, "The Roman Law of Trusts", *The Classical Review, New Series* 1, 2005.

10. Contardo Ferrini, "Storia e Teoria del Contratto di Commodato nel Diritto Romano", in Emilio Albertario (a cura di), *Opere di Contardo Ferrini*, Volume Terzo, Milano: Editore Libraio della Real Casa, 1929.

11. Michele Graziadei, "The Development of Fiducia in Italian and French Law from the 14th Century to the End of the Ancien Régime", in Richard Helmholz, Reinhard Zimmermann, *Itinera Fiduciae: Trust and Treuhand in Historical Perspective*, Berlin: Duncker & Humblot, 1998.

12. Roger J. Goebel, "Reconstructing the Roman Law of Real Security", *Tulane Law Review* 36, 1961 - 1962.

13. Luigi Garofalo, "Stellionatus: Storia di una Parola", in Luigi Garofalo, *Piccoli Scritti di Diritto Penale Romano*, Padova: CEDAM, 2008.

14. Richard Helmholz, Reinhard Zimmermann, " Views of Trust and Treuhand: an Introduction", in Richard Helmholz, Reinhard Zimmermann, *Itinera Fiduciae: Trust and Treuhand in Historical Perspective*, Berlin: Duncker &Humblot, 1998.

15. Tony Honoré, "Trusts: The Inessentials", in Joshua Getzler, *Rationalising Property, Equity and Trusts: Essays in Honour of Edward Burn*, Oxford: Oxford University Press, 2003.

16. Renzo Lamertini, "Se L' esperienza Giuridica Romana Abbia Conosciuto una ' Proprietà Fiduciaria ' ", in Renzo Lamertini, *Testi e Percorsi di Diritto Romano e Tradizione Romanistica*, Torino: G. Giappichelli Editore, 2010.

17. Pierre Lepaulle, " An Outsider' s View Point of the Nature of Trusts", *Cornell Law Quarterly* 1, 1928.

18. Paola Lambrini, " Lineamenti Storico-Dogmatici della Fiducia cum Creditore", in Letizia Vacca (a cura di), *La Garanzia nella Prospettiva Storico-Comparatistica. V Congresso Internazionale ARISTEC ( Salisburgo*, 13 – 15 *Settembre* 2001), Torino: G. Giappichelli Editore, 2003.

19. Maurizio Lupoi, "Trust and Confidence", *Law Quarterly Review* April, 2009.

20. Leo Peppe, " Alcune Considerazioni circa la Fiducia Romana nei Documenti della Prassi", in Leo Peppe (a cura di), *Fides, Fiducia, Fidelitas: Studi di Storia del Diritto e di Semantica Storica*, Padova: CEDAM, 2008.

21. Donald E. Phillipson, " Development of the Roman Law of Debt Security", *Stanford Law Review* 20, 1968.

22. Javier Paricio, "Genesi e Natura dei ' Bonae Fidei Iudicia' ", *Rivista di Diritto Romano ( Atti del Convegno " Processo Civile e Processo Penale nell' esperienza Giuridica del Mondo Antico" )*, 2001.

23. Ernst Rabel, " Real Securities in Roman Law: Reflections on a Recent Study by the Late Dean Wigmore", *Seminar: Annual Extraordinary Number of the Jurist* 1, 1943.

24. C. H. Van Rhee, " Trust, Trust-Like Concepts and Ius Commune", *European Review of Private Law* 3, 2000.

25. G. Rotondi, "Contributi alla Storia del Contratto di Deposito nel Diritto Romano (1908)", in G. Rotondi, *Scritti Giuridici*, *Ⅱ*, *Studi sul Diritto Romano delle Obbligazioni*, Milano: U. Hoepli, 1922.

26. Gianni Santucci, "La Diligenzia Quam in Suis Come Criterio di Responsabilità del Fiduciario", in Leo Peppe (a cura di), *Fides*, *Fiducia*, *Fidelitas*: *Studi di Storia del Diritto e di Semantica Storica*, Padova: CEDAM, 2008.

27. Lionel Smith, "Trust and Patrimony", *Estates*, *Trusts and Pensions Journal* 4, 2009.

28. Magdolna Sič, "Fiducia and Pignus in Sources of Post-Classical Roman Law: Synonyms or Terms Utilized for Different Kinds of Pledges?", Part Ⅰ, *Proceedings of Novi Sad Faculty of Law*, 42(1/2), 2008.

29. Magdolna Sič, "Fiducia and Pignus in Sources of Post-Classical Roman Law: Synonyms or Terms Utilized for Different Kinds of Pledges?", Part Ⅱ, *Proceedings of Novi Sad Faculty of Law*, 42(3), 2008.

30. Piotr Stec, "Fiducia in an Emerging Economy", in E. Cooke, *Modern Studies in Property Law*, Vol. 2, Oxford: Hart Publishing, 2003.

31. O. Sacchi, "Lex Commissoria e Divieto del Patto Commissorio. Autonomia Negoziale o Tutela del Contraente più Debole?", *Ius Antiquum* 19, 2007.

32. Luminiţa Tuleaşcă, "The Concept of the Trust in Romanian Law", *Romanian Economic and Business Review* 2, 2011.

33. O. E. Tellegen-Couperus, J. W. Tellegen, "Fiducia cum Creditore and Pignus: Two of a Kind?", in J. Sondel, J. Reszczyński, P. Ściślicki, eds., *Roman Law as Formative of Modern Legal Systems*: *Studies in Honour of Wieslaw Litewski*, Krakow: Autorzy & Uniwersytet Jagiellonski, 2003.

34. S. Tondo, "'Pignus' e 'Precarium'", *Labeo*, 1959.

35. Mario Talamanca, "Contributi allo Studio delle Vendite all'asta nel Mondo Classico", in *Atti della Accademia Nazionale dei Lincei*: *Classe di Scienze Morali*, *Storiche e Filologiche*, Roma, 1954.

36. John H. Wigmore, "The Pledge-Mortgage Idea in Roman Law: a

Revolutionary Interpretation", *Ilinois Law Review* 36, 1941 – 1942.

37. John H. Wigmore, "The Pledge-Idea: A Study in Comparative Legal Ideas, Ⅲ", *Harvard Law Review* 11(1), 1897.

38. John H. Wigmore, "The Pledge-Idea: A Study in Comparative Legal Ideas, Ⅰ", *Harvard Law Review* 10(6), 1897.

39. Alan Watson, "The Origins of Fiducia", *ZSS*(*RA*), 1962.

40. Joseph Georg Wolf, "From the Recent Discovery of Documents in Pompeii: The tabellae of Titinia Antracis and the Suretyship of Epichares", *Roman Legal Tradition*, 2004.

41. Livia Migliardi Zingale, "In Tema di 'Fiducia cum Creditore': i Documenti della Prassi", *Labeo*, 2000.

(四)学位论文

1. 蒋军洲:《要物合同研究——对其或存或废的思考》,厦门大学 2006 年博士学位论文。

2. Erica Pertile, "La Nuova Disciplina degli Atti di Destinazione: L'art. 2645 TER C. C.", Tesi di Dottorato, Venezia: Università Ca' Foscari, 2010.

## 三、辞书

1. 黄风编著:《罗马法词典》,法律出版社 2002 年版。

2. 谢大任主编:《拉丁语汉语词典》,商务印书馆 1985 年版。

3. Federico Del Giudice, *Dizionario Giuridico Romano*, V Edizione, Edizioni Simone, 2010.

## 四、资料

1.《巴西新民法典》,齐云译,中国法制出版社 2009 年版。

2.《法国民法典》,罗结珍译,北京大学出版社 2010 年版。

3. [古罗马]优士丁尼:《学说汇纂(第 17 卷)·委任与合伙》,李飞译,中国政法大学出版社 2014 年版。

4. [古罗马]优士丁尼:《学说汇纂(第 12 卷)·请求返还之诉》,翟远见译,中国政法大学出版社 2012 年版。

5.［古罗马］优士丁尼:《民法大全选译·物与物权》(第2版),［意］桑德罗·斯奇巴尼选编,范怀俊、费安玲译,中国政法大学出版社2009年版。

6.《智利共和国民法典》,徐涤宇译,金桥文化出版(香港)有限公司2002年版。

7. Antonio Azara, Ernesto Eula (a cura di), *Novissimo Digesto Italiano*, V, Torino: UTET, 1957.

8. Carolus Georgius Bruns, *Fontes Iuris Romani Antiqui*, *Pars Prior*: *Leges et Negotia*, Tubingae: in Libraria I. C. B. Mohrii (P. Siebeck), 1909.

9. Leonardo Ferrero, Nevio Zorzetti (a cura di), *Opere Politiche e Filosofiche di M. Tullio Cicerone*, Volume Primo, Torino: UTET, 1974.

10. Giovanna Garbarino, Raffaella Tabacco (a cura di), *Epistole di M. Tullio Cicerone*, Volume Quarto, Torino: UTET, 2008.

11. Eduardus Huschke, *Iurisprudentiae Anteiustinianae*, *Quae Supersunt*, Lipsiae: In Aedibus B. G. Teubneri, 1886.

12. Gustavus Haenel, *Lex Romana Visigothorum*, Lipaiae: Sumptibus et Typis B. G. Teubneri, 1849.

13. Paulus Krueger, Theodorus Mommsen, Guilelmus Studemund, eds., *Collectio Librorum Iuris Anteiustiniani*, Tomus Tertius, Berolini: Apud Weidmannos, 1890.

14. Paulus Krueger, Theodorus Mommsen, Guilelmus Studemund, eds., *Collectio Librorum Iuris Anteiustiniani*, Tomus Alter, Berolini: Apud Weidmannos, 1878.

15. Ernestus Levy, Ernestus Label, *Index Interpolationum*, Tomus Ⅰ, Weimar: Hermann Böhlaus Nachfolger, 1929.

16. Theodor Mommsen (with the Aid of Paul Krueger, Latin Text), Alan Watson, (English Translation), eds., *The Digest of Justinian*, Vol. Ⅰ-Vol. Ⅳ, Pennsylvania: University of Pennsylvania Press, 1985.

17. Plautus, *Plautus*, *I*, *Amphitruo*, *Asinaria*, *Aulularia*, *Bacchides*, *Captivi*, Trans. by Paul Nixon, Massachusetts: Harvard University Press, London: William Heinemann LTD, 1992.

18. Plautus, *Plautus*, *II*, *Casina*, *Cistellaria*, *Curculio*, *Epidicus*, *Menaechmi*,

Trans. by Paul Nixon, Massachusetts: Harvard University Press, London: William Heinemann LTD, 1988.

19. Plautus, *Plautus*, *V*, *Stickus*, *Trinummus*, *Truculentus*, *Vidularia*, *Fragments*, Trans. by Paul Nixon, Massachusetts: Harvard University Press, London: William Heinemann LTD, 1984.

20. Alexander August Von Buchholtz, *Juris Civilis Antejustinianei Vaticana Fragmenta*, Regimonti Borussorum, Apud fratres Borntraeger, 1828.

## 五、网络资料

1. M. Terenti Varroni, "De Lingua Latina", Liber Ⅵ, http://www.thelatinlibrary.com/varro.l16.html, August 26, 2011.

2. "Fragmentum Atestinum", http://webu2.upmf-grenoble.fr/Haiti/Cours/Ak/Anglica/Atestinum_johnson.html, July 25, 2011.

3. "Tabula Heracleensis", http://webu2.upmf-grenoble.fr/Haiti/Cours/Ak/Anglica/heracleensis_johnson.html, July 25, 2011.

4. "Imperatoris Theodosii Codex", liber quintus decimus, http://droitromain.upmf-grenoble.fr/, November 18, 2014.

5. "Consultatio Veteris Cuisdam Iurisconsulti", http://ancientrome.ru/ius/library/consult/consult.htm, November 18, 2014.

6. "Ambros. De Tobia", http://www.documentacatholicaomnia.eu/02m/0339-0397,_Ambrosius,_De_Tobia_Liber_Unus,_MLT.pdf, November 19, 2014.

7. "Sidonius Apollinaris Epist", http://www.documentacatholicaomnia.eu/02m/0430-0489,_Sidonius_Apollinaris_Episcopus,_Epistolae,_MLT.pdf, November 19, 2014.

8. "Iulii Pauli Sententiae", http://ancientrome.ru/ius/library/paul/index.htm, November 19, 2014.

# 后记

怀着对罗马法的肤浅认知,2008 年我从河南师范大学考入国内罗马法研究重镇——厦门大学法学院。承蒙徐国栋教授不弃,让我忝列门墙,开始了正式的罗马法学习。随着阅读视野的拓展,发现汉语罗马法作品中经常出现“信托”的字眼,而我国信托史的研究者言必称英美,这使我对罗马法中的信托产生了兴趣。然而国内并无这方面的资料,教科书的论述往往千篇一律。2010 年在徐老师的力荐下,我有幸得到一个赴意大利罗马第二大学学习 1 年的机会,得以在当今罗马法研究的大国收集资料,并以“罗马法中的信托担保研究”为题完成了硕士论文。拖着两箱书回国后,继续跟随徐老师攻读罗马法博士学位,并继续以罗马法中的信托为题写作博士学位论文,并于 2015 年完成。“冷却”3 年后,我决定将其交付出版。

自光绪 29 年(1903 年)启新书局出版第一本以专著形式介绍罗马法的作品《罗马法》以来,罗马法在我国的传播和发展已经走过了百年历程。然而,原汁原味的罗马法进入我国的时间则是从 20 世纪 80 年代末开始的,也已然有了四分之一个世纪的历史。就当下的罗马法研究而言,两种研究进路逐渐清晰起来:一种从法技术和法教义的角度展开研究,强调罗马法依然参与着我国法律制度的完善和构建,挖掘罗马法对我国的现代意义,这部分学者以民法研究者为主,主要从“微观”的角度研究罗马法;另一种进路具有较强的“学院派”色彩,不以罗马法的中国运用为理论追求,将罗马法放入古罗马的文化背景中去,强调“理解”罗马法,用罗马人的思维理解罗马法。这两种进路共同推动着我国的罗马法研究向深度和广度发展,对罗马法在我国的传播和落地生根具有不可或缺的意义。本书属于后一进路的作品,试图从古罗马的宗教、政治、经济等因素理解罗马法中的信托制度,而不是力图建构该制度的现代意义。在本书写作过程中,我不时觉得自己变成了鼻梁高耸的罗马人,甚至有时觉得自己戴头盔披肩甲(罗马街头罗马人扮演者的装束)游走于罗马集议场,恍惚间进入了“人文合一”的状态。

本书的出版是众人帮助的结果。首先感谢恩师徐国栋教授,我有幸作为助手与他朝夕相处了3年多的时光,他对罗马法的热情时刻感染着我。感谢徐老师对我学术兴趣的宽容,使我对罗马法中信托的关注持续了6年没有间断。需要特别提及的是,在博士求学期间,徐老师在生活上给了我巨大的帮助,在高校师生关系日益劳资化的今天,这份感情尤其令人感动!论文写作的最后,徐老师为本书提出了宝贵的修改意见,使本书避免了诸多错误并增色甚多。还要感谢苏州大学的赵毅博士、华侨大学的李飞博士、四川大学的徐铁英博士和童航学弟为我在意大利收集相关资料,并扫描或拍成照片发给我。感谢厦门大学的齐云博士为我解答写作过程中遇到的一些问题。感谢厦门大学的陈帮锋博士、上海交通大学的肖俊博士和苏州大学的娄爱华博士一直关心我博士学位论文的写作进度,他们对我来说既是学术上的师兄亦是生活中的兄长。感谢陕西师范大学的向东博士,由于他的博士学位论文与我的选题具有交叉性,使他经常成为我“倾诉”心得和困惑的对象。书稿交付出版前,翟怡文阅读了书稿,提出了诸多疑问和文字修改意见,为她的认真点赞。

另外,南昌大学法学院为本书提供了出版经费,南昌大学立法研究中心也为本书的出版提供了帮助,对此一并致谢。

最后,感谢我的家人多年来对我的支持和付出,特别是我的妻子刘亚瑾女士,正是她的牺牲和付出,才使我顺利地完成本书。

史志磊

2018年7月17日

于洪城·前湖之畔

**图书在版编目(CIP)数据**

罗马法中的信托制度研究 / 史志磊著. -- 北京 : 法律出版社, 2019
(南昌大学法学文库 / 杨峰主编)
ISBN 978-7-5197-3445-9

Ⅰ. ①罗… Ⅱ. ①史… Ⅲ. ①罗马法-信托制度-研究 Ⅳ. ①D904.1②F830.8

中国版本图书馆 CIP 数据核字(2019)第083322号

罗马法中的信托制度研究
LUOMAFA ZHONG DE XINTUO ZHIDU YANJIU

史志磊 著

策划编辑 张泽华
责任编辑 沈小英 单 洁
装帧设计 李 瞻

**出版** 法律出版社
**总发行** 中国法律图书有限公司
**经销** 新华书店
**印刷** 北京虎彩文化传播有限公司
**责任校对** 杨锦华
**责任印制** 吕亚莉

**编辑统筹** 法治与经济出版分社
**开本** 710毫米×1000毫米 1/16
**印张** 13.5
**字数** 251千
**版本** 2019年7月第1版
**印次** 2019年7月第1次印刷

法律出版社/北京市丰台区莲花池西里7号(100073)
网址/www.lawpress.com.cn
投稿邮箱/info@lawpress.com.cn
举报维权邮箱/jbwq@lawpress.com.cn
销售热线/010-83938336
咨询电话/010-63939796

中国法律图书有限公司/北京市丰台区莲花池西里7号(100073)
全国各地中法图分、子公司销售电话:
统一销售客服/400-660-6393
第一法律书店/010-83938334/8335　西安分公司/029-85330678　重庆分公司/023-67453036
上海分公司/021-62071639/1636　深圳分公司/0755-83072995

**书号**:ISBN 978-7-5197-3445-9　**定价**:70.00元
(如有缺页或倒装,中国法律图书有限公司负责退换)